全本全注全译丛书

中华经典名著

华学诚　游　帅◎译注

# 方　言

中華書局

**图书在版编目（CIP）数据**

　　方言/华学诚,游帅译注. —北京:中华书局,2022.6
（2025.3 重印）
　　（中华经典名著全本全注全译丛书）
　　ISBN 978-7-101-15741-3

　　Ⅰ.方… Ⅱ.①华…②游… Ⅲ.①汉语方言-古方言-研究
②《方言》-译文③《方言》-注释 Ⅳ.H171

　　中国版本图书馆 CIP 数据核字（2022）第 081448 号

| | |
|---|---|
| 书　　　名 | 方　言 |
| 译 注 者 | 华学诚　游　帅 |
| 丛 书 名 | 中华经典名著全本全注全译丛书 |
| 责任编辑 | 舒　琴 |
| 装帧设计 | 毛　淳 |
| 责任印制 | 管　斌 |
| 出版发行 | 中华书局 |
| | （北京市丰台区太平桥西里 38 号　100073） |
| | http://www.zhbc.com.cn |
| | E-mail:zhbc@zhbc.com.cn |
| 印　　　刷 | 北京盛通印刷股份有限公司 |
| 版　　　次 | 2022 年 6 月第 1 版 |
| | 2025 年 3 月第 3 次印刷 |
| 规　　　格 | 开本/880×1230 毫米　1/32 |
| | 印张 14⅛　字数 300 千字 |
| 印　　　数 | 12001-15000 册 |
| 国际书号 | ISBN 978-7-101-15741-3 |
| 定　　　价 | 36.00 元 |

# 目录

# 序

　　中华书局出于普及中国古代名著的目的,组织编写出版"中华经典名著全本全注全译丛书"(简称"三全本")。拙著《扬雄方言校释汇证》初版的责编舒琴女史,2018年约我写"三全本"《方言》,我很愉快地接受了这个任务。因为这几年自己的主要精力需要用在已经立项的国家重大课题上,所以签约时就说明交稿时间得宽容一点,舒琴女史允我三年后交稿,现在不得不交了。

　　2019年,游帅博士从中国社科院语言所博士后流动站出站来北语工作,我邀请他合作,请他以《扬雄方言校释汇证》为基础,按照中华书局提供的编写体例先撰写出一个初稿,然后一起商量修改、定稿。他是我的博士研究生,博士论文曾花大力气辑证了南北朝时期文献中的方言资料和方言研究资料;也跟我认真读过《方言》,博士论文工作又对扬雄《方言》做了比较深入的了解;在中国社科院语言所博士后流动站所做的在站研究,也没有离开对扬雄《方言》的关注与利用。所以,他是合作这一题目的最好人选。

　　撰写本书的基本依据是我的《扬雄方言校释汇证》,当我完成汇证的修订工作之后立即把修订手稿拍照交给了游帅。游帅参考我的书,起草这部"三全本"书稿,费心不小,也有不少自己的思考。2021年11月下旬拿出了初稿,我看了部分样稿,提出三条建议,请他进行删改。两条是关于注释的,一条是关于译文的。关于注释的两条意见是:第一,一般词语的注释不要引用书证,解释清楚就行;第二,烦难生僻有争议的词语,不要引入讨论,以免生出枝蔓。关于译文的意见是:根据《方言》本意,直译为主、意译为辅,不要添加太多作者的理解进去。他根据我的意见修改出了一卷样稿,我觉得基本上到位了,只随手做了很少几处修改,这次重点谈的是凡例中需要增加的内容。经过前两次的删节、修改,12月下旬游帅拿给我新的全书修改稿,篇幅虽然只有初稿的一半,但读起来清爽多了。这一稿我从头到尾看了一遍,发现问题随手修改或者随文批注,最后的处理交给游帅去做。

从上面简单的介绍中不难看出,这部书稿实际上主要是游帅完成的。特别需要说明的是,拙著《扬雄方言校释汇证》修订本依然有"未详"之处,还有不少地方注明了"存疑待质",当然也有一些地方我虽然给出了解释但并不是很坚实,而作为"三全本"《方言》,则每一字都需要落实,无法含糊,由此不难想见游帅所付出的巨大努力。"三全本"《方言》还有一些注释、翻译所表达的意见与拙著不尽一致,甚至很不相同,这些地方自然反映的都是游帅的见解,比如《方言》卷二"予、赖,雠也。南楚之外曰赖,秦、晋曰雠",本书以"售卖"为释,翻译为"予是售卖,赖是赢利,它们都有售卖的意思。南部古楚国外围地区叫赖,古秦国、古晋国地区叫雠",跟我的解释就完全不同,但我都予以尊重。

这本书把我的名字署上,自然是因为我对这本书确实有所贡献,而把我的名字放在前面,则完全是因为游帅尊师罢了。

是为序。

华学诚

2022 年元旦

# 前言

　　《方言》是汉代训诂学一部重要的工具书，作者是扬雄（前53—18）。这是中国第一部汉语方言比较词汇集，它的问世表明中国古代的汉语方言研究已经由先前的萌芽状态而渐渐地发展起来。《方言》被汉代学者誉为"悬之日月而不刊"的奇书，它在中国方言学史乃至世界方言学史上都有重要的地位。

## 一、《方言》的书名、内容和体例

　　传本《方言》全称为《輶轩使者绝代语释别国方言》，所谓"輶轩"就是古代使臣所乘坐的轻便的车子。在汉末应劭的《风俗通义·序》中曾有这样的记载："周秦常以岁八月，遣輶轩之使，采异代方言。"也就是说在周秦时代，每年的特定时期，最高统治者就会派遣一些使者乘坐轻便的车子到各地采集诗歌、童谣和异语方言等，并以这些材料考查风俗民情，供执政者作参照。秦火之后，历代调查的方言资料基本散佚殆尽，扬雄年轻时从严君平那里得到千把字的残稿，还见过林间翁孺整理的框架。扬雄到京城不久，争取到机会调查方言，就把旧材料和新资料加在一起编成了《方言》一书。

　　郭璞是第一个给《方言》作注的人，后来人见到的都是郭注本。今本《方言》分为十三卷，最后两卷除极少数条目载有方言词的分布区域以外,其他条目都仅有被释词和释义两项内容,一般认为这两卷是没有完成调查内容的方言调查提纲。从义类上来看,这十三卷的内容大体如下:《方言》的释词体例大致与《尔雅》相似,它虽然没有像《尔雅》那样明确地标明门类,但也基本上采用分类编次法。比如第八卷是诠释与动物有关的词:虎、玃、鸡、猪等等。第九卷主要是诠释与兵器有关的词:戟、矛、箭、剑、盾等等。第十一卷也基本上是诠释与虫豸有关的词:蜻蛉、螳螂、蚍蜉、蟒等等。

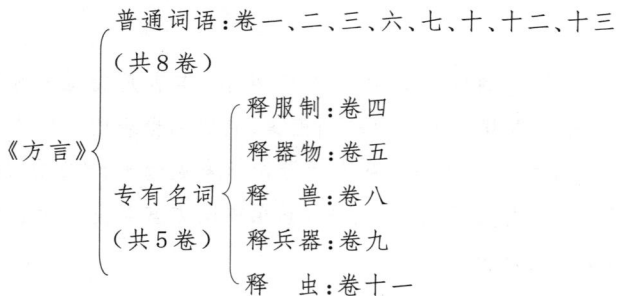

$$
《方言》
\begin{cases}
普通词语:卷一、二、三、六、七、十、十二、十三 \\
（共8卷） \\
专有名词
\begin{cases}
释服制:卷四 \\
释器物:卷五 \\
释\quad 兽:卷八 \\
释兵器:卷九 \\
释\quad 虫:卷十一
\end{cases} \\
（共5卷）
\end{cases}
$$

　　依照戴震的统计,今本《方言》共有675条,11900多字。根据《方言》中的用语,一般把《方言》中所注释的词语分成五类,即:(一)通语,又称四方之通语、凡语等。这是没有地域限制的词语。(二)某地某地之间通语。这是在区域较广的范围内通行的词语。相对于"通语"而言,它是方言;相对于通行范围内某个较小的方言区域而言,它是这个范围内的"通语"。(三)某地语,某地通语,某地某地之间语。这是在区域较小的范围内使用的词语,全书这类词语最多。(四)古今语,古雅之别语。这是从历史角度考察,是扬雄所指出的语言生灭之际的古语的残留,也就是所谓的"绝代语"。(五)转语,又称语之转、代语。"转语"是指兼包时间与空间两方面因声音转变或意义的变化而产生的语词。

　　需要注意的是,以上五类事实上并不属于同一个层面:前三种都是共时的不同空间的描写;第四类则是历时的考察,但又给予了共时的说明;第五类则兼顾时、空两个方面。

《方言》的编写,采用的是所谓"标题罗话法",标题的公式是:"A、B、C、D、X也。"罗话的公式是:"a地谓A为x,b地谓B为x,cd之间谓C为x,又e谓D为x。"《方言》一书中缺罗话的条目主要集中在卷十二、卷十三,前面说过这两卷可能是一个没有完成调查内容的方言调查提纲。那么在前11卷的范围内,完整按照"标题罗话法"编排的条目实际占到了80%以上,所以说"标题罗话法"应当能够被视作《方言》的基本编排体例。需要注意的是,《方言》一书条目中没有方言分布描写的情况大致有两种可能,一是可能没有调查到相关词语的具体分布情况,二是可能还没来得及完成调查。前11卷属于前一种情况的可能性较大,卷十二、卷十三属于后一种情况的可能性较大。

## 二、《方言》所呈现的方言分布

自古就有方言,今天的汉语方言正是古代方言各自独立发展而又相互渗透影响的结果。有方言存在,自然就有方言区。但是对于先秦那么漫长的历史时期,我们知道的方言知识极少极少。先秦文献中有一些方言痕迹,当时的学者也曾有片言只语提到当时的方言状况,然而凭据这些极为有限的、零碎的、毫无共时价值可言的材料,是无法科学地描写出先秦各个历史时期的方言区的。然而扬雄的《方言》却为后人客观呈现出了汉代的方言面貌,这是该书成为不朽著作的一个重要原因。

该书的重点就在"方言分布"这一部分,这部分最重要的价值就是对汉代方言的具体描写,和描写中所蕴含的方言区划思想。《方言》记载的方言殊语所属区域极为广阔:北起燕赵(今辽宁、河北一带),南至沅湘九嶷(今湖南一带),西起秦陇凉州(今陕西、甘肃一带),东至东齐海岱(今山东、河北一带),甚至连朝鲜北部的方言也有所搜集。因此,依据《方言》所提供的材料,拟出汉代的方言区划也就成了可能。林语堂、罗常培&周祖谟、[美]司理仪、周振鹤&游汝杰、丁启阵等诸多学者都做过相关方面的工作,各家分区不尽相同,主要是因为各自掌握标准时有宽严之别以及对《方言》地名实际所指区域的理解有广狭之异所致,总体上来看,分区数量的多少并不构成根本性的差异。

需要重点说明的是,《方言》中所用的地名情况比较复杂,既有先秦时期的地名如战国国名,也有汉代的郡县及山川之名,并不统一。这种情况出现的原因可能与《方言》材料的来源有关。《方言》中的一部分材料来自郭璞所谓的"考九服之逸言,标六代之绝语",也就是历史上的方言资料,而扬雄需要在古今之间建立纵向联系。一部分材料则是扬雄在京师"把三寸弱翰,赍油素四尺",实地采集的汉代方言。这其中,可能由于被采访者的见识、表述习惯、文化程度不一以及该书未及定稿等原因,书中地名上存在的不统一也就无可厚非了。而我们在翻译过程中,凡涉及历史地名如某些西周封国时,一般会在保留该地名的同时冠以"古"字(如"古秦国""古晋国")也就是这个原因,目的是为了避免过度翻译造成信息上的传递偏误,毕竟不少地名的实际范围都长时间处在一种动态变化的过程中,这就与静态描写的方式形成了冲突,因而我们的目标只能是传递其大致的地域范围,并在书末附以地名信息对照表来辅助读者进行理解。同时,《方言》所陈述的语言现象还是应当理解为共时性质,这是不冲突的。

## 三、《方言》一书的文献价值

《方言》是一部很有科学价值和实用价值的书,主要表现在以下几个方面:

首先,为研究汉代的社会生活、组织制度等提供了宝贵资料。如《方言》卷三记载:"南楚、东海之间,亭父谓之亭公;卒谓之弩父,或谓之褚。""亭"是秦汉时乡以下、里以上的行政机构,而"亭父""亭公"就是守亭的差役。至于"弩父",就是秦汉时专管捕盗贼的守亭之卒;"褚"指兵卒、差役,因其穿着红褐色衣服而得名。这些记录为我们考察汉代的社会组织制度提供了很直观的资料。

其次，对我们阅读和研究古代史籍及文学作品大有帮助。如《汉书·韩信传》："樵苏后爨，师不宿饱。"《方言》卷三记载："苏、芥，草也。江、淮、南楚之间曰苏，自关而西或曰草，或曰芥。"所谓的"樵苏"也就是砍柴割草的意思。又如《古诗十九首·青青河畔草》："盈盈楼上女，皎皎当窗牖。"李善注："盈与嬴同，古字通。"而《方言》卷一记载："嬿，好也。宋、魏之间谓之嬿。"郭璞注："言嬿嬿也。"实际上"嬿"就是"嬴"的增益字，而"盈盈"即"嬿嬿"，用来表示女子貌美。

第三，由于《方言》显而易见的共时语言学价值，我们可以通过《方言》的记录与前后文献进行对比，考察语言的历时变化。包括揭示古今名实之间存在的交错关系。或是古今称名相同，但所指不同；或是古今称名不同，但所指相同。也包括辨别古今方言词地理分布上的变化，像古代的某些通用语，可能演变为后来的方言；而古代的某些方言，也可能演变为后来的通用语。还包括考索词语意义、构词方式、语音等方面的历时变化，等等。这些都为我们开展汉语史研究开辟了广阔的空间。

第四，《方言》为我们考察今天的方言提供了不可或缺的线索。《方言》记载的语言现象，在今天的不少方言中都还有遗留，很多方言词语溯源、考本字的工作往往要依赖《方言》所提供的线索。比如黄侃《蕲春语》："吾乡谓杀禽兽已，纳之沸汤去毛，曰㩙毛。或书作挦。"记录了其乡湖北蕲春表示为禽兽褪毛的方言表达。现在不少地方也有类似"挦鸡毛"的用法。《方言》卷一："挦……取也……卫、鲁、扬、徐、荆、衡之郊曰挦。"这也是目前能够见到的关于"挦"有拔取义的最早文献记载。显然类似"挦鸡毛"这样的表达正是《方言》中表拔取义的"挦"在后世的用法遗留。

## 四、《方言》在语言学史上的地位和影响

（一）《方言》在中国语言学史上的地位

自战国末年历秦而至东汉，是中国语言学史上创学科的辉煌时期：

朝野并重的雅学发端于《尔雅》，代有佳作的文字学奠基于《说文解字》，渐次深入的语源探索滥觞于《释名》，绵延不绝的方言研究始创于《方言》。

《方言》之作既不是为辨析文字的形、音、义而作，也不是为训释古代文献语言而作，而是鉴于别国方言多所不解、古雅别语后人不知的现实，为了"考八方之风雅，通九州之异同，主海内之音韵，使人主居高堂知天下风俗"而作。由这一目的所决定，《方言》做出了创造性的贡献，并因此确立了它在中国语言学史上的崇高地位。

（二）《方言》在世界语言学史上的地位

扬雄的《方言》在大量方言调查和比较研究工作的基础上，不仅比较全面地记录了当时汉语各方言区的词汇，而且较为准确地标出了它们的空间分布，从而揭示了方言词汇分布的错综复杂的情况。扬雄创立的方言研究这一古典传统，在基本精神上与1900年之后在欧洲诞生的方言地理学不谋而合。从这个意义上说，《方言》是世界语言学史上最早的方言比较词汇集，并开了方言地理学的先河。

（三）《方言》对后世方言研究的影响

《方言》是以口头语言为研究对象的，其最重要的价值体现在描写语言学和历时语言学上，也有重要的训诂学价值。《方言》以后，经学家、小学家们普遍重视方言，他们的方言研究成果分别体现在如下四个方面，一是融贯在文献注释当中，二是包含在辞书解释语当中，三是著成专书（其中还有各种类型），四是附编于地方志当中。这些工作都曾受到《方言》的影响是显而易见的。

# 五、《方言》的历代整理

从4世纪到16世纪明万历年间，整理研究过《方言》的有两家，一个是晋代的郭璞，另一个是隋朝的骞师。骞师的整理本没能流传下来，如今只能在唐代慧琳《一切经音义》里找到一些零星材料，流传下来并且能够见到的最早的《方言》整理研究本就是郭璞的注本。

明代除了各种翻刻本、影抄本之外，唯有陈与郊《方言类聚》做了整理方面的工作，他完全打散了《方言》的体例，按照内容重新分类编排《方言》条目，分类原则和方式借鉴了雅书。陈氏的这一工作对于了解、认识《方言》所收词汇的内容具有积极作用。

清人对《方言》的整理有三种形式，一是全本校注，二是校注本合刊，三是札记性条校。戴震、卢文弨、王念孙、钱绎等先后对《方言》全本做过整理与研究，是该时期《方言》研究的代表性人物，他们的成果影响也都比较深远。

20世纪以来的《方言》整理，主要有条校条释和全本整理两大类型。先后做过条校条释的学者有王国维、吴承仕、吴予天、刘君惠、胡芷藩、徐复诸家。全本整理的则主要有五个本子，各有目标，所以也各具特点：丁惟汾的《方言音释》属于词语疏解型，周祖谟的《方言校笺》属于文本校勘型，佐藤进的《宋刊方言四种影印集成》属于版本资料型，松江崇的《扬雄〈方言〉逐条地图集》属于资料整理型，华学诚的《扬雄方言校释汇证》属于集校集释型。

时至今日，《方言》的校理与研究已经取得了很大的成绩，但是还有很多课题值得深入探讨，也有不少疑难问题悬而未决。本书在已有研究基础之上，对《方言》一书进行注译，难免会有一些处理欠妥的地方，诚恳地希望读者朋友多多给予批评指正。

游　帅

2022年1月

# 凡例

（一）《方言》采用定本式，其条目分合、内容文字、句读点断处理主要以华学诚《扬雄方言校释汇证》（中华书局2006年版之修订本手稿）为依据。《方言》传世版本均附有郭璞注，本书删去郭注，注译工作只围绕扬雄《方言》展开。

（二）每个条目均编有序号，以"a.b"方式标注，a表卷次，b表条序。例如"1.001"，其中1表示卷一，001表示第1条。

（三）根据为一般读者扫除阅读理解障碍的原则，本书有选择地对字词进行注音、释义、翻译。注释每条重新编号，原则上重点注释较为生僻的词语，相对浅显直白者或不再出注，或直接给出释义，不另加引证。部分疑难字词，或以"疑……"之类的形式谨慎提供意见，或阙而不论。译文以直译为主，辅以意译，充分体现扬雄原文的本意。

（四）本书采用简体字，一些不见于《通用规范汉字表》的汉字不作强制类推简化。

（五）为达到速检速得的效果，书中某条注释与其他条目注释相关联时，不再借助"参见"形式做简略处理，同一条目中的不同注释除外。

（六）书证所引的常用资料书，皆使用书名全称。引文阅读起来有难度者，随文括注其中的疑难字词，或在引文后以白话文概述大意。

（七）本书正文后附录《〈方言〉词语笔画索引》，收录《方言》原文中的被释词和解释词,原则上不包括词组和分句形式。其他词语,如指示方域的地理名词、描述和解释语言中的"曰""为"等,解释语之前的时空限制词"凡""今",以及解释语中的虚词"故""而""若"等,概不收录。索引词语按笔画排列,同笔画按笔顺(横竖撇点折)排列,同形词语按篇条页码顺序排列。索引词语后数字表示其所在卷、条及页码。如"一12.111　306"表示词语"一"在《方言》卷十二的第111条,正文第306页。

# 卷一

1.001　党<sup>①</sup>、晓、哲<sup>②</sup>,知也。楚谓之党<sup>③</sup>,或曰晓,齐<sup>④</sup>、宋之间谓之哲<sup>⑤</sup>。

**【注释】**

①党:同今天的"懂",即清楚、明白。郭璞注:"党,朗也,解寤貌。"胡文英《吴下方言考》:"今谚通谓不晓为不党,党音董。"章炳麟《新方言·释言》:"今谓了解为党,音如董。"

②哲:"知"的一种方言说法。

③楚:立国于殷商时期,西周初年受封于荆山。都城屡徙,至楚庄王时,楚国的疆域西起武关(今陕西丹凤东武关河的北岸),东到昭关(今安徽含山县城北),北起今河南南阳,南到洞庭以南;战国时楚国的领土进一步扩大到今山东南部和江苏、浙江一带。《方言》中的楚比战国时的楚范围要狭小得多,它主要指以郢都(今湖北江陵的纪南城)为中心的江汉平原及其周围的地区。

④齐:指以临淄(今山东淄博临淄区)为中心的最早的齐领土,大致相当于秦代的临淄、济北两郡,即今山东北部和河北东南部。

⑤宋:建于西周初年,都睢阳(今河南商丘西南)。战国初可能迁都彭城(今江苏徐州)。《史记·留侯世家》:"武王封殷之后于宋。"

这一带是殷的故地,人民也是殷人的后代。《汉书·地理志》:"宋地……今之沛、梁、楚、山阴、济阴、东平及东郡之须昌、寿张,皆宋分也。周封微子于宋,今之睢阳是也。"《方言》中的宋大致包括以今商丘为中心的河南东部以及山东西南、江苏西北和安徽北部的部分地区。

**【译文】**

"党"用来记录懂得的意思,"晓"有知晓的用法,"哲"是"知"的方言音转,它们都可以用来表示知道。古楚国地区在表示知道这个意义时称之为"党",也有的叫"晓",古齐国、古宋国之间的地区称之为"哲"。

1.002　虔①、儇②,慧也③。秦谓之谩④,晋谓之懜⑤,宋、楚之间谓之倢⑥,楚或谓之䜏⑦。自关而东⑧,赵⑨、魏之间谓之黠⑩,或谓之鬼⑪。

**【注释】**

①虔:"儇"的一种方言说法。关于"儇",参本条注释②。

②儇(xuān):聪明而狡猾。《说文解字·心部》:"慧,儇。"《人部》:"儇,慧也。""慧""儇"都有巧慧、慧黠的意思。郭璞注:"(慧)谓慧了。音翾。"

③慧:慧黠,狡黠。本书卷十二:"儇、虔,谩也。"郭璞注:"谓惠黠也。"

④秦:《汉书·地理志》:"秦地于禹贡时跨雍、梁二州。"《方言》中的秦大致相当于战国时秦国的领土。以今地域来看,大致包括陕西、四川以及甘肃东部。谩:欺骗,欺诳。钱绎《方言笺疏》:"盖人用慧黠以欺谩人,故慧亦谓之谩也。"

⑤晋:西周初年周成王封其弟叔虞于唐(今山西翼城西)。唐有晋水,以后叔虞的儿子燮称晋侯。晋始封之时领土很小,后来日益

强大，疆域宽广，其始封之地在今山西西南。公元前4世纪中叶，韩、赵、魏三家分晋，晋国不复存在。韩、赵、魏都大大扩张了各自的土地。因此，后来的韩、赵、魏并不等于原先晋国的区域。《方言》中凡是提到晋时，一般都指以今山西西南为中心的比较狭小的地区，即汉代河东郡（治安邑，今山西夏县西北）及周围的地区。慲（mái）：疑为"谩"的一种方言说法。

⑥倢（jié）：灵敏。慧琳《一切经音义》卷六十八"倢利"注引《楚辞》王逸注："倢，疾也。"此义在文献中经常用"捷"字来表示。张衡《西京赋》："轻锐僄（piào）狡，趫（qiáo）捷之徒。"所谓"趫捷之徒"就是矫健敏捷的人。

⑦謪（tuō）：同"詑"。欺谩。《说文解字·言部》："沇州谓欺曰詑。"

⑧关：《方言》中指函谷关，在今河南灵宝函谷关镇王垛村。"关东"指函谷关或今潼关以东地区。"关东西"指以函谷关为中心的东西两侧，大致包括关西的全部地区和关东的周、郑、韩。《方言》中"自关东西""自关而东西""关西关东""关之东西"所代表的地区与"关东西"一致。"关西"指函谷关或今潼关以西地区。

⑨赵：最初定都晋阳（今山西太原西南），公元前425年迁都中牟（今河南鹤壁西），公元前386年迁都邯郸（今河北邯郸）。《方言》中的赵指以邯郸为中心的战国赵地。主要包括今河北南部和山西东部一带。

⑩魏：本是西周时的诸侯国。《汉书·地理志》："魏国，亦姬姓也，在晋之南河曲。"即今山西芮城。晋献公灭魏后把这一地区封给了大夫毕万。毕万的后人魏文侯与赵、韩分晋国后定都安邑（今山西夏县西北禹王村）。公元前361年，魏迁都大梁（今河南开封）。《方言》中的魏指以大梁为中心的地区。黠：狡猾，奸诈。《汉书·匈奴传下》："乌桓与匈奴无状黠民共为寇入塞，譬如中国有盗贼耳。""黠民"就是狡黠之民。

⑪鬼：机灵，敏慧。

【译文】

"虔"是"儇"的一种方言说法，"儇"有聪明狡猾的意思。当表达这个意思时，古秦国地区称之为"谩"，古晋国地区称之为"懇"，古宋国、古楚国之间的地区称之为"倢"，古楚国地区也有的称之为"譀"。在函谷关以东，古赵国、古魏国之间的地区称之为"黠"，也有的称之为"鬼"。


1.003　娥①、嬴②，好也。秦曰娥，宋、魏之间谓之嬴。秦、晋之间凡好而轻者谓之娥。自关而东，河③、济之间谓之媌④，或谓之姣⑤。赵、魏、燕、代之间曰姝⑥，或曰妦⑦。自关而西，秦、晋之故都曰忏⑧。好，其通语也⑨。


【注释】

①娥：女子姿容美好。《文选·陆机〈拟古诗十二首〉》之二："齐僮《梁甫吟》，秦娥《张女弹》。"李善注："秦俗美貌谓之娥。"

②嬴（yíng）：同"赢"，通"盈"。丰满好看。《古诗十九首·青青河畔草》："盈盈楼上女，皎皎当窗牖。"李善注："盈与赢同，古字通。"

③河：即黄河。

④济：济水，古四渎之一。济河，又称济水，古水名。发源于今河南济源，流经河南、山东入渤海。现代黄河下游的河道就是原来济水的河道。今河南济源因是济水的发源地而得名，古代济阴、济阳，现代山东济南、济宁、济阳，都从济水得名。媌（miáo）：眉目美好。《说文解字·女部》："媌，目里好也。"引申为面容娇丽。《太平御览》卷三八二引服虔《通俗文》："容丽曰媌。"

⑤姣：俊美修长。

⑥燕：燕国建立于西周初年，以蓟（今北京西南）为国都。燕昭王时
又以武阳（今河北易县南）为下都，战国末为秦所灭。西汉初年
拥有故秦上谷、渔阳、右北平、辽西、辽东、广阳六郡，与战国时燕
的领土大体相当。《方言》中的燕并不等于燕国，它只表示包括蓟
在内的汉代广阳郡（治蓟县，今北京西南）以及周围的部分地区。
代：本是戎族建立的国家，公元前476年为赵襄子所灭，赵武灵
王置代郡。秦、西汉时，代郡的治所在代县，即今河北蔚县东北。
《方言》中的代除了包括代郡外，还可以包括汉代的云中郡（治
云中县，今内蒙古托克托东北）、雁门郡（治善无县，今山西右玉）
以及太原郡（治晋阳，今山西太原）的部分地区。姝：容貌美好。
《说文解字·女部》：“姝，好也。”《诗经·邶风·静女》：“静女其
姝，俟我于城隅。”毛传：“姝，美色也。”

⑦姡（fēng）：丰满美好。钱绎《方言笺疏》：“《郑风·丰》篇：‘子之
丰兮。’毛传：‘丰，丰满也。’《释文》：‘《方言》作姡。’丰、姡亦
同。”唐皮日休《桃花赋》：“姡姡婉婉，妖妖怡怡。”

⑧秦、晋之故都：《方言》郭璞注：“秦旧都，今扶风雍县也。晋旧都，
今太原晋阳县也。”雍县在今陕西宝鸡凤翔区南，晋阳在今山西
太原南。我们认为，晋之故都应指晋初所封的唐，即今山西翼城
西。《方言》中“秦、晋之故都”包括今陕西凤翔南及山西翼城西。
忓（hàn）：善良美好。《玉篇·心部》：“忓，善也。”

⑨通语：在广大地区普遍使用的词语。

【译文】

“娥”和“嬿”都可以用来表示女子貌美。当表达女子貌美这个意思
时，古秦国地区称之为“娥”，古宋国、古魏国之间的地区称之为“嬿”。
古秦国、古晋国之间的地区把容貌美好而身材轻盈的女子称作“娥”。
在函谷关以东，黄河、济水之间的地区表示眉目好看用“媌”，有的表示
俊美修长用“姣”。古赵国、古魏国、古燕国、古代国地区叫“姝”，也有

的叫"姝"。在函谷关以西，古秦国、古晋国过去的都城叫"忓"。用"好"来表示女子貌美，是共同语的说法。

1.004　烈①、枿②，余也。陈、郑之间曰枿③，晋、卫之间曰烈④，秦、晋之间曰肄⑤，或曰烈。

**【注释】**

①烈：残余，遗余。《诗经·大雅·云汉》序："宣王承厉王之烈。"郑玄笺："烈，余也。"

②枿（niè）：树木砍伐后留下的根株。《汉书·叙传》："三枿之起，本根既朽，枯杨生华，曷惟其旧！"颜师古注引刘德："谓木斫髡而复枿生也。喻魏、齐、韩皆灭而复起，若髡木更生也。"

③陈：《汉书·地理志》："陈国，今淮阳之地。陈本太昊之虚，周武王封舜后妫满于陈。"陈都宛丘（今河南周口淮阳区），公元前478年被楚所灭。陈的疆域包括以今淮阳为中心的河南东部、安徽北部的部分地区。郑：《汉书·郑世家》："宣王封庶弟友于郑。"郑立国于西周，最初封于棫林（今陕西扶风东北），西周末迁至东虢（今河南荥阳一带）和桧（今河南新密东南）之间。东周初年建都于新郑（今河南新郑），公元前375年为韩所灭。《汉书·地理志》："郑国，今河南之新郑，本高辛氏火正祝融之虚也。及成皋、荥阳、颍州之崇高、阳城，皆郑分也。"郑大致包括今河南中部一带。

④卫：建于西周之初，最初都朝歌（今河南淇县东北），文公迁都楚丘（今河南滑县），成公迁都帝丘（今河南濮阳西南）。《史记·鲁世家》："收殷余民，封叔于卫。"卫国的所在是原殷朝王畿地区，人民也主要是殷民的后裔。《汉书·地理志》："卫地……今东郡及魏郡黎阳，河内之野王、朝歌，皆卫分也。"卫的地域在今河南北部以及河北南部、山东西部一带。

⑤肄（yì）：同"肄"。树木经砍伐后生出的嫩条。《诗经·周南·汝坟》："遵彼汝坟，伐其条肄。"毛传："肄，余也。斩而复生曰肄。"诗句大意是沿着汝河大堤走，采伐那山楸的余枝。

**【译文】**

"烈"是遗余，"栵"是树木砍伐后留下的根株，它们都有残余的意思。古陈国、古郑国之间的地区叫"栵"，古晋国、古卫国之间的地区叫"烈"，古秦国、古晋国之间的地区叫"肄"，也有的叫"烈"。

1.005　　台①、胎②、陶③、鞠④，养也。晋、卫、燕、魏曰台，陈、楚、韩⑤、郑之间曰鞠，秦或曰陶，汝⑥、颍⑦、梁⑧、宋之间曰胎，或曰艾⑨。

**【注释】**

①台：通"颐"。休养，保养。郭璞注："台犹颐也。"

②胎：通"颐"。养。"台""胎"的古音有清浊的不同，属于同一词的不同方言说法。

③陶：培育，培养。

④鞠：养育。"育"的同音假借字。

⑤韩：《战国策·韩策》："韩北有巩、洛、成皋之固，西有宜阳、常阪之塞，东有宛、穰（ráng）、洧（wěi）水，南有陉（xíng）山，地方千里。"今河南西北部皆韩国的故地。韩都屡迁，公元前375年，韩哀侯灭郑，迁都新郑（今河南新郑）。《方言》中既有韩又有郑，为了不使韩、郑在地域上重合，我们把原属于郑的地区划出，《方言》中的韩代表战国时韩的西部领土。

⑥汝：即汝水，就是今天河南境内的北汝河、南汝河、洪河。

⑦颍：古水名。颍水发源于今河南登封西南，东南入淮河。颍在《方言》中大都与汝并举。汝颍流域主要在汉代的颍川、汝南两

郡,在《方言》中属于北楚,与郑、韩接界。

⑧梁:《方言》中的"梁",有时指古九州之一的梁州,有时也指汉代的郡国。当"梁"与"益""雍"并举时,指梁州,是秦岭以南、金沙江以北的地区,主要包括今四川、陕南一带。当"梁"与"宋""楚"等地名并举时,指汉代的郡国。汉高帝五年(前202)改砀郡为梁国。治所在睢阳(今河南商丘南),即原来宋国的国都所在地。

⑨艾:保养,庇佑。《诗经·小雅·鸳鸯》:"君子万年,福禄艾之。"意思是君子健康长寿,幸福富贵永远滋养着他。

**【译文】**

休养、保养义的"台""胎",培育、培养义的"陶"以及养育义的"鞠",它们都有养的意思。古晋国、古卫国、古燕国、古魏国一带都叫"台",古陈国、古楚国、古韩国、古郑国之间的地区都叫"鞠",古秦国地区有的叫"陶",汝水、颍水流域,梁国、宋国之间的地区有的叫"胎",也有的叫"艾"。

1.006　忼①、俺②、怜、牟③,爱也。韩、郑曰忼,晋、卫曰俺,汝、颍之间曰怜,宋、鲁之间曰牟,或曰怜。怜,通语也。

**【注释】**

①忼(wǔ):爱抚。《说文解字·心部》:"忼,爱也。"《尔雅·释言》:"忼,抚也。"郭璞注:"爱抚也。"

②俺(yān):"爱"的一种方言说法。

③牟:通"悖"。贪爱。

**【译文】**

"忼"是爱抚,"俺"是爱的一种方言说法,"怜""牟"都是贪爱,它们都可以表示爱义。古韩国、古郑国地区叫"忼",古晋国、古卫国地区叫"俺"，汝水、颍水之间的地区叫"怜"，古宋国、古鲁国之间的地区叫"年"，也有的叫"怜"。"怜"是共同语的说法。

1.007 悏①、忬②、矜③、悼、怜，哀也。齐、鲁之间曰矜，陈、楚之间曰悼，赵、魏、燕、代之间曰悏，自楚之北郊曰忬，秦、晋之间或曰矜，或曰悼。

**【注释】**

①悏（líng）：怜爱。"怜"的一种方言说法。

②忬：抚恤。王念孙《方言疏证补》："忬之言抚恤也，故《尔雅》云：'忬，抚也。'"上一条的母题"爱"与本条的"哀"音义相近。《吕氏春秋·报更》："人主胡可以不务哀士。"高诱注："哀，爱也。"句子大意是君主怎么可以不致力于爱惜贤士呢。

③矜（jīn）：哀怜，同情。

**【译文】**

"悏"是"怜"的一种方言说法，"忬"是抚恤，"矜"是同情，"悼"是哀伤，"怜"是哀怜，它们都有爱惜的意思。古齐国、古鲁国之间的地区叫"矜"，古陈国、古楚国之间的地区叫"悼"，古赵国、古魏国、古燕国、古代之间的地区叫"悏"，古楚国北部郊域叫"忬"。古秦国、古晋国之间的地区有的叫"矜"，有的叫"悼"。

1.008 咺①、唏②、怊③、悝④，痛也。凡哀泣而不止曰咺，哀而不泣曰唏。于方：则楚言哀曰唏，燕之外鄙，朝鲜⑤、洌水之间少儿泣而不止曰咺⑥。自关而西，秦、晋之间凡大人、少儿泣而不止谓之唴⑦，哭极音绝亦谓之唴。平原谓啼极无声谓之唴哴⑧。楚谓之嗷咷⑨，齐、宋之间谓之暗⑩,或谓之愵⑪。

**【注释】**

①咺(xuān):同"喧"。哀泣不止。《汉书·外戚传上·孝武李夫人》:"悲愁於邑(忧郁烦闷),喧不可止兮。"

②唏(xī):哀叹。《说文解字·口部》:"哀痛不泣曰唏。"

③怆(zhuó):通"灼"。惊痛。本书卷十三:"灼,惊也。"郭璞注:"犹云恐灼也。"

④怛(dá):伤痛。《诗经·桧风·匪风》:"顾瞻周道,中心怛兮。"毛传:"怛,伤也。"诗句大意是回头瞧瞧大道,心里好不凄惨。

⑤朝鲜:建国于西周初年。战国时,朝鲜属于燕国;秦时,朝鲜"属辽东外徼",是秦朝领土的一部分;西汉初年,燕人卫满入据朝鲜。公元前109年,汉武帝灭卫氏政权,置乐浪、玄菟、临屯、真番四郡。《方言》中的朝鲜大致相当于今辽宁、吉林的部分地区以及朝鲜北部一带。

⑥洌(liè)水:又写作"列水"。即今朝鲜的大同江。

⑦哴(qiàng):因悲伤过度而哭泣不止,也指失声哽咽。

⑧平原:汉代的平原郡。治所在平原县(今山东平原县西)。辖境相当于今山东平原县、陵县、禹城、齐河、临邑、商河、惠民、阳信及河北吴桥等市、县地。哴哴:是"哴"在发音舒缓状态下的一种形式,意义不变。

⑨噭咷(jiào táo):啼哭呼喊。相当于"号咷",即今天常用的"号啕"。

⑩暗(yīn):形容因悲痛过度而哽咽、哭不出声来的状态。

⑪愵(nì):忧郁伤痛。《说文解字·心部》:"愵,忧也。"《诗经·小雅·小弁》:"我心忧伤,愵焉如捣。"

【译文】

"喧"形容哀泣不止,"唏"是哀叹,"怐"形容惊恐痛心,"怛"是伤痛,它们都有哀痛的意思。大致可以这样看,哀痛哭泣不停的样子就叫"喧",哀痛却不哭泣的样子叫"唏"。对于方言而言,古楚国地区表示哀痛叫"唏",在古燕国外部边境,朝鲜、洌水一带把小孩子哭泣不止的样子叫"喧"。在函谷关以西,古秦国、古晋国之间的地区表示大人和小孩哭泣不止的样子都称作"唉",哭到失声哽咽也称作"唉"。平原郡一带表示啼哭到失声哽咽称作"唉哴"。古楚国地区把啼哭呼喊称作"嗷咷",古齐国、古宋国之间的地区把痛哭失声的状态称作"唷",也有的称作"愁"。

1.009　悼、愁、悴①、慭②,伤也。自关而东,汝、颍、陈、楚之间通语也③。汝谓之愁,秦谓之悼,宋谓之悴,楚、颍之间谓之慭。

【注释】

①悴(cuì):忧愁悲伤。

②慭(lí):忧伤的样子。

③"自关而东"两句:王念孙《方言疏证补》引归安丁升衢:"此句首似少一'伤'字。"当据以补足。

【译文】

"悼"是哀伤,"愁"是忧郁伤痛,"悴"是忧愁悲伤,"慭"是忧伤的样子,它们都有忧伤的意思。在函谷关以东,汝水、颍水流域和古陈国、古楚国之间的地区普遍使用的说法是"伤"。汝水一带也有的称之为"愁",古秦国地区称之为"悼",古宋国地区称之为"悴",古楚国地区和颍水流域称之为"慭"。

1.010　慎<sup>①</sup>、济<sup>②</sup>、嘀<sup>③</sup>、怒、濕<sup>④</sup>、桓<sup>⑤</sup>，忧也。宋、卫或谓之慎，或曰嘀。陈、楚或曰濕，或曰济。自关而西，秦、晋之间或曰怒，或曰濕。自关而西，秦、晋之间，凡志而不得，欲而不获，高而有坠，得而中亡，谓之濕，或谓之怒。

**【注释】**

①慎：忧虑。《楚辞·七谏·怨世》：“哀子胥之慎事。”王逸注：“死不忘国，故言慎事也。”“慎事”即所忧虑之事。

②济：疑为“悴”的一种方言说法。忧愁伤痛。《玉篇·心部》：“悴，凄怆也，伤也。”

③嘀（qián）：通“憯”，或作“惨”。忧愁伤痛。《说文解字·心部》：“憯，痛也。从心朁声。”《尔雅·释诂》：“惨，忧也。”王力《同源字典》：“憯、惨实同一词。”

④濕（tà）：表忧愁义的旧时说法，文献中未见用例。卢文弨《重校方言》：“今吴越语犹然。”《芜湖县志》：“事失机会谓之濕，音沓。”乾隆二十五年《赵城县志》：“忧，或曰怒，或曰濕。”正是这种用法在后世吴语和北方中原官话中的遗留。

⑤桓：忧患，忧虑。疑为“寏（guàn）”的方言读音。《说文解字·心部》：“寏，忧也。”

**【译文】**

“慎”是忧虑，“济”“嘀”都形容忧愁伤痛，“怒”是忧郁伤痛，“濕”是忧愁，“桓”是忧患，它们都表示忧痛的意思。古宋国、古卫国地区有的称之为“慎”，有的叫“嘀”。古陈国、古楚国一带有的叫“濕”，有的叫“济”。在函谷关以西，古秦国、古晋国之间的地区有的叫“怒”，也有的叫“濕”。凡是有志向但未实现，有想要的东西却没有获得，爬到高处又坠落了，好不容易得到而中途又失去，在函谷关以西，古秦国、古晋国之间的地区都用“濕”来形容，也有的称之为“怒”。

1.011　郁悠①、怀、怒②、惟③、虑、愿④、念、靖⑤、慎⑥，思也。晋、宋、卫、鲁之间谓之郁悠。惟，凡思也。虑，谋思也。愿，欲思也。念，常思也。东齐海、岱之间曰靖⑦，秦、晋或曰慎。凡思之貌亦曰慎，或曰怒。

**【注释】**

① 郁悠：忧思积聚的样子。郭璞注："郁悠，犹郁陶也。"

② 怒：忧思。《诗经·小雅·小弁》："我心忧伤，怒焉如捣。"

③ 惟：思考。"思"与"惟"并列复合成词，今天写作"思维"。

④ 愿：思念。

⑤ 靖：谋划思考。《尔雅·释诂》："靖，谋也。"《广雅·释诂二》："靖，思也。"王念孙疏证："谋与思义相近。"《诗经·大雅·召旻》："昏椓（zhuó，通'诼'，谗毁）靡共，溃溃回遹（yù，邪僻，这里指奸邪之人），实靖夷我邦。"陈启源《毛诗稽古编》："实靖夷（图谋毁灭）我邦，言此昏椓回遹之人，实谋灭王之国也。"

⑥ 慎：忧思。也指忧思的样子。《楚辞·七谏·怨世》："哀子胥之慎事。"王逸注："死不忘国，故言慎事也。""慎事"即所忧虑之事。

⑦ 东齐海、岱之间：今山东渤海至泰山之间的地带。关于"东齐"所指，历来争议较大。我们认为《方言》中的"东齐"在地理范围上与"齐"大致相当，二者在《方言》中并存，反映的正是该书作为未定稿，材料来源多元，继而导致地名不统一的问题。这点我们可以从同见于《方言》和他书记载的材料对应中窥得一些痕迹。如《方言》卷十："颜、额、颜，颡也。……东齐谓之颡。"而《史记·高祖本纪》："高祖为人，隆准而龙颜。"裴骃集解引应劭："颜、额、颡也。齐人谓之颡。"东齐正对应于齐。又如《方言》卷

三:"氾、浼、瀾、浬、洿也。……东齐海、岱之间或曰浼,或曰瀾。"而许慎《说文解字·水部》则有:"瀾,海、岱之间谓相污曰瀾。"再如《方言》卷三:"萃、杂,集也。东齐曰聚。"而玄应《一切经音义》卷四引《方言》:"东齐海、岱之间谓萃为聚。"因此我们推断东齐只是作为海、岱之间的同位语。海、岱之间指的是今天的渤海至泰山之间的地带,而古代齐国的范围与之基本一致。至于"东齐"的称谓,则因齐国地处周朝之东,故称。汉焦赣《易林·离之乾》:"执辔四骊,王以为师,阴阳之明,载受东齐。"这和"南楚""北燕""西秦"等称谓是一样的道理。海,渤海。岱,泰山。

**【译文】**

"郁悠"形容忧思积聚的样子,"怀"是怀念,"惄"是忧思,"惟"是思考,"虑"是思虑,"愿""念"都是思念,"靖"是谋划思考,"慎"是忧思,它们都能用"思"来解释。古晋国、古宋国、古卫国、古鲁国之间的地区称之为"郁悠"。各种各样的思考都可以叫"惟"。谋划思考叫"虑"。发自内心的思念叫"愿"。日常的思念叫"念"。在东部古齐国,渤海至泰山之间的地区叫"靖",古秦国、古晋国地区有的叫"慎"。凡是表示思念的样子都可以叫"慎",也有的叫"惄"。

1.012　敦①、丰、厖②、奔③、幠④、般⑤、嘏⑥、奕⑦、戎⑧、京⑨、奘⑩、将⑪,大也。凡物之大貌曰丰。厖,深之大也。东齐海、岱之间曰奔,或曰幠。宋、鲁、陈、卫之间谓之嘏,或曰戎。秦、晋之间凡物壮大谓之嘏,或曰夏⑫。秦、晋之间凡人之大谓之奘,或谓之壮。燕之北鄙⑬,齐、楚之郊或曰京,或曰将。皆古今语也。初别国不相往来之言也,今或同。而旧书雅记⑭,故俗语不失其方,而后人不知,故为之作释也。

**【注释】**

①敦：大。王念孙《广雅疏证·释诂一》："《汉书》'敦煌郡'，应劭注云：'敦，大也；煌，盛也。'《周语》：'敦厖纯固。'韦注云：'敦，厚也；厖，大也。'……厚与大同义，故厚谓之敦，亦谓之厖；大谓之厖，亦谓之敦矣。"

②厖（máng）：本义为石大，引申泛指大。《说文解字·厂（hǎn）部》："厖，石大也。"段玉裁注："厖，引申之为凡大之称。"章太炎《岭外三州语》："三州谓人肥大曰厖壮，亦曰丰厖。"

③乔（jiè）：大。《说文解字·大部》："乔，大也。""介福"为古语常言，即大福。

④幠（hū）：大。《诗经·小雅·巧言》："无罪无辜，乱如此幠。"毛传："幠，大也。"孔颖达疏："今乃刑杀其无罪无辜者之众人，王政之乱如此甚大也。"

⑤般（pán）：大。《孟子·公孙丑上》："般乐怠敖，是自求祸也。"赵岐注："般，大也。"

⑥嘏（gǔ）：大。《说文解字·古部》："嘏，大远也。"

⑦奕：大。《说文解字·大部》："奕，大也。"《诗经·大雅·韩奕》："奕奕梁山，维禹甸之。"毛传："奕奕，大也。"重叠使用也是大的意思。

⑧戎：大。《诗经·周颂·烈文》："念兹戎功，继序其皇之。"毛传："戎，大。"郑玄笺："念此大功。"

⑨京：大。《左传·庄公二十二年》："八世之后，莫之与京。"杜预注："京，大也。"

⑩奘（zàng）：通"壮"。健壮。

⑪将：壮大。与"壮"声近义通。

⑫夏：大。《诗经·秦风·权舆》："于我乎，夏屋渠渠。"毛传："夏，大也。"也可指大屋。《楚辞·九章》："曾不知夏之为丘兮。"王逸

注:"夏,大殿也。"句子大意是怎不知大殿已成废墟啊。

⑬北鄙:北面边境。

⑭旧书雅记:古籍中的记载。

【译文】

　　"敦""丰""厖""夸""憮""般""嘏""奕""戎""京""奘""将"都有大的意思。凡是指事物大的样子都可以叫"丰"。"厖"是由表及里的大。在东部古齐国,渤海至泰山之间的地区叫"夸",也有的叫"憮"。古宋国、古鲁国、古陈国、古卫国地区称之为"嘏",也有的叫"戎"。古秦国、古晋国地区凡是形容壮大的东西都称之为"嘏",也有的叫"夏"。古秦国、古晋国地区形容人高大强健叫"奘",也有的叫"壮"。在古燕国的北面边境,古齐国与古楚国的郊域,有的叫"京",也有的叫"将"。这些说法中有古语有今语。古语起初是和别的地域之间不能用来相互沟通的话,现在有些却相同了。由于旧书故言中常有记录保留,所以很多俗语通过查考依然能够了解到原来的面貌,但后人却不了解这些情况,所以我要写书对它们进行解释。

　　1.013　假①、假②、怀③、摧④、詹⑤、戾⑥、艐⑦,至也。邠⑧、唐⑨、冀⑩、兖之间曰假⑪,或曰假。齐、楚之会郊或曰怀。摧、詹、戾,楚语也;艐,宋语也。皆古雅之别语也,今则或同。

【注释】

①假(jiǎ):到。《说文解字·彳(chì)部》:"假,至也。"

②假(gé):到。文献中常借用作"格"。《尔雅·释诂》:"格,至也。"《礼记·月令》:"螳虫为灾,暴风来格。"

③怀:到,来。《尔雅·释诂》:"怀,至也。"《诗经·齐风·南山》:

"既曰归止,曷又怀止?"郑玄笺:"怀,来也。"来、至意义相通。

④摧:抵达,达到。"摧"本义为推挤。《说文解字·手部》:"摧,挤也。"由此引申出推动之义,继而引申出到达之义。《文选·张衡〈东京赋〉》:"辨方位而正则,五精帅而来摧。"李善注引薛综曰:"摧,至也。"句子大意是辨清四方中央之位而使法则正,五方星宿(指五帝)循此而来到(明堂)。

⑤詹:到达。《诗经·小雅·采绿》:"五日为期,六日不詹。"大意是相约五月份为期返家,结果到了六月份还没回来。

⑥戾:来,到。《国语·周语下》:"古者,天灾降戾,于是乎量资币,权轻重,以振救民。"韦昭注:"降,下也;戾,至也。""降戾"就是降下、至临,犹言降临。

⑦徶(jiè):同"届"。到。《尔雅·释诂》:"徶,至也。"陆德明《经典释文》引孙炎注:"徶,古届字。"《诗经·小雅·小弁》:"譬彼舟流,不知所届。"郑玄笺:"届,至也。"诗句大意是好像那船儿在随波漂荡,不知漂向何方。

⑧邠(bīn):同"豳"。古邑名。在今陕西彬州、旬邑一带,在《方言》中属于秦。

⑨唐:古邑名。《方言》郭璞注:"唐,今在太原晋阳县。"臣瓒认为唐在"河东永安,去晋四百里",即今山西翼城西,这是晋的中心地区。

⑩冀:《方言》中的"冀"有时表示古九州之一的冀州,有时表示汉代的冀县。这里表示冀州。《尔雅·释地》:"两河间曰冀州。"《吕氏春秋·有始》:"两河之间为冀州,晋也。"两河即西河和东河,指今陕西、山西间的黄河以及当时流经现在河南北部、河北东部的古黄河。冀州大致相当于今山西、河北两省的中部和南部。

⑪兖:兖州。《尚书·禹贡》:"济、河惟兖州。"《尔雅·释地》:"济、河间曰兖州。"包括今山东西部、河南北部以及河北东部的部分地区。

**【译文】**

"假""徦""怀""摧""詹""戾""艐"都有到的意思。古齹国、古唐国以及冀州、兖州之间的地区叫"假",也有的叫"徦"。古齐国和古楚国交界的郊域,有的叫"怀"。"摧""詹""戾"都是古齐国一带的方言,"艐"是古宋国一带的方言。它们都是古代常用的不同国域的方言,现在有的在使用区域上已经相同了。

1.014　嫁<sup>①</sup>、逝<sup>②</sup>、徂<sup>③</sup>、适<sup>④</sup>,往也。自家而出谓之嫁,犹女出为嫁也。逝,秦、晋语也。徂,齐语也。适,宋、鲁语也。往,凡语也<sup>⑤</sup>。

**【注释】**

① 嫁:往,赴。《列子·天瑞》:"子列子居郑圃,将嫁于卫。"张湛注:"自家而出谓之嫁。"

② 逝:去往,离开。《论语·雍也》:"君子可逝也,不可陷也。"意思是君子可以让他离开,却不可以陷害他。

③ 徂(cú):去往。《说文解字·辵(chuò)部》:"𨕖,往也。……𨕖或从彳。"《诗经·豳风·东山》:"我徂东山,慆慆不归。"郑玄笺:"我往之东山。"

④ 适:去往。《说文解字·辵部》:"适,之也。"《楚辞·离骚》:"心犹豫而狐疑兮,欲自适而不可。"王逸注:"适,往也。"句子大意是我开始犹豫不决,狐疑不定,想自行前去又觉得于礼不合。

⑤ 凡语:指普遍通用的语词。

**【译文】**

"嫁""逝""徂""适"都有去往的意思。从家离开去往外面称作"嫁",就像女子离开家到丈夫家生活称作"嫁"。"逝"是古秦国、古晋国地区的方言。"徂"是古齐国地区的方言。"适"是古宋国、古鲁国地区的方言。"往"是共同语的说法。

1.015　谩台①、胁阋②,惧也。燕、代之间曰谩台,齐、楚之间曰胁阋。宋、卫之间凡怒而噎噫③,谓之胁阋。南楚江、湘之间谓之啴咺④。

**【注释】**

①谩台(mán yí):表示惧怕义的一种古代方言说法。

②胁阋(xié xì):恐惧。单言"胁"或"阋"都有恐惧的意思。《淮南子·本经训》:"明于性者,天地不能胁也。"高诱注:"胁,恐也。"《广韵·锡韵》:"惕,惶恐。""惕"与"阋"同。

③噎噫:也作"噫噎"。意思是忧郁,气不舒畅。宋晁补之《次韵苏翰林五日扬州石塔寺烹茶》:"今公食方丈,玉茗摅噫噎。""摅噫噎"就是舒泄自己郁闷的情志。

④南楚江、湘之间:指长江中游到湘水一带的地区,属于《方言》中的南楚。南楚,春秋战国时,楚国在中原南面,后世称南楚,为三楚之一。北起淮汉,南至江南,约包括今安徽中部、西南部,河南东南部,湖南、湖北东部及江西等地区。江,长江。湘,湘水。啴咺(tān xuān):通"婵媛"。忧惧。《九歌·湘君》:"扬灵兮未极,女婵媛兮为余太息。"此句是说心灵飞扬无处安止,侍女为我担忧为我感叹。

**【译文】**

"谩台"是颤抖的样子,"胁阋"是恐惧,它们都有惧怕义。古燕国、古代国之间的地区叫"谩台",古齐国、古楚国之间的地区叫"胁阋"。古宋国、古卫国之间的地区凡是形容怒气淤滞的样子就称作"胁阋"。在南部古楚国,长江、湘水之间的地区称之为"啴咺"。

1.016　虔<sup>①</sup>、刘<sup>②</sup>、惨<sup>③</sup>、掠<sup>④</sup>，杀也。秦、晋、宋、卫之间谓杀曰刘，晋之北鄙亦曰刘。秦、晋之北鄙，燕之北郊，翟县之郊<sup>⑤</sup>，谓贼为虔<sup>⑥</sup>。晋、魏河内之北谓掠曰残<sup>⑦</sup>，楚谓之贪<sup>⑧</sup>。南楚江、湘之间谓之欿<sup>⑨</sup>。

**【注释】**

①虔：通"戕（kān）"。刺杀。《说文解字·戈部》："戕，杀也。"

②刘：残杀。《左传·成公十三年》："虔刘我边陲。"杜预注："虔、刘皆杀也。"

③惨：通"残"。残杀。

④掠（lǐn）：通"掠"。杀人而取其财。《大戴礼记·保傅》："饥而掠。"卢辩注："掠，贪残也。"

⑤翟县：《方言》郭璞注："今上党潞县即古翟国。"潞本春秋赤狄潞氏之国，西汉置县。治所在今山西黎城西南。

⑥贼：残害，伤害。《左传·僖公九年》："不僭不贼。"注："贼，伤害也。"

⑦河内：泛指时指今山西、河北及河南的黄河以北地区，也可专指今河南的黄河以北地区。春秋战国时期，以黄河以北为河内，以南为河外。《史记·货殖列传》："昔唐人都河东，殷人都河内，周人都河南。"张守节正义："古帝王之都，多在河东、河北，故呼河北为河内，河南为河外。""河内之北"指今河南境内的黄河以北的地区，与冀州相当，包括今河北和山西在内。残：残杀。

⑧贪：因贪欲而杀害。"贪"表示杀的用法当与"掠"表示杀相近。

⑨欿（kǎn）：因贪欲而杀害。《说文解字·欠部》："欿，欲得也。"与"贪""掠"意义相近，其表示杀的用法也当与"贪""掠"表示杀相近。

**【译文】**

"虔"是刺杀，"刘""惨"是残杀，"捊"是杀人而取其财，它们都有杀的意思。古秦国、古晋国、古宋国、古卫国之间的地区叫"刘"，古晋国北面边境也有的叫"刘"。古秦国和古晋国的北面边境、古燕国的北部郊域、古翟国的郊域，把残害、伤害称作"虔"。古晋国、古魏国河内地区的北部，把贪婪称作"残"，古楚国地区称之为"贪"。在南部古楚国，长江、湘水之间的地区称之为"欲"。

1.017　亟①、怜、㦉②、俺③，爱也。东齐海、岱之间曰亟。自关而西，秦、晋之间凡相敬爱谓之亟。陈、楚、江、淮之间曰怜④。宋、卫、邠、陶之间曰㦉⑤，或曰俺。

**【注释】**

①亟（jí）：通"恆"。恭谨庄敬。《说文解字·心部》："恆，谨重貌。"
②㦉（wǔ）：爱抚。《尔雅·释言》："㦉，抚也。"郭璞注："爱抚也。"
③俺："爱"的一种方言说法。
④淮：淮水，古四渎之一。源出河南南阳桐柏山，东流入安徽境，潴于江苏、安徽间之洪泽湖。
⑤陶：古邑名。指汉代的定陶，即今山东菏泽定陶区。陶原为曹国国都，春秋末属宋，战国时属齐。

**【译文】**

"亟"是恭谨庄敬，"怜"是怜爱，"㦉"是爱抚，"俺"是"爱"的一种方言说法，它们都有爱的意思。在东部古齐国，渤海、泰山之间的地区叫"亟"。在函谷关以西，古秦国、古晋国之间的地区表示互相尊敬爱戴称作"亟"。古陈国、古楚国，长江、淮水之间的地区叫"怜"。古宋国、古卫国、古鄐国、陶邑之间的地区叫"㦉"，也有的叫"俺"。

1.018　眉①、梨②、耊③、鲐④，老也。东齐曰眉，燕、代之北鄙曰梨，宋、卫、兖、豫之内曰耊⑤，秦、晋之郊，陈、兖之会曰耇鲐⑥。

**【注释】**

①眉：年老之称。"眉"又作"麋"。本书卷十二："麋、梨，老也。"王引之《经义述闻》卷二二《春秋名字解诂》："眉寿犹言耇寿。"

②梨：年老。"耇"的一种方言说法。

③耊（dié）：老。《说文解字·老部》："耊，年八十曰耊。"

④鲐（tái）：代称老年人。《尔雅·释诂》："鲐背，寿也。"因人年老时肤色多有暗黑的特征。董瑞椿《读尔雅补记》："古从台诸字皆有黑义。如本经《释鱼》'玄贝、贻贝'郭注：'黑色贝也。'《素论·风论》：'气色炲。'王冰注：'炲，黑色也。'皆可取证。黑背为台背，盖与黑贝为贻贝、黑色为炲色同义。即鲐鱼之鲐，亦因其背黑而取从台字为名也。后人以台背与鲐鱼同黑，故字又通作鲐。……《论衡·无形篇》：'人少则肤白，老则肤黑。'"故"鲐"可代称老年人。古人用鲐背之年作为九十岁的别称。

⑤豫：豫州。《尔雅·释地》："河南曰豫州。"《吕氏春秋·有始》："河、汉之间为豫州，周也。"《方言》中豫州主要指今河南除去黄河以北的地区。

⑥耇（gǒu）鲐："耇"单用可代称老年人。《尔雅·释诂》："耇，寿也。"从句得声之字多有弯曲义。人年老时多有驼背佝偻的特征，故"耇"可代称老年人。

**【译文】**

"眉"可代称年老，"梨"是"耇"的方言读音，有年老的意思，"耊"也指年老，"鲐"可代称老年人，它们都有老的意思。东部古齐国地区叫"眉"，古燕国、古代国北部边境地区叫"梨"，古宋国、古卫国和兖州、豫州中间的地区叫"辇",古秦国、古晋国的郊域以及古陈国与兖州的交界地区叫"奇鲐"。

1.019　修、骏①、融②、绎③、寻④、延,长也。陈、楚之间曰修,海、岱、大野之间曰寻⑤,宋、卫、荆⑥、吴之间曰融⑦。自关而西,秦、晋、梁⑧、益之间凡物长谓之寻⑨。《周官》之法⑩,度广为寻,幅广为充。延、永,长也。凡施于年者谓之延,施于众长谓之永。

**【注释】**

① 骏:长。《尔雅·释诂》:"骏,长也。"邢昺疏:"骏者,长大也。"

② 融:长久。《尔雅·释诂》:"融,长也。"邢昺疏:"《说文》云:'长,久远也。'"

③ 绎:连续不断。《论语·八佾》:"绎如也。"邢昺疏:"绎如也者,言其音落绎相续不绝也。"

④ 寻:长。《淮南子·齐俗训》:"深溪峭岸,峻木寻枝。"

⑤ 大野:即大野泽。《尔雅·释地》:"鲁有大野。"郭璞注:"今高平巨野县东北大泽是也。"一名巨野泽,又名巨泽,在今山东巨野北五里,已涸为平地。

⑥ 荆:荆州。《尔雅·释地》:"汉南曰荆州。"《吕氏春秋·有始》:"南方为荆州,楚也。"《方言》中荆州大体上包括湖北、湖南两省。

⑦ 吴:吴建立于西周以前,都在吴(今江苏苏州)。《方言》中吴大致包括今江苏的大部分地区和安徽、浙江的部分地区。

⑧ 梁:梁州。古九州之一。秦岭以南、金沙江以北的地区,主要包括今四川、陕南一带。

⑨ 益:此指益州郡。西汉置,治所在滇池县(今云南晋宁)。益州郡是西南夷地区最后设置的郡,兼有西夷和南夷、滇部分地区。

⑩《周官》：即《周礼》。《周记·考工记》：“方百里为同，同间广二寻、深二仞谓之浍。”

【译文】

“修”是长，“骏”是长大，“融”是长久，“绎”是连续不断，“寻”是长，“延”是长久，它们都有长的意思。古陈国、古楚国之间的地区叫“修”，渤海、泰山和大野泽之间的地区叫“寻”，古宋国、古卫国和荆州、古吴国之间的地区叫“融”。在函谷关以西，古秦国、古晋国以及梁州、益州之间的地区凡是表示事物长都称作“寻”。按《周礼》中的法度，长度上大用“寻”，宽度上大用“充”。“延”和“永”都有长久的意思。凡是形容年岁上的长久叫“延”，形容一般的长久叫“永”。

1.020　允①、訦②、恂③、展④、谅⑤、穆⑥，信也。齐、鲁之间曰允，燕、代、东齐曰訦，宋、卫、汝、颍之间曰恂，荆、吴、淮汭之间曰展⑦，西瓯⑧、毒屋⑨、黄石野之间曰穆⑩。众信曰谅，周南⑪、召南⑫、卫之语也。

【注释】

①允：诚信。《左传·文公十八年》：“明允笃诚。”杜预注：“允，信也。”

②訦（chén）：通“忱”。诚实不欺。《说文解字·心部》：“忱，诚也。”

③恂（xún）：诚信。《尚书·立政》：“迪知忱恂于九德之行。”孔安国传：“禹之臣蹈知诚信于九德之行。”句子大意是让他们懂得诚实地相信按照九德的标准行事。

④展：诚实。《诗经·邶风·雄雉》：“展矣君子，实劳我心。”毛传：“展，诚也。”诗句大意是我那诚实的夫君，实在让我心劳神伤。

⑤谅：诚信。《说文解字·言部》：“谅，信也。”《楚辞·离骚》：“惟此

党人之不谅兮，恐嫉妒而折之。"王逸注："谅，信。"句子大意是这群党徒难以让人信任，很担心他们嫉贤妒能，将美玉摧毁。

⑥穆：诚信。王念孙《方言疏证补》："《逸周书·谥法篇》：'中情见貌曰穆。'是穆为信也。"

⑦淮汭（ruì）：淮水弯曲处。《左传·定公四年》："蔡侯、吴子、唐侯伐楚，舍舟于淮汭，自豫章与楚夹汉。"《广韵·祭韵》："汭，水曲。"

⑧西瓯（ōu）：《方言》郭璞注："西瓯，骆越别种也。"西瓯大致包括汉代郁林郡和苍梧郡，相当于桂江流域和西江中游，即广西贵港一带。

⑨毒屋：可能在今广西。

⑩黄石野：可能在今广西。

⑪周南：《史记》徐广注引挚虞《畿服经》："古之周南，今之洛阳。"《方言》中的周南与《诗经》中所代表的地域相同，相当于今河南洛阳以南直达江汉的地区。

⑫召南：《方言》中的召南与《诗经》中所代表的地域相同，相当于今河南三门峡陕州区到陕西西安一线以南的地区。

**【译文】**

"允""訦""恂""展""谅""穆"都有诚信的意思。古齐国、古鲁国之间的地区叫"允"，古燕国、古代国和东部古齐国地区叫"訦"，古宋国、古卫国与汝水、颍水流域之间的地区叫"恂"，荆州、古吴国与淮水弯曲处之间的地区叫"展"，古西瓯国、毒屋、黄石野之间的地区叫"穆"。被大家普遍信任称作"谅"，这是古周国南部、古召国南部以及古卫国地区所使用的词语。

1.021　硕、沈①、巨、濯②、讦③、敦④、夏⑤、于⑥，大也。齐、宋之间曰巨，曰硕。凡物盛多谓之寇⑦。齐、宋之郊，楚、魏之际曰夥⑧。自关而西，秦、晋之间凡人语而过谓之遏⑨，或曰佥⑩。东齐谓之剑⑪，或谓之弩⑫。陈、郑之间曰敦，荆、吴、扬、瓯之郊曰濯，中齐、西楚之间曰訏。自关而西，秦、晋之间凡物之壮大者而爱伟之谓之夏，周、郑之间谓之嘏⑬。郴⑭，齐语也。于，通词也。

**【注释】**

①沈（chén）：同"沉"。大，分量重。《文心雕龙·风骨》："肌丰而力沉也。"

②濯（zhuó）：盛大。《尔雅·释诂》："濯，大也。"

③訏（xū）：大。《诗经·大雅·抑》："訏谟定命，远犹辰告。"意思是胸怀大的谋略来确定政令，将这些长远的打算告知民众。

④敦：大。王念孙《广雅疏证·释诂一》："《汉书》'敦煌郡'，应劭注云：'敦，大也；煌，盛也。'"

⑤夏：大。《诗经·秦风·权舆》："于我乎，夏屋渠渠。"毛传："夏，大也。"也可指大屋。《楚辞·九章》："曾不知夏之为丘兮。"王逸注："夏，大殿也。"

⑥于：通"迂"。广大。《礼记·王世子》："况于其身以善其君乎？"郑玄注："于，读为迂。迂，犹广也，大也。"句子大意是何况只是要放大自身作用，以身作则令天子受益呢？

⑦寇：多，相当于后世的"够"。《文选·左思〈魏都赋〉》："繁复夥够。"

⑧夥（huǒ）：多。司马相如《上林赋》："鱼鳖欢声，万物众夥。"

⑨遏（huò）：话过头。王念孙《广雅疏证·释言》："遏之言过也，夥也。"遏、过、夥音义相通。

⑩佥（qiān）：多，过甚。"佥"本义为皆、都。《说文解字·亼（jí）

部》："仝，皆也。"引申可指众人。《楚辞·天问》："仝曰:'何
忧?'"王逸注："仝，众也。"继而可引申出多、过分的意思。《方
言》卷十二:"仝，剧也。""仝，夥也。"

⑪剑:"仝"的一种方言说法。

⑫弩:通"怒"。过。郭璞注:"弩犹怒也。"《荀子·君子》:"刑罚不
怒罪，爵赏不逾德。"王念孙《读书杂志·荀子第七·君子》:"怒、
逾皆过也。"句子大意是定刑不应超过所犯下的罪恶，授爵不应
超过所具备的品德。

⑬周:《汉书·地理志》:"周地……今之河南雒阳、谷成、平阴、偃
师、巩、缑氏，是其分也。"周即东周时的首都洛阳及周围的狭小
地区。嘏:大。《说文解字·古部》:"嘏，大远也。"

⑭㜾（lán）:大。"沈"的一种方言说法。

## 【译文】

"硕"是巨大，"沈"是分量重，"巨"是大，"濯"是盛大，"訏"
"敦""夏"都是大，"于"通"迂"，是广大的意思，它们都有大的意思。古
齐国、古宋国之间的地区叫"巨"和"硕"。凡是形容事物繁盛数量多称
作"寇"。古齐国、古宋国的郊域和古楚国、古魏国交界的地区叫"夥"。
在函谷关以西，古秦国、古晋国之间的地区表示人说话过分叫"遍"，也
有的叫"仝"。东部古齐国地区称之为"剑"，也有的称之为"弩"。古
陈国、古郑国之间的地区叫"敦"，荆州、古吴国、扬州、东瓯国的郊域叫
"濯"，古齐国中部和古楚国西部地区叫"訏"。在函谷关以西，古秦国、
古晋国之间的地区形容所喜爱的事物雄伟壮大叫"夏"，古周国、古郑国
之间的地区叫"嘏"。"㜾"是古齐国地区的方言。"于"是通用的词语。


1.022　抵<sup>①</sup>、㑳<sup>②</sup>，会也。雍<sup>③</sup>、梁之间曰抵，秦、晋亦曰
抵。凡会物谓之㑳。

【注释】

①抵：抵达，相会合。抵达与会合义相通。

②敆（zhì）：通"致"。会集众物。《周礼·地官·遂人》："致甿以田里。"郑玄注："致，犹会也。"句子大意是将流民会集到田地和住宅中。

③雍：雍州。《尔雅·释地》："河西曰雍州。"《吕氏春秋·有始》："西方为雍州，秦也。"《方言》中雍州大致在今陕西、甘肃一带。

【译文】

"抵"是相会合，"敆"是会集众物，它们都有相会义。雍、梁二州之间的地区叫"抵"，古秦国、古晋国地区也有的叫"抵"。凡是会集众物都可以称作"敆"。

1.023 华①、荂②，晠也③。齐、楚之间或谓之华，或谓之荂。

【注释】

①华：繁盛。

②荂（huā）：草木荣盛。"荂"是"虖（huā）"的异体。《说文解字·虖部》："虖，艸木华也……荂，虖或从艸，从夸。"

③晠（shèng）：同"盛"。盛大。

【译文】

"华"是繁盛，"荂"是草木荣盛，它们都有盛大的意思。古齐国、古楚国之间的地区有的称之为"华"，也有的称之为"荂"。

1.024 坟①，地大也。青②、幽之间③，凡土高且大者谓之坟，张小使大谓之廓④，陈、楚之间谓之摸⑤。

**【注释】**

①坟：本义是坟墓，特指在坟墓上封土成丘。《礼记·檀弓上》："古地墓而不坟。"因封土成丘，引申为高地。

②青：青州。《尚书·禹贡》："海、岱惟青州。"《吕氏春秋·有始》："东方为青州，齐也。"青州与战国时齐国的疆域相当，即今山东北部和东部。

③幽：幽州。本古冀州地。《尔雅·释地》："燕曰幽州。"《吕氏春秋·有始》："北方为幽州，燕也。"幽州与战国时的燕国相当，大致在今河北北部及辽宁一带。

④廓：开拓，扩大。《荀子·修身》："狭隘褊小，则廓之以广大。"

⑤摸：展开、扩张的一种方言说法。

**【译文】**

"坟"是高大的土地。青州、幽州之间的地区，凡又高又大的土地都称作"坟"，小的扩张为大的称之为"廓"，古陈国、古楚国之间的地区称之为"摸"。

1.025　嬛①、蝉②、繝③、撚④、未⑤，续也。楚曰嬛。蝉，出也⑥。楚曰蝉，或曰未，及也。

**【注释】**

①嬛（huán）：疑为"援"的一种方言说法。援引，相牵引。

②蝉：连续不断。《玉篇·虫部》："蝉，婵连系续之言也。"

③繝（yǎn）：通"緂"。缉、搓使相接续。《淮南子·氾论训》："伯余之初作衣也，緂麻索缕，手经指挂，其成犹网罗。"

④撚（niǎn）：搓捻以使相接续。玄应《一切经音义》卷十四"撚髭"注："撚，两指索之也，相接续也。"

⑤未：在后跟随。"尾"的一种方言说法。

⑥出：郭璞下注"别异义"。"别异义"是郭璞对《方言》一词多义现象的揭示，强调此处"蝉"不同于前面所表示的"续"义。

【译文】

"㝯"是相牵引，"蝉"是连续不断，"綢"有搓的意思，"撚"是搓捻以使相接续，"未"是在后跟随，它们都有延续的意思。古楚国地区叫"㝯"。"蝉"还有出的意思。古楚国地区叫"蝉"，也有的叫"未"，表示在后面跟随。

1.026　踏①、蹈②、踾③，跳也。楚曰跐④，陈、郑之间曰蹈，楚曰蹠⑤。自关而西，秦、晋之间曰跳，或曰踏。

【注释】

①踏（tà）：跳。《说文解字·足部》："踏，跊也。"段玉裁注："跊当作跳。"

②蹈（yáo）：跳跃。"跳"的一种方言说法。

③踾（fú）：跳跃。今闽语中仍有与"踾"古音近似而表示跳、跳跃的说法。

④跐（chì）："跳"的一种方言说法。

⑤蹠（zhí）：跳跃。《淮南子·主术训》："一人蹠未而耕。"高诱注："蹠，蹈也。"所谓"蹠未而耕"反映的就是手握着未，脚踩着未下端横绑的短木，把未尖插入土中翻动土层的耕作状态。

【译文】

"踏""蹈""踾"都有跳的意思。古楚国地区叫"跐"，古陈国、古郑国之间的地区叫"蹈"，古楚国地区叫"蹠"。在函谷关以西，古秦国、古晋国之间的地区叫"跳"，也有的叫"踏"。

1.027　蹑①、郅②、跂③、硌④、跻⑤、蹣⑥，登也。自关而

西，秦、晋之间曰躡，东齐海、岱之间谓之跻，鲁、卫曰郅，
梁、益之间曰佫，或曰跂。

**【注释】**

①躡（niè）：登攀。汉司马相如《封禅文》："然后躡梁父，登泰山。"

②郅（zhì）：通"陟"。登，由低处向上走。《说文解字·𨸏（fù）部》："陟，登也。"

③跂（qǐ）：踮起脚跟。《诗经·卫风·河广》："跂予望之。"即抬起脚跟远望。

④佫（gé）：文献中常借用作"格"。登升。《尚书·君奭》："格于皇天。"孙星衍《尚书今古文注疏》引《释诂》云："格，升也。"意思就是上感通于天。

⑤跻（jī）：登上。《说文解字·足部》："跻，登也。"

⑥躣（yuè）：同"跃"。上升。

**【译文】**

"躡"是登攀，"郅"是由低处向上走，"跂"是踮起脚跟，"佫"是登升，"跻"是登上，"躣"是上升，它们都有登的意思。在函谷关以西，古秦国、古晋国之间的地区叫"躡"，在东部古齐国，渤海至泰山之间的地区称之为"跻"，古鲁国、古卫国之间的地区叫"郅"，梁州、益州地区叫"佫"，也有的叫"跂"。

1.028　逢①、逆②，迎也。自关而东曰逆，自关而西或曰迎，或曰逢。

**【注释】**

①逢：迎接。《国语·周语》："道而得神，是谓逢福。"韦昭注："逢，

迎也。"

②逆：迎接。《说文解字·辵（chuò）部》："逆，迎也。"《国语·齐
　　语》："桓公亲逆之于郊。"韦昭注："逆，迎也。"

**【译文】**

"逢""逆"都有迎接的意思。函谷关以东的地区叫"逆"，函谷关以
西的地区叫"迎"，也有的叫"逢"。

1.029　捋①、攓②、摭③、挻④，取也。南楚曰攓，陈、宋之
间曰摭，卫、鲁、扬、徐、荆、衡之郊曰捋⑤。自关而西，秦、晋
之间凡取物而逆谓之篹⑥，楚郢或谓之挻。

**【注释】**

①捋（xián）：拔取，摘取。唐贾岛《原居即事言怀赠孙员外》："镊捋
　　白发断，兵阻尺书传。"

②攓（qiān）：拔取。《庄子·至乐》："攓蓬而指之。"陆德明《经典释
　　文》引司马云："攓，拔也。"

③摭（zhí）：拾取，摘取。《礼记·礼器》："有顺而摭也。"孔颖达疏：
　　"摭，犹拾取也。"句子大意是遵循循序而取的原则。

④挻（shān）：取，篡取。《汉书·贾谊传》："主上有败，则因而挻之
　　矣。"王先谦《汉书补注》："挻，取也。"

⑤衡：指汉代衡山郡。治所在邾县（今湖北黄冈黄州区东北）。辖境
　　相当于今河南信阳、安徽霍山县、怀宁以西，南至长江，北至淮河。

⑥篹（zuǎn）：夺取。"篹"的一种方言说法。

**【译文】**

"捋"是摘取，"攓"是拔取，"摭"是拾取，"挻"是篡取，它们都有取
的意思。古楚国南部地区叫"攓"，古陈国、古宋国之间的地区叫"摭"，
古卫国、古鲁国、扬州、徐州、荆州、衡山郡郊域叫"捋"。在函谷关以西，

古秦国、古晋国之间的地区把夺取东西称作"篡"，古楚国郢都地区也有的称之为"挻"。

1.030　鲝<sup>①</sup>、餥<sup>②</sup>，食也。陈、楚之内相谒而食麦饘谓之鲝<sup>③</sup>，楚曰餥。凡陈、楚之郊，南楚之外相谒而飱<sup>④</sup>，或曰餥，或曰鲇<sup>⑤</sup>。秦、晋之际，河阴之间曰饐饐<sup>⑥</sup>，此秦语也。

**【注释】**

① 鲝（fēi）：古人相见后请吃麦饭。《说文解字·食部》："鲝，糇也。……陈、楚之间相谒食麦饭曰鲝。"《释名·释饮食》："糇，候也，候人饥者以食之也。"

② 餥（zuò）：古人相见后请吃麦粥。《说文解字·食部》："餥，楚人相谒食麦曰餥。"

③ 麦饘（zhān）：稠的麦粥。《说文解字·食部》："饘，糜也。"《礼记·檀弓上》："饘粥之食。"孔颖达疏："厚曰饘，希曰粥。"

④ 南楚之外：《方言》中"南楚之外"包括"南楚以南"，这一地区就是《史记·货殖列传》中所说的"九嶷、苍梧以南"，西汉初年这一地区属于南越王国，大致相当于今天的岭南一带。飱（cān）：同"餐"。

⑤ 鲇（nián）：古人相见后请吃麦粥。是"饘"的一种方言说法。"饘"亦有吃粥的意思。宋黄庭坚《武昌松风阁》诗："野僧早饥不能饘，晓见寒溪有炊烟。"

⑥ 河阴：《方言》郭璞注："今冯翊郃阳河东龙门是其处也。""河阴"即今山西河津西北的禹门口。饐饐（èn èn）：古人用麦饭招待来客。《说文解字·食部》："饐，秦人谓相谒而食麦曰饐饐。"

**【译文】**

"鲝"是相见后请吃麦饭，"餥"是相见后请吃麦粥，它们都有吃饭的意思。古陈国、古楚国地区把相见后请吃稠的麦粥称作"鲝"，古楚国地区叫"飵"。古陈国、古楚国郊域以及南部古楚国外围地区,凡是表示相见后吃饭有的叫"飵",也有的叫"鈷"。古秦国、古晋国交界处的黄河南岸地区叫"馈馇",这是秦地的方言。

1.031　劤<sup>①</sup>、薄<sup>②</sup>,勉也。秦、晋曰劤,或曰薄。故其鄙语曰薄努<sup>③</sup>,犹勉努也。南楚之外曰薄努,自关而东,周、郑之间曰勔劤<sup>④</sup>,齐、鲁曰勖兹<sup>⑤</sup>。

【注释】

①劤:劝勉,勉励。"劤"的一种方言说法。《说文解字·力部》:"劤,勉也。"《汉书·成帝纪》:"先帝劤农,薄其租税。"颜师古注引晋灼曰:"劤,劝勉也。"

②薄(bó):努力。《管子·轻重戊》:"父老归而治生,丁壮者归而薄业。"

③鄙语:俗语。

④勔(miǎn)劤:勉励。"勔"和"劤"同义复合。钱绎《方言笺疏》:"张衡《思玄赋》云:'勔自强而不息兮。'旧注:'勔,勉也。'"

⑤勖(xù)兹:勉励。"勖"和"兹"同义复合。《说文解字·力部》:"勖,勉也。"《诗经·邶风·燕燕》:"以勖寡人。"毛传:"勖,勉也。"兹,通"孜"。《尚书·泰誓下》:"尔其孜孜。"孔安国传:"孜孜,勤勉不息。"

【译文】

"劤"是勉励,"薄"是努力,它们都有努力的意思。古秦国、古晋国地区叫"劤",也有的叫"薄"。所以他们俗语中所谓的"薄努",就相当于"勉努"。南部古楚国外围地区叫"薄努",在函谷关以东,古周国、古郑国之间的地区叫"勔劤",古齐国、古鲁国地区叫"勖兹"。

# 卷二

2.001　鈆<sup>①</sup>、嫽<sup>②</sup>，好也。青、徐<sup>③</sup>、海、岱之间曰鈆，或谓之嫽。好，凡通语也。

**【注释】**

①鈆（qiǎo）：美好。"俏"的一种方言说法。

②嫽（liáo）：貌美。《广雅·释诂二》："嫽，好也。"王念孙疏证："《陈风·月出》篇：'佼人僚兮。'毛传云：'僚，好貌。'……嫽与僚同。"

③徐：徐州。《尔雅·释地》："济东曰徐州。"《吕氏春秋·有始》："泗上为徐州，鲁地。"《方言》中的徐州指今山东南部、安徽和江苏的北部地区。

**【译文】**

"鈆"是美好，"嫽"是貌美，它们都有好的意思。青州、徐州、渤海至泰山之间的地区叫"鈆"，也有的称之为"嫽"。"好"是共同语的说法。

2.002　朦<sup>①</sup>、厖<sup>②</sup>，丰也。自关而西，秦、晋之间凡大貌谓之朦，或谓之厖。丰，其通语也。赵、魏之郊、燕之北鄙，凡大人谓之丰人。《燕记》曰<sup>③</sup>："丰人杼首<sup>④</sup>。"杼首，长首也。楚谓之伃<sup>⑤</sup>，燕谓之杼。燕、赵之间言围大谓之丰。

**【注释】**

①朦:大。"厖"的一种方言说法。关于"厖",详参本条注释②。

②厖(máng):大。本义为石大,引申泛指大。《说文解字·厂(hǎn)部》:"厖,石大也。"段玉裁注:"厖,引申之为凡大之称。"

③《燕记》:古书名。具体未详。

④杼(zhù)首:梭形的头,长头。古代以之为长寿之相。《广雅·释诂二》:"抒,长也。"王念孙疏证:"抒或作杼。"

⑤仔(yú):长。戴震《方言疏证》:"杼、仔古通用。""仔""杼"的分别,反映的是当时楚、燕两地方言读音的差异。

**【译文】**

"朦""厖"都有大的意思。在函谷关以西,古秦国、古晋国之间的地区凡是表示大的样子称作"朦",也有的称作"厖"。"丰"是共同语的说法。古赵国、古魏国的郊域以及古燕国的北部边境地区表示人高大叫"丰人"。《燕记》说:"丰人杼首。"所谓"杼首",就是长头。古楚国地区称之为"仔",古燕国地区称之为"杼"。古楚国、古燕国之间的地区表示周长大称作"丰"。

2.003　娃①、嫷②、窕③、艳,美也。吴、楚、衡、淮之间曰娃,南楚之外曰嫷,宋、卫、晋、郑之间曰艳,陈、楚、周南之间曰窕。自关而西,秦、晋之间凡美色或谓之娥④,或谓之窕。故吴有馆娃之宫⑤,秦有榱娥之台⑥。秦、晋之间美貌谓之娥,美状为窕,美色为艳,美心为窈⑦。

**【注释】**

①娃:美好,也指美女。《说文解字·女部》:"娃,圜深目貌。或曰吴、楚之间谓好曰娃。"戴震《方言疏证》:"左思《吴都赋》:'幸乎

　　馆娃之宫。'刘逵注云:'吴俗谓好女为娃。'"

②嬬(tuǒ):美好的样子。《文选·宋玉〈神女赋〉》:"嬬被服,侻
　　(tuì,相宜的)薄装。"李善注引《方言》曰:"嬬,美也。"

③宨(tiǎo):俊美的样子。

④娥:女子姿容美好。《文选·陆机〈拟古诗十二首〉》之二:"齐僮
　　《梁甫吟》,秦娥《张女弹》。"李善注:"秦俗美貌谓之娥。"

⑤馆娃:馆娃故宫,春秋时吴王夫差为西施建造,吴人呼美女为娃,
　　馆娃官为美女所居之宫。

⑥榛娥:即"嫠娥",犹言七美。徐复《方言补释》:"榛字从木,为嫠
　　字后起字。古借嫠为七,七娥之义另明。"

⑦窔(yǎo):美好的样子。

**【译文】**

　　"娃"是美好,"嬬"是美好的样子,"宨"是俊美的样子,"艳"是美
艳,它们都有美的意思。古吴国、古楚国、衡山郡、淮水之间的地区叫
"娃",南部古楚国外围地区叫"嬬",古宋国、古卫国、古晋国、古郑国之
间的地区叫"艳",古陈国、古楚国以及古周国南部之间的地区叫"宨"。
在函谷关以西,古秦国、古晋国之间的地区形容美好的姿色有的称作
"娥",也有的称作"宨"。所以古吴国有叫"馆娃"的宫殿,古秦国有叫
"榛娥"的高台。古秦国、古晋国之间的地区形容相貌美丽用"娥",形容
美好的样子用"宨",形容姿色美好用"艳",形容心地美好用"窔"。


　　2.004　奕①、僷②,容也。自关而西,凡美容谓之奕,或
谓之僷。宋、卫曰僷,陈、楚、汝、颍之间谓之奕。


**【注释】**

①奕:轻丽的样子。此条郭璞注:"奕、僷,皆轻丽之貌。"

②僷(yè):同"僷"。轻丽的样子。唐皮日休《桃花赋》:"或奕僷而

作态，或窈窕而骋姿。"

**【译文】**

"奕""僷"都是指容貌。函谷关以西的地区凡是形容相貌美丽称作"奕"，也有的称作"僷"。古宋国、古卫国地区称之为"僷"，古陈国、古楚国以及汝水、颍水之间的地区称之为"奕"。

2.005　颟①、铄②、盱③、扬④、䁸⑤，䁩也⑥。南楚江、淮之间曰颟，或曰䁸。好目谓之顺⑦，矑瞳之子谓之瞁⑧。宋、卫、韩、郑之间曰铄。燕、代、朝鲜、洌水之间曰盱，或谓之扬。

**【注释】**

①颟(mián)：通"矊"。眼旁肉密致。《说文解字·目部》："矊，目旁薄致宀宀(mián)也。"

②铄：双眸炯炯有神貌。今又作"烁"。

③盱(xū)：眼睛张大的样子。《说文解字·目部》："盱，张目也。"

④扬：眼睛张大的样子。《诗经·齐风·猗嗟》："美目扬兮。"

⑤䁸(téng)：眼睛张大的样子。《玉篇·目部》："美目也，大视也。"

⑥䁩(huò)：张大眼睛看。《说文解字·目部》："䁩，大视也。"

⑦顺：眼睛漂亮有光泽。郭璞注："言流泽也。"

⑧瞁(xuàn)：瞳仁。《说文解字·目部》："瞁，卢童子也。"徐锴《说文解字系传》："卢，黑也，眼中黑子也。"

**【译文】**

"颟"是眼旁肉密致，"铄"是双眸炯炯有神的样子，"盱""扬""䁸"都是指眼睛张大的样子，它们都有张大眼睛看的意思。在南部古楚国，长江、淮水之间的地区叫"颟"，也有的叫"䁸"。眼睛好看称作"顺"，

黑色的瞳仁称作"瞒"。古宋国、古卫国、古韩国、古郑国之间的地区叫
"铄"。古燕国、古代国以及朝鲜、洌水之间的地区叫"盱",也有的称之
为"扬"。


2.006　婐①、筕②、挈③、掺④,细也。自关而西,秦、晋之
间凡细而有容谓之婐,或曰偍⑤。凡细貌谓之筕,敛物而细
谓之挈,或曰掺。


**【注释】**

①婐(guī):腰细而美。《广雅·释诂一》:"婐,好也。"又《释诂二》:
"婐,小也。"钱绎《方言笺疏》:"婐训小,亦训好,故细而有容谓
之婐也。"

②筕:细小。犹如今天常说的"零星"之"星"。

③挈(jiū):缩小。《广雅·释诂二》:"挈,小也。"或作"瘀"。唐段成
式《酉阳杂俎》:"蚌当雷声则瘀。"意思是蚌听到雷声就会收缩。

④掺(shān):敛缩物体使之变细小。《广雅·释诂二》:"掺,小也。"
王念孙《广雅疏证》:"《郑风·遵大路》篇:'掺执子之祛(qū,衣
袖)兮。'正义引《说文》云:'掺,敛也。'"

⑤偍:同"媞(tí)"。安舒的样子。《说文解字·女部》:"婐,媞。"钱
绎《方言笺疏》:"《释训》:'媞媞,安也。'郭注:'皆妇人安详之
貌。'"《楚辞·七谏》:"西施媞媞而不得见兮。"

**【译文】**

"婐"是腰细而美,"筕"是细小零星,"挈"是缩小,"掺"是敛缩,它
们都有细的意思。在函谷关以西,古秦国、古晋国之间的地区形容身材
纤细、容貌姣好称作"婐",也有的叫"偍"。凡是细小的样子称作"筕",
敛缩物体使之变细小称作"挈",也称作"掺"。

2.007  傀<sup>①</sup>、浑<sup>②</sup>、䐙<sup>③</sup>、䑋<sup>④</sup>、嫽<sup>⑤</sup>、泡<sup>⑥</sup>，盛也。自关而西，秦、晋之间语也。陈、宋之间曰嫽，江、淮之间曰泡，秦、晋或曰䑋，梁、益之间凡言人盛，及其所爱，伟其肥晠谓之䑋<sup>⑦</sup>。

**【注释】**

①傀（guī）：同“傀”。魁伟，高大。《说文解字·人部》：“傀，伟。”《庄子·列御寇》：“达生之情者傀，达于知者肖；达大命者随，达小命者遭。”意思是通达生命实情的就心胸广大，精通智巧的就心境狭小；通达大命的就是顺任自然，精通小命的就是所遇而安。

②浑：盛大。《荀子·富国篇》：“财货浑浑如泉流。”

③䐙（pì）：壮大，肥壮。郭璞注：“䐙呬，充壮也。”

④䑋（rǎng）：肥胖。《说文解字·肉部》：“䑋，益州鄙言人盛，伟其肥，谓之䑋。”

⑤嫽（liáo）：粗大。郭璞注：“嫽侼，粗大貌。”

⑥泡（páo）：盛多。《文选·王褒〈洞箫赋〉》：“又似流波，泡溲泛㵜（jiē，水出貌）。”李善注：“泡溲，盛多貌。”

⑦伟：通“玮”。赞美，夸耀。《后汉书·党锢传》：“梁惠王玮其照乘之珠。”李贤注：“玮，犹美也。”晠（shèng）：同“盛”。盛大。

**【译文】**

“傀”是魁伟、高大，“浑”是盛大，“䐙”是壮大、肥壮，“䑋”是肥胖，“嫽”是粗大，“泡”是盛多，它们都有盛大的意思。这是在函谷关以西，古秦国、古晋国之间的地区所使用的方言。古陈国、古宋国之间的地区叫“嫽”，长江、淮水之间的地区叫“泡”，古秦国、古晋国之间的地区有的叫“䑋”，梁州、益州之间的地区凡是形容人肥壮，尤其是对他们喜爱的人，夸赞其肥壮就称作“䑋”。

2.008  私<sup>①</sup>、策<sup>②</sup>、纤、葰<sup>③</sup>、稺、杪<sup>④</sup>，小也。自关而西，

秦、晋之郊，梁、益之间凡物小者谓之私。小或曰纤，缯帛之细者谓之纤。东齐言布帛之细者曰绫⑤，秦、晋曰靡⑥。凡草生而初达谓之莌。稚，年小也。木细枝谓之杪，江、淮、陈、楚之内谓之篾⑦，青、齐、兖、冀之间谓之蔉⑧，燕之北鄙，朝鲜、洌水之间谓之策。故《传》曰：慈母之怒子也，虽折蔉笞之，其惠存焉。

**【注释】**

①私：细小。"细"的一种方言说法。

②策：木芒。"刺"的一种方言说法。

③莌（ruì）：细小，草初生的样子。《广雅·释诂二》："莌，小也。"王念孙疏证："莌之言锐也。……小谓之锐，故兵芒亦谓之锐，草初生亦谓之莌。"

④杪（miǎo）：树梢，引申泛指细微、微小。郭璞注："言杪梢也。"《后汉书·冯衍传》："阔略杪小之礼，荡佚人间之事。"意思是摆脱微小的礼节，放荡纵逸人间的事情。

⑤绫：一种薄而细、纹如冰凌、光如镜面的丝织品。

⑥靡：细腻，细密。郭璞注："靡，细好也。"《管子·七臣七主》："主好宫室，则工匠巧；主好文采，则女工靡。"

⑦篾：通"蔑"。微小。《法言·学行》："视日月而知众星之蔑也，仰圣人而知众说之小也。"意思是看到太阳和月亮，就知道众星的微小了；仰望圣人，就知道普通人的言论微不足道了。

⑧蔉（zōng）：树木的细枝。《文选·左思〈魏都赋〉》："弱蔉系实，轻叶振芳。"刘逵注："蔉，木之细枝者也。"

**【译文】**

"私"是细小,"策"是木芒,"纤"是纤细,"茷"是草初生的样子,"稚"是幼小,"杪"是树梢,它们都有小的意思。在函谷关以西,古秦国、古晋国郊域以及梁州、益州之间的地区,凡是形容小的事物称作"私"。形容小也有的称作"纤",精细的丝绸即称作"纤"。东部古齐国地区指精细的布帛叫"绫",古秦国、古晋国地区叫"靡"。凡是草刚刚生长出来就称作"茷"。"稚"是年岁幼小的意思。树木的细枝称作"杪",长江、淮水一带,古陈国、古楚国地区叫"蔑",青州、古齐国、兖州、冀州地区称之为"葼",古燕国的北部边境和朝鲜、洌水之间的地区称之为"策"。旧《传》说:慈爱的母亲对孩子发怒,虽然折下细树枝来鞭打他,但对孩子是有益的啊。


2.009　殗殜<sup>①</sup>,微也。宋、卫之间曰殗。自关而西,秦、晋之间,凡病而不甚曰殗殜。


**【注释】**

①殗殜(yè dié):有病而不严重的状态。郭璞注:"病半卧半起也。"
　　唐陆龟蒙《幽居赋》:"时牵殗殜,自把渠疏(农具名,即耙)。"

**【译文】**

"殗殜"是有病而不严重的状态,有轻微的意思。古宋国、古卫国之间的地区叫"殗"。在函谷关以西,古秦国、古晋国之间的地区凡是形容有病而不严重的样子称作"殗殜"。


2.010　台<sup>①</sup>、敌,匹也。东齐海、岱之间曰台。自关而西,秦、晋之间,物力同者谓之台敌<sup>②</sup>。

**【注释】**

①台（tái）：同辈。章炳麟《新方言·释言》："蕲州谓我辈曰我台，尔辈曰你台。"

②台敌："台""敌"连文难以索解，疑此处"敌"上脱"或谓之"数字，此处存疑待考。

**【译文】**

"台"是同辈，"敌"是相当，它们都有相匹敌的意思。在东部古齐国，渤海、泰山之间的地区叫"台"。在函谷关以西，古秦国、古晋国之间的地区把事物力量相同称作"台"，也称作"敌"。

2.011　抱㑊①，耦也②。荆、吴、江、湖之间曰抱㑊③，宋、颍之间或曰㑊。

**【注释】**

①抱㑊（fàn）：孵化生育。抱，本书卷八："北燕、朝鲜、洌水之间谓伏鸡曰抱。"㑊，也作"㑊"。《广韵·愿韵》："㑊，㑊息也。一曰鸟伏乍出。《说文》曰'生子齐均也。'或作㑊。"清蒲松龄《蓬莱宴》第一回："燕子头上去㑊蛋。""抱㑊"属于同义复合词。

②耦（ǒu）：同"偶"。成双成对。

③湖：五湖的简称。先秦史籍记载吴越地区有五湖，后人对此解释不一。从《国语·赵语》和《史记·河渠书》看来，五湖最初当指太湖，以后又泛指太湖流域所有湖泊。《方言》郭璞注："五湖，今吴兴太湖也。"可知五湖属于吴。

**【译文】**

"抱㑊"是孵化生育，它含有成双的意思。荆州、古吴国与长江、太湖之间的地区叫"抱㑊"，古宋国与颍水之间的地区有的叫"㑊"。

2.012　倚①、踦②，奇也。自关而西，秦、晋之间，凡全物而体不具谓之倚，梁、楚之间谓之踦。雍、梁之西郊，凡兽支体不具者谓之踦。

**【注释】**

①倚（jī）：单只，奇零。《集韵·支韵》："奇，不耦也。或作倚。"《春秋穀梁传·僖公三十三年》："晋人与姜戎要而击之殽，匹马倚轮无反者。"是说晋国人与姜戎在殽截击了秦军，没有一匹马一个车轮回到秦国。

②踦（qī）：本义为一只脚，引申泛指单数。《说文解字·足部》："踦，一足也。"段玉裁注："引伸之凡物单曰踦。"《太平御览》卷六九七引汉应劭《风俗通·论数》："踦者，奇也。履舄之一也。"

**【译文】**

"倚"是单只，"踦"是单数，它们都有单的意思。在函谷关以西，古秦国、古晋国之间的地区把整个物体的形体不完备称作"倚"，梁州、古楚国之间的地区称之为"踦"。雍州、梁州的西部郊域把兽类的肢体不完整称作"踦"。

2.013　遳①，蹇也。自关而西，秦、晋之间，凡蹇者或谓之遳，体而偏长短亦谓之遳。

**【注释】**

①遳（chuò）：同"踔"。跛脚。《说文解字·辵（chuò）部》："遳……一曰蹇也。"段玉裁注："蹇，㑉（bǒ，同"跛"）也。《庄子》：'夔谓蚿曰：吾以一足趻踔而行。'谓脚长短也。踔即遳字。"

**【译文】**

"遳"是跛脚的意思。在函谷关以西，古秦国、古晋国之间的地区凡是形容跛脚的人称作"遳"，把肢体两侧长短不一也称作"遳"。

2.014　猲<sup>①</sup>、透<sup>②</sup>，惊也。宋、卫、南楚凡相惊曰猲，或曰透。

**【注释】**

①猲（shuò）：惊惧的样子。"愬"的一种方言说法。《说文解字·犬部》："南楚谓相惊曰猲，读若愬。"《春秋公羊传·宣公六年》："灵公望见赵盾，愬而再拜。"何休注："愬者，惊貌。"

②透（shū）：吃惊的样子。《广韵·屋韵》："透，惊也。"表示这个意思时读式竹切。《文选·左思〈吴都赋〉》："惊透沸乱。"刘逵注引《方言》："透，惊也。"

**【译文】**

"猲"是惊惧的样子，"透"是吃惊的样子，它们都有惊的意思。古宋国、古卫国以及南部古楚国地区凡是表示受到惊吓叫"猲"，也有的叫"透"。

2.015　仪<sup>①</sup>、洛<sup>②</sup>，来也。陈、颍之间曰仪。自关而东，周、郑之郊，齐、鲁之间或谓之洛<sup>③</sup>，或曰怀<sup>④</sup>。

**【注释】**

①仪：引来，招来。《广雅·释诂三》："仪、招，来也。"宋王安石《礼乐论》："圣人储精九重而仪凤凰。"意思是圣人储蓄九重精气来招引凤凰。

②佫（gé）：到。文献中常借用作"格"。《尔雅·释诂》："格，至也。"《礼记·月令》："蝗虫为灾，暴风来格。"

③鲁：周代诸侯国，建都曲阜（今山东曲阜）。《史记·货殖列传》："泰山之阳则鲁，其阴则齐。"《方言》中的鲁与春秋时的鲁，疆域大体一致，即以曲阜为中心的泰山以南今山东西南的汶、泗、沂、沭流域。

④怀：到，来。《诗经·齐风·南山》："既曰归止，曷又怀止？"郑玄注："怀，来也。"诗句是说既然已经嫁给鲁君，为何又回来找旧情人？古籍中亦常见"怀来"的使用。《新语·道基》："附远宁近，怀来万邦。""怀来"意思就是招来。

**【译文】**

"仪"是引来、招来，"佫"是至、来，它们都有来的意思。古陈国和颍水之间的地区叫"仪"。在函谷关以东，古周国、古郑国的郊域以及古齐国、古鲁国之间的地区有的称之为"佫"，也有的叫"怀"。

2.016　䴢①、敷②，黏也。齐、鲁、青、徐，自关而东或曰䴢，或曰敷。

**【注释】**

①䴢（nì）：胶黏。或作"䘌"。《说文解字·黍部》："䘌，黏也。䴢，䘌或从刃。"《战国策·赵策》："君安能憎赵人，而令赵人爱君乎？夫胶、漆至䴢也，而不能合远。"意思是说您怎么能自己讨厌赵国人，而要求赵国人喜爱您呢？胶和漆是最黏的东西，但不能把两个相距很远的东西黏合在一起。

②敷（rǔ）："黏"的一种方言说法。

**【译文】**

"䴢""敷"都有胶黏的意思。古齐国、古鲁国和青州、徐州以及函谷关以东的地区有的叫"剿"，也有的叫"敹"。

2.017　糊①、托②、庇③、寓、媵④，寄也。齐、卫、宋、鲁、陈、晋、汝、颍、荆州，江、淮之间曰庇⑤，或曰寓。寄食为糊，凡寄为托，寄物为媵。

**【注释】**

①糊：寄食，依附别人生活。《说文解字·食部》："鋪（糊），寄食也。"我们今天依然常用"糊口"来表示勉强维持生活。

②托：寄托。

③庇：荫庇，依托。

④媵（yìng）：同"媵"。戴震《方言疏证》："媵、媵同。"本义为送女出嫁，引申泛指寄送。《楚辞·九歌·河伯》："波滔滔兮来迎，鱼邻邻（形容众多）兮媵予。"是说波浪滔滔都来迎接我，成群的游鱼为我送行。

⑤江、淮之间：指长江和淮河之间的地区。

**【译文】**

"糊"是依附别人生活，"托"是寄托，"庇"是依托，"寓"是寄托，"媵"是寄送，它们都有寄附的意思。古齐国、古卫国、古宋国、古鲁国、古陈国、古晋国以及汝水、颍水、荆州，长江、淮水之间的地区叫"庇"，也有的叫"寓"。依附别人生活称作"糊"，一般意义上的寄附称作"托"，把物品寄送给人称作"媵"。

2.018　逞①、苦②、了③，快也。自山而东或曰逞，楚曰苦，秦曰了。

**【注释】**

①逞:快意,满足。《左传·桓公六年》:"今民馁而君逞欲,祝史矫举以祭,臣不知其可也。""今民馁而君逞欲"意思是如今人民饥饿而君主却快意于私欲。

②苦:愉快。"快"的一种方言说法。

③了(liǎo):快乐。"乐"的一种方言说法。丁惟汾《方言音释》:"了、憀皆乐之同声假借。"

**【译文】**

"逞"是快意、满足,"苦"是愉快,"了"是快乐,它们都有畅快的意思。函谷关以东的地区有的叫"逞",古楚国地区叫"苦",古秦国地区叫"了"。

2.019　挴①、愧②、赧③,愧也。晋曰挴,或曰愧。秦、晋之间,凡愧而见上谓之赧,梁、宋曰愧。

**【注释】**

①挴(měi):惭愧。"薶"的一种方言说法。《广雅·释诂一》:"挴、薶,惭也。"《国语·晋语》:"臣得其志而使君薶,是犯也。"这句话大意是我如果逃走遂了私意,而使国君惭愧,这就是悖逆的行为。

②愧(nì):惭愧。"恧(nǜ)"的一种方言说法。《集韵·职韵》:"(愧)或作恧。"《说文解字·心部》:"恧,惭也。"《汉书·郑崇传》:"惟念德报未殊,朕甚恧焉。"颜师古注:"恧,愧也。"

③赧(nǎn):羞愧。《说文解字·赤部》:"赧,面惭赤也。"《文选·吴质〈答东阿王书〉》:"赧然汗下。"刘良注:"赧然,谓惭耻。"

**【译文】**

"挴""愧"是惭愧,"赧"是羞愧,它们都有惭愧的意思。古晋国地区叫"挴",也有的叫"愞"。古秦国、古晋国之间的地区把羞愧于拜见尊长称作"赧",古梁国、古宋国地区叫"愞"。

## 2.020　叨<sup>①</sup>、惏<sup>②</sup>,残也<sup>③</sup>。陈、楚曰惏。

**【注释】**

①叨(tāo):同"饕"。贪。《说文解字·食部》:"饕,贪也……叨,饕或从口,刀声。"

②惏(lán):同"婪"。贪婪。

③残:贪婪。本书卷一:"晋、魏河内之北谓惏曰残,楚谓之贪。"

**【译文】**

"叨""惏"都有贪婪的意思。古陈国、古楚国地区叫"惏"。

## 2.021　凭<sup>①</sup>、龂<sup>②</sup>、苛<sup>③</sup>,怒也。楚曰凭,小怒曰龂。陈谓之苛。

**【注释】**

①凭:愤懑。《楚辞·离骚》:"依前圣以节中兮,喟凭心而历兹。"王逸注:"喟然舒愤懑之心。""喟凭心而历兹"是说愤懑的心情至今不能平静。

②龂(xiè):牙齿相摩切,表示愤怒。《说文解字·齿部》:"龂,齿相切也。"犹如我们今天仍然用咬牙切齿来形容愤怒。

③苛:通"诃"。责难,责备。《说文解字·言部》:"诃,大言而怒也。"

**【译文】**

"凭"是愤懑,"龂"是牙齿相摩切,"诃"是责难、责备,它们都有愤怒的意思。古楚国地区叫"凭",轻微的愤怒称作"龂"。古陈国地区称之为"苛"。

2.022  懛①、剌②,痛也。自关而西,秦、晋之间或曰懛。

**【注释】**

①懛(cè):轻微疼痛。《玉篇·心部》:"懛,小痛也。"

②剌(là):同"瘌"。辛辣痛。《说文解字·疒(nè)部》:"楚人谓药毒曰痛瘌。"段玉裁注:"瘌如俗语言辛辣。"

**【译文】**

"懛"是轻微疼痛,"剌"是辛辣痛,它们都有疼痛的意思。在函谷关以西,古秦国、古晋国之间的地区有的叫"懛"。

2.023  挢捎①,选也。自关而西,秦、晋之间凡取物之上者谓之挢捎。

**【注释】**

①挢(jiāo)捎:选取。《淮南子·要略》:"乃始揽物引类,览取挢掇。"览,通"揽"。表示揽取。"挢"与"揽""取""掇"义近,都表示取的意思。"捎"单用也可表示取,犹如今天我们常说的"捎带"。

**【译文】**

"挢捎"是选取的意思。在函谷关以西,古秦国、古晋国之间的地区凡是表示选取物体上面的部分就称之为"挢捎"。

2.024  捆①、梗②、爽③,猛也。晋、魏之间曰捆,韩、赵之间曰梗,齐、晋曰爽。

**【注释】**

①捆(xiǎn):凶猛。当是"悍"的一种方言说法。《左传·昭公十八

年》："今执事遏然授兵登陴（pí），将以谁罪？"孔颖达疏引服虔云："遏然，猛貌也。"句子大意是如今您雄赳赳地颁发武器登上城墙,打算拿谁来治罪呢？

②梗：强硬,勇猛。《楚辞·九章·橘颂》："淑离不淫,梗其有理兮。"王逸注："梗,强也……梗然坚强。"句子大意是淑丽端庄终不淫逸,脾性耿直知情达理。

③爽：猛烈,威猛。《广雅·释诂三》："爽,猛也。"王念孙疏证："爽训为猛,故鹰谓之爽鸠。"

**【译文】**

"遏"是凶猛,"梗"是强硬、勇猛,"爽"是猛烈、威猛,它们都有猛的意思。古晋国、古魏国之间的地区叫"遏",古韩国、古赵国之间的地区叫"梗",古齐国、古晋国地区叫"爽"。

2.025　瞷①、睇②、睎③、眹④,眄也⑤。陈、楚之间,南楚之外曰睇,东齐、青、徐之间曰睎,吴、扬⑥、江、淮之间或曰瞷,或曰眒,自关而西,秦、晋之间曰眄。

**【注释】**

①瞷（jiàn）：窥视。《孟子·离娄下》："王使人瞷夫子。"朱熹集注："瞷,窃视也。"

②睇（dì）：斜视。《礼记·内则》："在父母舅姑之所……不敢哕噫、嚏咳、欠伸、跛倚、睇视,不敢唾洟。"郑玄注："睇,倾视也。"

③睎（xī）：远望。《后汉书·班固传》："于是睎秦岭。"李贤注："睎,望也。"

④眒（luò）：斜视。戴震《方言疏证》："《说文》:'眒,眄也。''眄,衺视也。'"

⑤眄（miǎn）：斜视，不正面看。《列子·仲尼》："一眄而已。"殷敬顺《列子释文》："眄，斜视也。"

⑥扬：扬州。《尚书·禹贡》："淮、海惟扬州。"《尔雅·释地》："江南曰扬州。"《吕氏春秋·有始》："东南为扬州，越也。"扬州指淮河以南，东海、黄海以西，直达江南的东南地区。

**【译文】**

"瞯"是窥视，"睎"是斜视，"睎"是远望，"略"是斜视，它们都有不正面看的意思。古陈国、古楚国之间以及南部古楚国外围地区叫"睎"，东部古齐国以及青州、徐州之间的地区叫"睎"，古吴国、扬州一带以及长江、淮水之间的地区有的叫"瞯"，也有的叫"略"，在函谷关以西，古秦国、古晋国之间的地区叫"眄"。


2.026 餏①、喙②、呬③，息也。周、郑、宋、沛之间曰餏④，自关而西，秦、晋之间或曰喙，或曰餏，东齐曰呬。


**【注释】**

①餏（xī）：呼吸。"息"的一种方言说法。

②喙（huì）：叹息，出气。《汉书·匈奴传》："跂（qí，通"蚑"。虫豸爬行）行喙息蠕动之类。"颜师古注："喙息，凡以口出气者。"

③呬（xì）：喘息，嘘气。《尔雅·释诂》："呬，息也。"

④沛：沛郡。西汉高帝改泗水郡置。治所在相县（今安徽濉溪西北）。辖今安徽淮河以北、西肥水以东以及江苏西北、河南东部的小部分地区。

**【译文】**

"餏"是呼吸，"喙"是叹息、出气，"呬"是喘息、嘘气，它们都有呼吸的意思。古周国、古郑国、古宋国以及沛郡之间的地区叫"餏"，在函谷关以西，古秦国、古晋国之间的地区有的叫"喙"，也有的叫"餏"，东部古齐国地区叫"呬"。

2.027　鈚<sup>①</sup>、揆<sup>①</sup>，裁也。梁、益之间裁木为器曰鈚，裂帛为衣曰揆。鈚，又斫也<sup>③</sup>，晋、赵之间谓之鈚。

**【注释】**

①鈚（pì）：裁截，劈破。《汉书·艺文志》："及警（jiào，同'叫'）者为之，则苟钩鈚析乱而已。"颜师古注："鈚，破也。"这里是批评那些吹毛求疵、缠绕不清的人，将名家学说搞得支离破碎，将名实关系搞得混乱不清。

②揆（guī）：剪裁。《文选·左思〈蜀都赋〉》："鈚揆兼呈。"刘逵注："揆，裁也。"

③斫：砍削。《楚辞·九歌·湘君》："斫冰兮积雪。""斫"即用刀斧等砍削。

**【译文】**

"鈚"是裁截、劈破，"揆"是剪裁，它们都有裁截的意思。梁州、益州之间的地区把裁截木头制作器具称作"鈚"，把裁剪布帛制作衣物称作"揆"。"鈚"还可以指砍削，古晋国、古赵国之间的地区就称之为"鈚"。

2.028　镌<sup>①</sup>，琢也。晋、赵谓之镌。

**【注释】**

①镌：凿。《淮南子·本经训》："镌山石。"高诱注："镌，犹凿也。"

**【译文】**

"镌"有凿琢的意思。古晋国、古赵国之间的地区就称之为"镌"。

2.029　锴<sup>①</sup>、鐕<sup>②</sup>，坚也。自关而西，秦、晋之间曰锴，

吴、扬、江、淮之间曰鑇。

**【注释】**

①锴（jiě）：坚固。"坚"的一种方言说法。吴予天《方言注商》："'锴''鑇'并系'坚'之转声。今陕西谓牢固曰结实。'结'亦为'坚'之转声。"

②鑇（jī）：坚固。"坚"的一种方言说法。参注释①。

**【译文】**

"锴""鑇"都有坚固的意思。在函谷关以西，古秦国、古晋国之间的地区叫"锴"，古吴国、扬州一带以及长江、淮水之间的地区叫"鑇"。

2.030　揄铺①、幡帗②、帗缕③、叶榆④，毳也⑤。荆、扬、江、湖之间曰揄铺，楚曰幡帗，陈、宋、郑、卫之间谓之帗缕，燕之北郊、朝鲜、洌水之间曰叶榆。

**【注释】**

①揄（yú）铺：表示粗劣、不结实的一种方言说法。

②幡帗（lán wú）：粗劣。同"滥恶"。丁惟汾《方言音释》："幡帗为滥恶之同声假借。"《管子•参患》："器滥恶不利者，以其士予人也。"

③帗（fú）缕：表示粗劣的一种方言说法。

④叶榆（yú）：粗劣，不结实。叶（葉），同"枼"。《说文解字•木部》："枼，薄也。"段玉裁注："凡木片之薄者谓之枼。""榆"即"瘐"的方言转写，"叶榆"犹言"薄瘐"。

⑤毳（cuì）：通"脆"。脆弱，不牢固。

**【译文】**

"揄铺"是粗劣、不结实，"幡帗""帗缕"是粗劣，"叶榆"是粗劣、不结实,它们都有脆弱、不牢固的意思。荆州、扬州以及长江、太湖之间的地区叫"揄铺",古楚国地区叫"㠊惈",古陈国、古宋国、古郑国、古卫国之间的地区称之为"帗缕",古燕国北部郊域、朝鲜、洌水之间的地区叫"叶褕"。

　　2.031　孑①、㣐②,余也。周、郑之间曰㣐,或曰孑。青、徐、楚之间曰孑。自关而西,秦、晋之间炊薪不尽曰㣐。孑③,俊也④。遵⑤,俊也。

**【注释】**

①孑(jié):剩余。《诗经·大雅·云汉》:"周余黎民,靡有孑遗。"意思是周地余下的那些百姓,现在几乎一无所剩。

②㣐(jìn):通"烬"。剩余。"烬"本义指物体燃烧后剩余的部分,引申为泛指剩余。《国语·吴语》:"既罢弊其民,而天夺之食,安受其烬,乃无有命矣。"韦昭注:"烬,余也。"句子大意是这样就会使其民力竭尽,上天夺去他们的食物,我们安全地收拾残局,吴国就存在不下去了。

③孑:特立,出众。郭璞注:"广异语耳。"则此处"孑"当取另一义。《说文解字·了部》:"孑,无右臂也。"段玉裁注:"引申之,凡特立为孑。"《诗经·鄘风·干旄》:"孑孑干旄,在浚之郊。"陈奂《诗毛氏传疏》:"孑孑,犹杰杰,特立之意。"诗句大意是牛尾旗高高飘扬,人马来到浚城之郊。

④俊:俊杰,才智超群。

⑤遵:俊杰。"俊"的一种方言说法。

**【译文】**

　　"孑""㣐"都有剩余的意思。古周国、古郑国之间的地区叫"㣐",也有的叫"孑"。青州、徐州以及古楚国之间的地区叫"孑"。在函谷关以西,古秦国、古晋国之间的地区表示烧火用的柴草没烧尽叫"荛"。"子"还有俊杰的意思。"遵"也可以指俊杰。

2.032　翿①、幢②,翳也③。楚曰翿,关西、关东皆曰幢。

**【注释】**

①翿(dào):即纛。顶上以羽毛为饰的旗,古代乐舞者执之以舞,也可以用作导引灵柩。

②幢(chuáng):古代的一种旗帜。常在军事指挥、仪仗行列、舞蹈表演中使用。

③翳(yì):用羽毛做的华盖。《说文解字·羽部》:"翳,华盖也。"《山海经·海外西经》:"(夏后启)左手操翳。"郭璞注:"翳,羽葆幢也。"

**【译文】**

"翿"是顶上以羽毛为饰的旗,"幢"是古代常在军事指挥、仪仗行列、舞蹈表演中使用的旗帜,它们都属于华盖类。古楚国地区叫"翿",函谷关东、西两侧叫"幢"。

2.033　挍①、略②,求也。秦、晋之间曰挍,就室求曰挍,于道曰略。略,强取也。攈③、摅④,取也。此通语也。

**【注释】**

①挍(sōu):同"搜"。搜求,寻找。

②略:掠夺,强取。《左传·宣公十五年》:"晋侯治兵于稷,以略狄土。"杜预注:"略,取也。"

③攈(jùn):搜集,拾取。《说文解字·手部》:"攈,拾也。"《墨子·贵义》:"舍吾言革思者,是犹舍获而攈粟也。""舍获而攈粟"

是说放弃收割而去捡拾谷粒。比喻舍本逐末。

④摭（zhí）：拾取。《礼记·礼器》："有顺而摭也。"孔颖达疏："摭，犹
拾取也。"句子大意是遵循循序而取的原则。

**【译文】**

"搜"是搜求、寻找，"略"是掠夺、强取，它们都有求取的意思。古秦
国、古晋国之间的地区叫"搜"，进入室内找寻求取称作"搜"，在道路上
找寻求取称作"略"。"略"是强行获取。"攓"是搜集、拾取，"摭"是拾
取，它们都有取的意思。这是共同语的说法。

2.034 茫①、矜②、奄③，遽也。吴、扬曰茫，陈、颍之间
曰奄，秦、晋或曰矜，或曰遽。

**【注释】**

①茫：同"忙"。匆忙。

②矜（jīn）：急躁。《荀子·议兵》："矜纠收缭之属为之化而调。"王
念孙《读书杂志》："矜纠收缭，皆急戾之意。"句子大意是那些急
躁暴戾的人都会被他感化而变得和气温顺。

③奄：忽然。《楚辞·九辩》："白露既下百草兮，奄离披此梧楸。"洪
兴祖补注："奄，忽也，遽也。"可译为白露降下沾湿了百草啊，衰
黄的树叶忽然飘离了梧桐枝头。

**【译文】**

"茫"是匆忙，"矜"是急躁，"奄"是忽然，它们都有仓猝、急忙的意
思。古吴国、扬州地区叫"茫"，古陈国和颍水之间的地区叫"奄"，古秦
国、古晋国地区有的叫"矜"，也有的叫"遽"。

2.035 速、逞①、摇扇②，疾也。东齐海、岱之间曰速，
燕之外鄙、朝鲜、洌水之间曰摇扇，楚曰逞。

**【注释】**

①逞:通"骋"。疾行。

②摇扇:疾速。"摇"有疾速义。《楚辞·九章·抽思》:"愿摇起而横奔兮,览民尤以自镇。"大意是说我真想疾速离您远去啊,但看见人们动辄得咎又打消了想法。"扇"则有迅猛义。《汉书·叙传下》:"胜、广熛(biāo,迅疾)起,梁、籍扇烈。"颜师古注:"扇,炽也。"

**【译文】**

"速"是快速,"逞"是疾行,"摇扇"是疾速,它们都有快速的意思。在东部古齐国、渤海、泰山之间的地区叫"速",在古燕国外部边境、朝鲜、洌水之间的地区叫"摇扇",古楚国地区叫"逞"。

2.036　予①、赖②,雠也③。南楚之外曰赖,秦、晋曰雠。

**【注释】**

①予:售卖。《管子·国蓄》:"岁适美,则市粜无予。"是说年景遇上丰收,农民粮食卖不出去。

②赖:赢利。《说文解字·贝部》:"赖,赢也。"《国语·齐语》:"相语以利,相示以赖,相陈以知贾。"说的是互相谈论生财之道,互相交流赚钱经验,互相展示经营手段。

③雠:即"售"。"雠""售"为古今字。表示售卖。

**【译文】**

"予"是售卖,"赖"是赢利,它们都有售卖的意思。南部古楚国外围地区叫"赖",古秦国、古晋国地区叫"雠"。

2.037　恒慨①、蓁绥、羞绎、纷毋,言既广又大也。荆、扬之间凡言广大者谓之恒慨,东瓯之间谓之蓁绥②,或谓之羞绎、纷毋。

**【注释】**

①恒慨：及下文的"蓁绥""羞绎""纷毋"，都是表示广大义的方言
说法。

②东瓯：《方言》郭璞注："东瓯亦越地，今临海、永宁是也。"临海，三
国吴分会稽东部置，故城在今浙江临海东南115里。永宁，汉置，
即今浙江永嘉。

**【译文】**

"恒慨""蓁绥""羞绎""纷毋"，都是指既广阔又巨大的意思。荆
州、扬州地区凡是表示广大的事物就称作"恒慨"，东瓯国地区称之为
"蓁绥"，也有的称之为"羞绎"或"纷毋"。

2.038　剿①、蹶②，狯也。秦、晋之间曰狯，楚谓之剿，
或曰蹶。楚、郑曰蔿③，或曰姡④。

**【注释】**

①剿（jiǎo）：通"狡"。狡猾。

②蹶（guì）：狡猾。"狭"的一种方言说法。《诗序》："隰有苌楚，疾恣
也。"郑玄笺："恣，谓狡狭淫戏。""狡狭"即狡猾。

③蔿（kuī）：狡猾。"狯"的一种方言说法。

④姡（huó）：狡诈。"狯"的一种方言说法。

**【译文】**

"剿""蹶"都有狡猾的意思。古秦国、古晋国之间的地区叫"狯"，
古楚国地区叫"剿"，也有的叫"蹶"。古楚国、古郑国地区叫"蔿"，也有
的叫"姡"。

# 卷三

3.001　陈、楚之间，凡人兽乳而双产谓之釐孳<sup>①</sup>，秦、晋之间谓之僆子<sup>②</sup>，自关而东，赵、魏之间谓之孪生。

**【注释】**

①釐孳（lí zī）：孪生。"釐"是"连"的一种方言说法。"孳"是生育、繁殖的意思。《说文解字·子部》："孳，汲汲生也。"

②僆（liàn）子：孪生。《广雅·释诂三》："僆，孪也。""子"为"孳"的一种方言说法。"僆子"意思是连生子，在有的方言里音转为"釐孳"。

**【译文】**

古陈国、古楚国之间的地区凡是表示人或兽类生育双胞胎就称作"釐孳"，古秦国、古晋国之间的地区称作"僆子"，在函谷关以东，古赵国、古魏国之间的地区称作"孪生"。

3.002　东齐之间女谓之嫁子<sup>①</sup>，婿谓之倩<sup>②</sup>。

**【注释】**

①女（nǜ）：以女嫁人。《左传·桓公十一年》："宋雍氏女于郑庄

公。"杜预注:"以女妻人曰女。"

②倩:女婿。"甥"的一种方言说法。《古今韵会举要·庚韵》:"甥,女之婿亦曰甥。"《孟子·万章下》:"舜尚见帝,帝馆甥于贰室。"赵岐注:"尧以女妻舜,故谓舜甥。"句子大意是舜去进见帝尧,帝尧让女婿住在备用的房间里。

**【译文】**

东部古齐国地区把女儿嫁人称作"嫁子",把女婿称作"倩"。

3.003　燕、齐之间,养马者谓之娠①,官婢女厮谓之娠。

**【注释】**

①娠(shēn):通"侲"。专指养马的人。《后汉书·杜笃传》:"虏儆侲,驱骡驴。"李贤注:"《方言》:'侲,养马人也。'"也可指女奴。《说文解字·女部》:"娠,官婢女隶谓之娠。"

**【译文】**

古燕国、古齐国之间的地区,把养马的人称作"娠",把官府的奴婢和供驱使差遣的妇女也称作"娠"。

3.004　南楚、东海之间①,亭父谓之亭公②;卒谓之弩父③,或谓之褚④。

**【注释】**

①东海:东海郡。治所在郯(今山东郯城北)。辖今山东东南、江苏东北沿海地区。

②亭公:守亭的差役。"亭"是秦汉时乡以下、里以上的行政机构。"亭父""亭公"即守亭的差役。

③弩父:秦汉时专管捕盗贼的守亭之卒。《后汉书·百官五》:"亭有

亭长,以禁盗贼。"李贤注引《风俗通》曰:"亭吏旧名负弩,改为长,或谓亭父。"

④褚(zhě):兵卒,差役。因其穿着红褐色衣服而得名。下文郭璞注:"言衣赤也,褚音赭。"

**【译文】**

南部古楚国到东海郡之间的地区,把守亭之卒称作"亭公";把差役称作"弩父",也称作"褚"。

　　3.005　臧①、甬②、侮③、获④,奴婢贱称也。荆、淮、海、岱,杂齐之间⑤,骂奴曰臧,骂婢曰获。齐之北鄙,燕之北郊,凡民男而婿婢谓之臧,女而妇奴谓之获。亡奴谓之臧,亡婢谓之获。皆异方骂奴婢之丑称也。自关而东,陈、魏、宋、楚之间保庸谓之甬⑥。秦、晋之间骂奴婢曰侮。

**【注释】**

①臧:供人使役者的贱称。《荀子·王霸》:"如是,则虽臧获不肯与天子易埶(同"势")业。"杨倞注:"臧获,奴婢也。"句子大意是如果这样,那么即使是奴仆也不愿与天子交换位置。

②甬:通"佣"。受人雇佣者。

③侮:古时对奴婢的蔑称。郭璞注:"言为人所轻弄。"

④获:古时对女奴的贱称。《文选·司马迁〈报任安书〉》:"且夫臧获婢妾。"李善注:"臧、获,皆异方骂奴婢之丑称也。"

⑤杂:间杂。郭璞注:"俗不纯为杂。""杂齐"指在间杂有部分古齐国属地的地区。

⑥保庸:指受雇用的仆役。《史记·司马相如列传》:"相如身自著犊鼻裈,与保庸杂作,涤器于市中。"

**【译文】**

"臧"是供人使役者的贱称,"甬"是受人雇佣者,"侮"是对奴婢的蔑称,"获"是对女奴的贱称,它们都属于对男女仆人的贱称。荆州、淮水、渤海、泰山一带,同时间杂有古齐国的一些地区,骂男奴仆称作"臧",骂女奴仆称作"获"。古齐国北部边境和古燕国北部郊域把以奴婢为妻子的男人称作"臧",把嫁给奴仆的女人称作"获"。把流亡的男奴仆称作"臧",把流亡的女奴仆称作"获"。这些都是不同地域用来骂男女奴仆的贱称。在函谷关以东,古陈国、古魏国、古宋国、古楚国之间的地区把受雇用的仆役称作"甬"。古秦国、古晋国之间的地区把男女奴仆骂作"侮"。

3.006　蔿①、讹、譁、涅②,化也。燕、朝鲜、洌水之间曰涅,或曰譁。鸡伏卵而未孚,始化之时,谓之涅。

**【注释】**

①蔿(wěi):及后面的"讹""譁(wá)",都指变化,都是"化"的方言说法。

②涅:变化,化生。马王堆汉墓帛书《十六经·前道》:"道有原而无端,用者实,弗用者观。合之而涅于美,循之而有常。"此处"涅"即为变化之义。"合之而涅于美"谓符合道的就会变得美好。

**【译文】**

"蔿""讹""譁""涅"都有变化的意思。古燕国以及朝鲜、洌水之间的地区叫"涅",也有的叫"譁"。鸡孵卵但还没有孵成,卵刚刚开始孵化的时候,称之为"涅"。

3.007　斟①、协②,汁也③。北燕④、朝鲜、洌水之间曰斟,自关而东曰协,关西曰汁。

**【注释】**

①斟（zhēn）：调和。《楚辞·天问》：“彭铿斟雉。”蒋骥注：“斟，调和滋味也。”句子大意是彭祖用野鸡调制肉羹。

②协：协调，相合。

③汁（xié）：通“叶”。协调，和谐。晋左思《吴都赋》：“皆与谣俗汁协，律吕相应。”“汁协”与“相应”相对，“汁”即为相合，协调之意。

④北燕：周代诸侯国名。在今天津蓟州区一带。《史记·燕召公世家》：“周武王灭纣，封召公于北燕。”

**【译文】**

“斟”是调和，“协”是协调、相合，它们都有和协的意思。北部古燕国、朝鲜、洌水之间的地区叫“斟”，函谷关以东的地区叫“协”，函谷关以西的地区叫“汁”。

3.008　苏①、芥②，草也。江、淮、南楚之间曰苏，自关而西或曰草，或曰芥。南楚江、湘之间谓之莽③。苏亦荏也④。关之东、西或谓之苏，或谓之荏。周、郑之间谓之公蕡⑤。沅、湘之南或谓之葰⑥。其小者谓之䕢葰⑦。

**【注释】**

①苏：柴草。《列子·周穆王》：“其宫榭若累块积苏焉。”张湛注：“苏，樵。”“累块积苏”是指重叠的土块和堆积的柴草，形容居住的地方很简陋。

②芥：小草。

③莽：草。《孟子·万章下》：“在野曰草莽之臣。”江、湘之间：指长江中游到湘水一带的地区，属于《方言》中的“南楚”。

④荏（rěn）：白苏。王念孙《广雅疏证·释草》："荏，白苏也。"《齐民要术·荏蓼》："荏性甚易生……园畔漫掷，便岁岁自生矣。"

⑤公蕡（fén）：杂草。《说文解字·艸部》："蕡，杂香草。"段玉裁注："当作'杂草香。'""公蕡"以草香气而得名。

⑥沅、湘之南：即今湖南南部、广西东北部以及贵州的部分地区。沅、湘即沅水和湘水。蒢（xiá）：野苏。郭璞注："今长沙人呼野苏为蒢。"

⑦蘘（niàng）菜：香菜。王念孙《广雅疏证·释草》："蘘菜，即香菜也。"

**【译文】**

"苏"是柴草，"荠"是小草，它们都属于草类。长江、淮水流域以及南部古楚国之间的地区叫"苏"，函谷关以西的地区有的叫"草"，也有的叫"荠"。在南部古楚国，长江、湘水之间的地区称之为"荠"。"苏"也可以指白苏。函谷关东、西两侧有的称之为"苏"，也有的称之为"荏"。古周国、古郑国之间的地区称之为"公蕡"。沅江、湘水以南地区有的称之为"蒢"。白苏当中小的一种称作"蘘菜"。

3.009　葑①、荛②，芜菁也。陈、楚之郊谓之葑，鲁、齐之郊谓之荛，关之东、西谓之芜菁，赵、魏之郊谓之大芥③。其小者谓之辛芥④，或谓之幽芥⑤。其紫华者谓之芦菔⑥，东鲁谓之菈蓬⑦。

**【注释】**

①葑（fēng）：同"葑"。芜菁，一种草本植物，根肥大，有甜味，可作蔬菜。《诗经·邶风·谷风》："采葑采菲，无以下体？"意思是说采摘萝卜和芜菁，难道只要叶子不要根？

②荛（ráo）：芜菁的方言名。借字记音。

③大芥：俗称大头菜。芥菜有叶用者，诸如雪里蕻之类；有茎用者，诸如榨菜之类；有根用者，诸如大头菜之类。"芜菁"又名"大芥"，"大芥"即大头菜。

④辛芥：芥菜的一种。王念孙手校《方言疏证》于本条天头墨批："辛、幽皆小貌。"

⑤幽芥：同"辛芥"。参注释④。芥菜的一种。

⑥芦菔（fú）：即萝卜。《齐民要术·蔓菁》："种菘、芦菔法，与芜菁同。"石声汉注："芦菔，现在写作'萝卜''莱菔'。"

⑦菈蘧（lā tà）：萝卜的一种方言说法。

【译文】

"葑""荛"都是芜菁。古陈国、古楚国郊域称之为"葑"，古鲁国、古齐国郊域称之为"荛"，函谷关东、西两侧的地区称之为"芜菁"，古赵国、古魏国郊域称之为"大芥"。芜菁中小的一类称作"辛芥"，也有的称之为"幽芥"。芜菁中花为紫色的一种称作"芦菔"，东部古鲁国地区称之为"菈蘧"。


3.010　葰①、芡，鸡头也②。北燕谓之葰，青、徐、淮、泗之间谓之芡③。南楚江、湘之间谓之鸡头，或谓之雁头，或谓之乌头。


【注释】

①葰（yì）：鸡头米。睡莲科，水生草本。种子称"芡（qiàn）实"，俗称"鸡头米"。

②鸡头：鸡头米。郭璞注："状似乌头，故博以名之。"因其楟苞吐花形颇似鸡头，与下文"雁头""乌头"皆以其形得名。

③泗：泗水。泗水发源于今山东，在今江苏境内入淮河。

**【译文】**

"葰""芡"就是俗称的鸡头米。北部古燕国地区称之为"葰",青州、徐州、淮水、泗水之间的地区称之为"芡"。在南部古楚国,长江、湘水之间的地区称之为"鸡头",也有的称之为"雁头",还有的称之为"乌头"。

3.011 凡草木刺人,北燕、朝鲜之间谓之茦[1],或谓之壮[2]。自关而东或谓之梗[3],或谓之剁[4]。自关而西谓之刺。江、湘之间谓之棘[5]。

**【注释】**

[1]茦(cì):通"刺"。意为用锐利之物戳入或穿透。

[2]壮:通"创"。伤。《说文解字·人部》:"伤,创也。"《淮南子·俶真训》:"是故伤形于寒暑燥湿之虐者,形苑而神壮。"是说人的形神被寒暑燥湿之类侵害而受伤。

[3]梗:刺。《文选·张衡〈西京赋〉》:"梗林为之靡拉。"李善注引《方言》:"凡草木刺人为梗。"句子大意是多刺的丛林因其被毁坏。

[4]剁(guì):刺伤,割伤。《礼记·聘义》:"夫昔者君子比德于玉焉……廉而不剁,义也。"孔颖达疏:"剁,伤也。言玉体虽廉棱(有棱角)而不伤割于物,人有义者亦能割断而不伤物,故云义也。"

[5]棘:刺。今天犹用"棘手"来形容事情难办,像荆棘刺手。

**【译文】**

凡是表示草木之刺戳人,北部古燕国、朝鲜之间的地区称之为"茦",也有的称之为"壮"。函谷关以东的地区称之为"梗",也有的称之为"剁"。函谷关以西的地区称之为"刺"。长江、湘水之间的地区称之为"棘"。

3.012　凡饮药傅药而毒<sup>①</sup>,南楚之外谓之瘌<sup>②</sup>,北燕、朝鲜之间谓之癆<sup>③</sup>,东齐海、岱之间谓之眠<sup>④</sup>,或谓之眩<sup>⑤</sup>。自关而西谓之毒。瘌,痛也。

**【注释】**

①毒:因药物反应而感到苦痛。《广雅·释诂三》:"荼、毒,痛也。"王念孙疏证:"陆机《豪士赋序》云:'身猒(yàn,同"厌",饱受)荼毒之痛。'是荼、毒皆痛也。"

②瘌(là):因药物反应而感觉辛辣、疼痛。《说文解字·疒(nè)部》:"瘌,楚人谓药毒曰痛瘌。"段玉裁注:"瘌如俗语言辛辣。"

③癆(lào):药物中毒。《说文解字·疒部》:"癆,朝鲜谓药毒曰癆。"杨树达《长沙方言续考》:"今长沙以药毒鱼、毒鼠曰癆鱼、癆鼠。"

④眠:同"瞑"。指饮药后神志不清。《尚书·说命》:"若药弗瞑眩,厥疾弗瘳。"意思是如果用药后没有头晕目眩的强烈反应,疾病就不能痊愈。也就是说,为了治病就不能顾忌药物的副作用。

⑤眩:服药后眼睛昏花、神志不清。

**【译文】**

凡是饮用或外敷药物而感到苦痛,南部古楚国外围地区称之为"瘌",北部古燕国、朝鲜之间的地区称之为"癆",在东部古齐国,渤海、泰山之间的地区称之为"眠",也有的称之为"眩"。函谷关以西的地区称之为"毒"。"瘌"是疼痛的意思。

3.013　逞<sup>①</sup>、晓<sup>②</sup>、恔<sup>③</sup>、苦<sup>④</sup>,快也。自关而东或曰晓,或曰逞。江、淮、陈、楚之间曰逞,宋、郑、周、洛<sup>⑤</sup>、韩、魏之间曰苦,东齐海、岱之间曰恔,自关而西曰快。

**【注释】**

①逞:快意,满足。《左传·桓公六年》:"今民馁而君逞欲,祝史矫举以祭,臣不知其可也。""今民馁而君逞欲"意思是如今人民饥饿而君主却快意于私欲。

②晓:明快。《广雅·释诂二》:"晓,快也。"王念孙疏证:"明快之义。"

③恔(xiào):畅快。《孟子·公孙丑下》:"且比化者,无使土亲肤,于人心独无恔乎?"

④苦:愉快。"快"的一种方言说法。

⑤洛:古水名。即洛河。在《方言》中与周的地域相当。即洛阳及周围的狭小地区。

**【译文】**

"逞"是快意、满足,"晓"是明快,"恔"是畅快,"苦"是愉快,它们都有畅快的意思。函谷关以东的地区有的叫"晓",也有的叫"逞"。长江、淮水和古陈国、古楚国之间的地区用"逞",古宋国、古郑国、古周国、洛水、古韩国、古魏国之间的地区叫"苦",在东部古齐国,渤海、泰山之间的地区叫"恔",函谷关以西的地区叫"快"。

3.014 谬①、谲②,诈也。凉州西南之间曰谬③,自关而东、西或曰谲,或曰谬。诈,通语也。

**【注释】**

①谬:欺诈,虚伪。《广雅·释诂二》:"谬,欺也。"

②谲(jué):欺诳,诡诈。《说文解字·言部》:"谲,权诈也。"《论语·宪问》:"晋文公谲而不正。"何晏《论语集解》引郑玄曰:"谲,诈也。"

③凉州:西汉置。辖境相当于今甘肃、宁夏和青海湟水流域。

**【译文】**

"谬"是欺诈、虚伪，"谲"是欺诳、诡诈，它们都有欺诈的意思。凉州西南部地区叫"谬"，函谷关东、西两侧有的叫"谲"，也有的叫"谬"。"诈"是共同语的说法。

3.015　揠①、擢②、拂③、戎④，拔也。自关而西或曰拔，或曰擢。自关而东，江、淮、南楚之间或曰戎。东齐海、岱之间曰揠。

**【注释】**

①揠（yà）：拔起。《说文解字·手部》："揠，拔也。"

②擢（zhuó）：拔取，抽出。《庄子·骈拇》："枝于仁者，擢德塞性以收名声。""擢德塞性以收名声"是说过分拔举道德和性情来捞取名声。

③拂：拔出。王念孙《广雅疏证·释诂三》："《大雅·生民》篇：'茀厥丰草'，韩诗作'拂'，是拂为拔也。""茀厥丰草"是说拔除茂密的杂草。

④戎：通"扔（rèng）"。意思是牵引、拔擢。"扔"与表引拉义的"扔"为异体字关系。《集韵·蒸韵》："扔……一曰引也。或作扔。"引拉义与拔擢义相通。《淮南子·俶真训》："引楯万物，群美萌生。"高诱注："引楯，拔擢也。"

**【译文】**

"揠"是拔起，"擢"是拔取、抽出，"拂"是拔出，"戎"是牵引、拔擢，它们都有拔的意思。函谷关以西的地区有的叫"拔"，也有的叫"擢"。在函谷关以东，长江、淮水以及南部古楚国之间的地区有的叫"戎"。在东部古齐国，渤海、泰山之间的地区叫"揠"。

3.016　慰①、廛②、度③，尻也④。江、淮、青、徐之间曰慰，东齐海、岱之间或曰度，或曰廛，或曰践<sup>⑤</sup>。

**【注释】**

①慰：居住。《文选·鲍照〈玩月城西门廨（xiè）中〉》："宴慰及私辰。"李善注引《方言》曰："慰，居也。"意为闲居以及个人用的时光。

②廛（chán）：疑为"践"的一种方言说法。居。详参注释⑤。

③度（zhái）：同"宅"。居，处。《集韵·陌韵》："宅，或作度。"《左传·文公十八年》："不度于善，而皆在于凶德。"杜预注："度，居也。"句子大意是不处在善的状态（而违背道德礼法），国家必会招致灾难。

④尻：同"居"。

⑤践：居。《孟子·尽心上》："惟圣人然后可以践形。"赵岐注："践，履居之也。"句子大意是只有成了圣人才能通过修养而无愧于天赋的品质。

**【译文】**

"慰"是居住，"廛"是居，"度"是居处，它们都有居的意思。长江、淮水以及青州、徐州之间的地区叫"慰"，在东部古齐国，渤海、泰山之间的地区有的叫"度"，有的叫"廛"，也有的叫"践"。

3.017　萃、杂，集也。东齐曰聚。

**【译文】**

"萃"是聚集，"杂"是混合、掺杂，它们都有会集的意思。东部古齐国地区叫"聚"。

3.018　迿<sup>①</sup>、遝<sup>②</sup>，及也。东齐曰迿，关之东、西曰遝，

或曰及。

**【注释】**

①迨（dài）：相及，到。《诗经·召南·摽（biào）有梅》："求我庶士，迨其吉兮。""迨其吉兮"是说要等到良辰吉日前来迎娶。

②遝（tà）：及。《说文解字·辵（chuò）部》："遝，迨（hé）也。"《玉篇·辵部》："迨，迨遝，行相及也。"《墨子·迎敌祠》："城之外，矢之所遝。"孙诒让《墨子间诂》引王念孙云："遝，谓矢之所及也。"

**【译文】**

"迨""遝"都有赶上、达到的意思。东部古齐国地区叫"迨"，函谷关东、西两侧叫"遝"，也有的叫"及"。

　　3.019　荄①、杜②，根也。东齐曰杜，或曰荄③。

**【注释】**

①荄（gāi）：草根。《汉书·礼乐志》："青阳开动，根荄以遂。"颜师古注："草根曰荄。"是说春天来了，小草开始生根发芽。

②杜：根。典籍中常记作"土"。郭注："《诗》曰：'彻彼桑杜。'是也。"

③茇（bá）：草木根。《淮南子·地形训》："凡浮生不根茇者生于萍藻。"

**【译文】**

"荄"是草根，"杜"是根，它们都有根的意思。东部古齐国地区叫"杜"，也有的叫"荄"。

　　3.020　班①、彻②，列也。北燕曰班，东齐曰彻。

**【注释】**

①班：序列，排列等级。《孟子·万章下》："周室班爵禄也，如之何？"
　赵岐注："班，列也。"

②彻：表示序列、排列的一种方言说法。

**【译文】**

"班""彻"都有依照等级排列的意思。北部古燕国地区叫"班"，东部古齐国地区叫"彻"。

3.021　瘼①、癁②，病也。东齐海、岱之间曰瘼，或曰
癁，秦曰瘆③。

**【注释】**

①瘼（mò）：病，毛病。《说文解字·疒（nè）部》："瘼，病也。"《诗
　经·小雅·四月》："乱离瘼矣。"郑笺："今政乱，国将有忧病者
　矣。"

②癁（fú）：病复发。郭璞注："谓劳复也。"字也作"復"。《广韵·宥
　韵》："復，病重发也。"

③瘆（chén）：病复发。《集韵·沁韵》："瘆，复病曰瘆。"

**【译文】**

"瘼""癁"都有病的意思。在东部古齐国，渤海、泰山之间的地区叫
"瘼"，也有的叫"癁"，古秦国地区叫"瘆"。

3.022　掩①、丑②、掍③、綷④，同也。江、淮、南楚之间曰
掩。宋、卫之间曰綷，或曰掍。东齐曰丑。

**【注释】**

①掩：同。《尚书·大禹谟》："掩有四方。"孔安国传："掩，同也。"

②丑：同类。《孟子·公孙丑下》："今天下地丑德齐，莫能相尚。"赵
　岐注："丑，类也，言今天下之人君，土地相类，德教齐等。"
③掍（hùn）：古同"混"。混同，通联。《文选·班固〈西都赋〉》："凌
　隥道而超西墉，掍建章而连外属。"意思是（未央宫的阁道）西越
　城墙还通建章宫，并与其附属建筑璧门、凤阙相勾通。
④綷（cuì）：通"粹"。齐同。《广雅·释诂四》："綷，同也。"王念孙
　疏证："王逸注《离骚》云：'至美曰纯，齐同曰粹。'……綷、粹并
　通。"

【译文】

　"掩"是同，"丑"是同类，"掍"是混同，"綷"是齐同，它们都有同的
意思。长江、淮水以及南部古楚国之间的地区叫"掩"。古宋国、古卫国
之间的地区叫"綷"，也有的叫"掍"。东部古齐国地区叫"丑"。

　　3.023　裕①、猷②，道也。东齐曰裕，或曰猷。

【注释】

①裕：道术。《尚书·康诰》："远乃猷裕，乃以民宁，不汝瑕殄。"这里
　的"猷裕"指治国之术。
②猷（yóu）：方法，法则。《诗经·小雅·巧言》："秩秩大猷，圣人莫
　之。"郑玄笺："猷，道也。大道，治国之礼法。"诗句大意是多而有
　条理的典章制度，圣人将它来制定。

【译文】

　"裕"是道术，"猷"是方法、法则，它们都可以用"道"来解释。东部
古齐国地区叫"裕"，也有的叫"猷"。

　　3.024　虔①、散②，杀也。东齐曰散，青、徐、淮、楚之间
曰虔。

**【注释】**

①虔：通"戡（kān）"。刺杀。《说文解字·戈部》："戡，杀也。"

②散：杀伐，击杀。《史记·淮阴侯列传》："今大王诚能反其道，任天下武勇，何所不诛！以天下城邑封功臣，何所不服！以义兵从思东归之士，何所不散！"此句"散"与"诛"相对，都表示杀。

**【译文】**

"虔"是刺杀，"散"是杀伐、击杀，它们都有杀的意思。东部古齐国地区叫"散"，青州、徐州、淮水、古楚国之间的地区叫"虔"。

3.025　汜<sup>①</sup>、浼<sup>②</sup>、濶<sup>③</sup>、洼<sup>④</sup>，洿也<sup>⑤</sup>。自关而东或曰洼，或曰汜。东齐海、岱之间或曰浼，或曰濶。

**【注释】**

①汜（fàn）：低洼，污下。《管子·山国轨》："有汜下渐泽之壤，有水潦鱼鳖之壤。"所谓"汜下渐泽之壤"就是地势洼陷的低湿之地。

②浼（měi）：污染。《孟子·公孙丑上》："尔焉能浼我哉？"赵岐注："恶人何能污于我邪？"

③濶（yán）：相污。《说文解字·水部》："濶，海、岱之间谓相污曰濶。"

④洼：污下。《广雅·释诂三》："洼，污也。"王念孙疏证："《庄子·齐物论》篇云：'似洼者，似污者。'是洼为污下也。"

⑤洿（wū）：同"污"。污浊。

**【译文】**

"汜"是低洼、污下，"浼"是污染，"濶"是相污，"洼"是污下，它们都可以用"污"来解释。函谷关以东的地区有的叫"洼"，也有的叫"汜"。在东部古齐国，渤海、泰山之间的地区有的叫"浼"，也有的叫"濶"。

3.026　庸①、㳅②、比③、㑶④、更、佚⑤，代也。齐曰佚，江、淮、陈、楚之间曰㑶，余四方之通语也。

**【注释】**

①庸：更代，替换。《汉书·食货志》："教民相与庸挽犁。"颜师古注："言换功共作也。"句子大意是引导百姓换工协作拉犁耕地。

②㳅：通"次"。依次更代。《左传·昭公十六年》："昔我先君桓公，与商人皆出自周，庸次比耦，以艾杀此地，斩之蓬、蒿、藜、藋而共处之。"意思是说他们共同协作依次来耕作这块土地，除治荒草。

③比：介词。替，代。古人往往词义虚实不分。《孟子·梁惠王上》："寡人耻之，愿比死者一洒之，如之何则可？"所谓"比死者"即替死者。

④㑶（tǐng）：顶替，代替。即今天常用表示顶替义的"顶"之本字。《说文解字·人部》："㑶……一曰代也。"

⑤佚：通"迭"。更迭。

**【译文】**

"庸"是更代、替换，"㳅"是依次更代，"比"相当于替，"㑶"是顶替、代替，"更"是更替，"佚"是更迭，它们都有代换的意思。古齐国地区叫"佚"，长江、淮水和古陈国、古楚国之间的地区叫"㑶"，其他都是四方各地的通用语。

3.027　氓①，民也。

**【注释】**

①氓（méng）：老百姓。《诗经·卫风·氓》："氓之蚩蚩，抱布贸丝。"郑玄注："氓，民也。"诗句大意是那人老实忠厚，怀抱布匹来换丝。

**【译文】**

"氓"是老百姓的意思。

3.028　杭①，仇也。

**【注释】**

①杭（qiú）：仇恨，仇怨。"仇"的一种方言说法。

**【译文】**

"杭"是仇恨、仇怨的意思。

3.029　寓①，寄也。

**【注释】**

①寓：本义是寄居。《说文解字·宀（mián）部》："寓，寄也。"《孟子·离娄下》："无寓人于我室。"引申有投寄、寄存、寄托等义。《左传·襄公二十四年》："郑伯如晋。子产寓书于子西，以告宣子。"

**【译文】**

"寓"是寄托的意思。

3.030　露①，败也。

**【注释】**

①露：败坏。《荀子·富国》："入其境，其田畴（泛指田地）秽，都邑露。"王念孙《读书杂志》："露者，败也。谓都邑败坏也。"

**【译文】**

"露"是败坏的意思。

## 3.031　别<sup>①</sup>,治也。

**【注释】**

①别:治理。"辨"的一种方言说法。《荀子·王霸》:"加有治辨(治理)强固之道焉。"

**【译文】**

"别"是治理的意思。

## 3.032　枨<sup>①</sup>,法也。

**【注释】**

①枨(chéng):通"朾"。支撑。"朾"即"撑"字的正体。郭璞注:"救倾之法。"《周礼·考工记·弓人》:"维角朾之,欲宛而无负弦。"大意是说角要能撑住弓干以增加强度,避免拉弦时发生邪曲而不能正对弦。

**【译文】**

"枨"是支撑,属于一种方法。

## 3.033　谪<sup>①</sup>,怒也。

**【注释】**

①谪(zé):也作"讁"。责怒。《淮南子·说山训》:"春至旦,不中员呈,犹讁之。"高诱注:"讁,责怒也。"

**【译文】**

"谪"是责怒的意思。

## 3.034　间<sup>①</sup>,非也<sup>②</sup>。

**【注释】**

①间：非议。《孟子·离娄上》："人不足与适也，政不足间也。"意为那些人（指在位的小人）不值得去指责，他们的政事不值得去非议。

②非：责怪，非议。《玉篇·非部》："非，责也。"

**【译文】**

"间"是非议的意思。

## 3.035　格①，正也。

**【注释】**

①格：正，纠正。《孟子·离娄上》："惟大人为能格君心之非。"赵岐注："格，正也。"

**【译文】**

"格"是纠正的意思。

## 3.036　戆①，数也。

**【注释】**

①戆（lǐ）：两两而数。《说文解字·攴（pū）部》："戆，数也。"段玉裁注："从麗者，麗，两也，两两而数之意。"

**【译文】**

"戆"是两两而数的意思。

## 3.037　轸①，戾也②。

**【注释】**

①轸（zhěn）：扭转，回转。《文选·枚乘〈七发〉》："初发乎或围之津

涯，荄（gāi，通“陔”，陇）轸谷分也。”李善注：“言涯如转，而谷似裂也。”

②戾：扭转的意思。《文选·潘岳〈射雉赋〉》：“戾翳（yì，隐蔽猎人的一种猎具）旋把，萦随所历。”李善注：“戾，转也。”句子大意是扭转把柄，使翳旋转起来，随着野雉目标的移动而旋转它以找到射击的机会。

**【译文】**

“轸”是扭转的意思。

## 3.038 屑[1]，洁也。

**【注释】**

①屑：清洁。《诗经·邶风·谷风》：“宴尔新昏，不我屑以。”毛传：“屑，絜（洁）也。”诗句大意是欢庆着你们的新婚，却不以我为洁而用。

**【译文】**

“屑”是清洁的意思。

## 3.039 谆[1]，罪也。

**【注释】**

①谆（zhūn）：罪恶。“憝（duì）”的一种方言说法。《后汉书·寇荣传》：“如臣犯元恶大憝。”李贤注：“憝，恶也。”

**【译文】**

“谆”是罪恶的意思。

## 3.040 俚[1]，聊也。

【注释】

①俚:聊赖,依托。《说文解字·人部》:"俚,聊也。"《汉书·季布栾布田叔传赞》:"夫婢妾贱人,感概而自杀,非能勇也,其画无俚之至耳。"颜师古注引晋灼曰:"此为计画无所聊赖,至于自杀耳。"句子大意是一般奴婢妻妾等下贱的人,一遇侮辱就轻生自杀,这并非勇敢,而是他们极度无可奈何。

【译文】

"俚"是聊赖的意思。

3.041　梱①,就也。

【注释】

①梱:疑为"捆(yīn)"的形近讹误字。《说文解字·手部》:"捆,就也。"捆,同"因"。有依靠、凭借的意思。《管子·乘马》:"因天材,就地利,故城郭不必中规矩,道路不必中准绳。"意思是做事情需要凭借天然和地利资源优势。所以建造城郭也不是非要满足方圆规矩的要求,修筑道路也不要固定在平直的标准上。

【译文】

"捆"是依靠、凭借的意思。

3.042　苙①,圂也②。

【注释】

①苙(lì):牲口的栏圈。《孟子·尽心下》:"如追放豚,既入其苙,又从而招之。"赵岐注:"苙,栏也。"大意是好像在追逐走失的猪一样,找到放回猪圈里了,却还要将它的脚捆住。

②圂(hùn):猪圈。《汉书·五行志》:"豕出圂,坏都灶(蒸炊用的大

灶），衔其鬴（fǔ，同"釜"，古代的一种锅）六七枚置殿前。"颜师
古注："圂者，养豕之牢也。"

【译文】

"苙"是猪圈的意思。

3.043　廋<sup>①</sup>，隐也。

【注释】

①廋（sōu）：隐匿。《玉篇·广（yǎn）部》："廋，隐匿也。"《论语·为
　政》："人焉廋哉？"何晏《论语集解》引孔安国曰："廋，匿也。"句
　子大意是人还有什么能被隐藏和掩饰的呢？

【译文】

"廋"是隐匿的意思。

3.044　銛<sup>①</sup>，取也。

【注释】

①銛（tiǎn）：表示挑取义的一种方言说法。郭璞注："谓挑取物。"疑
　"銛"通"拈"。《说文解字·手部》："拈，揪也。"段玉裁注："《篇》
　《韵》皆云'指取也'。"即用手指夹取物。

【译文】

"銛"是挑取的意思。

3.045　柽<sup>①</sup>，随也<sup>②</sup>。

【注释】

①柽（chéng）：斜柱，木柱。《说文解字·木部》："柽，杖也。"

②隨：疑同"骽（tuǐ）"，"骽"后作"腿"。表示器物下部像腿一样起
　支撑作用的部分。

【译文】

"棖"是像腿一样起支撑作用的斜柱。

　　3.046　儓①、䮏②，农夫之丑称也。南楚凡骂庸贱谓之
田儓，或谓之䮏，或谓之辟③。辟，商人丑称也。

【注释】

①儓（tái）：对农民的蔑称。本指迟钝。戴震《方言疏证》："'儓'亦
　作'嬯'。《说文》云：'迟钝也。'"《广雅·释诂二》："儓，丑也。"
　王念孙疏证："贱与丑义亦相近，故南楚骂庸贱谓之田儓也。"

②䮏（bó）：对农民的蔑称。郭璞注："音僰（bó）。"《广韵·德韵》：
　"僰，丁壮貌，亦丑也。"

③辟：对地位低下者或商人的贱称。本指邪僻，不老实。《论语·先
　进》："柴也愚，参也鲁，师也辟，由也喭（yàn，粗鲁）。"古人认为
　商人追逐货利，辟邪不正，故有"辟"的丑称。后世还保留有相关
　用法。章炳麟《新方言·释言》："今川东谓丑而庸贱者为辟。"

【译文】

　　"儓"形容人迟钝，"䮏"形容人粗鄙，它们都是对农民的蔑称。南
部古楚国地区凡是唾骂愚昧低贱的人就称之为"田儓"，也有的称之为
"䮏"，还有的称之为"辟"。"辟"是对商人的一种贱称。

　　3.047　庸谓之伀①，转语也②。

【注释】

①庸：对凡夫的贱称。《楚辞·九章》："固庸态也。"王逸注："庸，厮

贱之人也。"俗（sōng）："庸"的一种方言说法。

②转语：指因时地不同或其他原因而在语音方面发生转变的词，书
写形式往往随之发生改变，但意义不变。

**【译文】**

把凡夫贱称"庸"，又称作"俗"，是语音发生变化的现象。

3.048　楼裂①、须捷②、挟斯③，败也。南楚凡人贫衣被
丑弊谓之须捷，或谓之楼裂，或谓之褴褛，故《左传》曰"荜
路褴褛，以启山林"④，殆谓此也⑤。或谓之挟斯。器物弊亦
谓之挟斯。

**【注释】**

①楼（lǚ）裂：同"褴褛"。形容衣服破烂。

②须捷：指衣衫破烂，合言同"衫（sān）"。《玉篇·巾部》："衫，
衫破貌。"

③挟斯：指衣被破败，也可泛指器物破败。疑"挟斯"是"须捷"的
一种方言说法。

④荜（bì）路褴褛，以启山林：出自《左传》。大意是驾着简陋的车
子，穿着破烂的衣服，去开辟山林。荜，同"筚"。荆条、竹本编的
遮拦物。路，车。

⑤殆：差不多，大概。

**【译文】**

"楼裂""须捷""挟斯"都是破败的意思。南部古楚国地区凡是表
示因人贫穷而衣服被褥破烂就称之为"须捷"，也有的称之为"楼裂"，也
有的称之为"褴褛"，所以《左传》里所谓"荜路褴褛，以启山林"，差不多
就是这个意思。也有的称之为"挟斯"。器物破败也可以称作"挟斯"。

3.049　樸①、铤②、澌③,尽也。南楚凡物尽生者曰樸生。物空尽者曰铤,铤,赐也④。连、此、樸、澌,皆尽也⑤。铤,空也,语之转也⑥。

**【注释】**

①樸(pú):同"朴"。草木聚集连片、遍布地生长。《诗经·大雅·棫朴》:"芃芃(péng,草木茂盛的样子)棫朴。"郑玄笺:"相朴属而生。""相朴属而生"即聚集连片、遍布地生长。

②铤(tǐng):极尽。表此义时,可通作"逞"。《左传·襄公二十五年》:"不可亿逞。"杜预注:"逞,尽也。"

③澌(sī):本指水尽,引申为凡物竭尽之称。《说文解字·水部》:"澌,水索。"徐锴《说文解字系传》:"索,尽也。"大意是完全归于腐烂败坏消灭净尽罢了。

④赐:通"澌"。竭尽。潘岳《西征赋》:"若循环之无赐。"

⑤连、此、樸、澌:据上文,宜改作"铤、赐、樸、澌"。

⑥语之转:这里指意义转变,不是语音转变。"空"与"尽"意义上可以发生引申转换。《说文解字·皿部》:"尽,器中空也。"既可引申出极尽、全部的意思,亦可引申出事物空尽义。

**【译文】**

"樸"是草木遍布地生长,"铤"是极尽,"澌"是竭尽,它们都有尽的意思。南部古楚国地区凡是形容事物遍地而生叫"樸生"。表示事物消耗完尽叫"铤","铤"是竭尽的意思。"铤""赐""樸""澌"这几个词都表示尽。"铤"是空尽,这是属于语义上的转变。

3.050　樸①、翕②、叶③,聚也。楚谓之樸,或谓之翕。叶,楚通语也。

**【注释】**

① 樸（pú）：同"朴"。草木聚集连片、遍布地生长。《诗经·大雅·棫朴》："芃芃（péng）棫朴。"郑玄笺："相朴属而生。""相朴属而生"即聚集连片、遍布地生长。

② 翕（xī）：聚敛，聚合。《尔雅·释诂》："翕，合也。"

③ 叶：聚积。《广雅·释诂三》："叶，聚也。"王念孙疏证："《淮南子·原道训》云：'大浑而为一，叶累而无根。'是叶为聚也。"

**【译文】**

"樸"是草木丛聚而生，"翕"是聚敛、聚合，"叶"是聚积，它们都有聚的意思。古楚国地区称之为"樸"，也有的称之为"翕"。"叶"是古楚国通行的共同语说法。

3.051　䟏①，益也。南楚凡相益而又少谓之不䟏②；凡病少愈而加剧亦谓之不䟏，或谓之何䟏。

**【注释】**

① 䟏（zhēn）：增加，添加。"䟏"与"沾"音义相通，表沾益义的"沾"后来又作"添"。《说文解字·水部》："沾，益也。"徐锴《说文解字系传》："今俗作添。"

② 不䟏：添加得不足，也可指病刚好转又加重。《淮南子·缪称训》："故传曰：鲁酒薄而邯郸围，羊羹不䟏而宋国危。""不䟏"与"薄"对言，言添加得不足。又郭璞注："（不䟏、何䟏）言虽小损无所益也。"宋吕本中《答曾吉父诗》："书来肯附铜鱼使，记我今年病不䟏。"这里指病势刚刚稍有减退趋势却又加重。

**【译文】**

"䟏"是增加的意思。南部古楚国地区凡是表示添加但又加得很少称之为"不䟏"，凡是指病刚刚好转又加重也称之为"不䟏"，还有的称之为"何斟"。

3.052　差①、间②、知③，愈也。南楚病愈者谓之差，或谓之间，或谓之知。知，通语也。或谓之慧④，或谓之憭⑤，或谓之瘳⑥，或谓之蠲⑦，或谓之除⑧。

**【注释】**

①差（chài）：病愈。《伤寒论·阴阳易差病》："大病差后劳复者，枳实栀子汤主之。"后作"瘥"。《说文解字·疒（nè）部》："瘥，愈也。"

②间：病情略微好转。《论语·子罕》："病间。"何晏集解引孔安国曰："少差曰间。"

③知：知觉清晰，借指病情好转。《素问·刺疟篇》："一刺则衰，二刺则知，三刺则已。"此句中"衰""知""已"指治疗的三重效果，"知"本谓知觉，盖病重时病人瞑眩、愦乱，病好转则逐渐恢复知觉清晰，因而可指称病情好转。"一刺则衰"言刺一次病势衰减，"二刺则知"言刺两次则病人恢复知觉清晰，"三刺则已"言刺三刺病即痊愈。

④慧：精明快意，借指病情安稳。"慧"本谓明慧，引申可指轻爽。其可表示病愈的情况与"知"大体相似。病情安稳则状态精爽，故"慧"有此用。《灵枢经·顺气一日分为四时》："夫百病者，多以旦慧昼安，夕加夜甚，何也？""旦慧昼安，夕加夜甚"即言日出时身体精爽，白天安好，傍晚开始加重，夜里病势更重。

⑤憭（liǎo）：精明快意，借指病情安稳。郭璞注："憭、慧，皆意精明。"《说文解字·心部》："憭，慧也。"

⑥瘳（chōu）：病愈。《说文解字·疒部》："瘳，疾愈也。"《尚书·说命》："若药弗瞑眩，厥疾弗瘳。"

⑦蠲（juān）：祛除。郭璞注："蠲亦除也。"病愈犹言病除，故可用
　"蠲"。

⑧除：本义消除，引申指病愈。《战国策·秦策二》："武王示之病，扁
　鹊请除之。"鲍彪注："除，欲去其病。"

**【译文】**

　　"差"是病愈，"间"是病情略微好转，"知"是知觉清晰，可借指病情
好转，它们都有病情好转的意思。南部古楚国地区指疾病痊愈称之为
"差"，也有的称之为"间"，还有的称之为"知"。"知"是共同语的说法。
此外，有的称之为"慧"，有的称之为"憿"，有的称之为"瘳"，有的称之
为"蠲"，还有的称之为"除"。

# 卷四

4.001　襌衣<sup>①</sup>,江、淮、南楚之间谓之裯<sup>②</sup>,关之东、西谓之襌衣。有袌者<sup>③</sup>,赵、魏之间谓之袏衣<sup>④</sup>。无袌者谓之裎衣<sup>⑤</sup>,古谓之深衣<sup>⑥</sup>。

【注释】

①襌(dān)衣:单衣。是流行于秦汉时期的一种上层人士平日所穿的单层罩衣。《礼记·玉藻》:"襌为絅(jiǒng,单层的衣服),帛为褶(dié,夹衣)。"郑玄注:"有衣裳而无里。"

②裯(dié):单衣。《说文解字·衣部》:"裯,南楚谓襌衣曰裯。"段玉裁改"裯"为"𧝓",并注:"枼者,薄也。襌衣故从枼。"

③袌(bào):衣前襟。《广韵·号韵》:"袌,衣前襟。"

④袏(zuò):有右外襟的单衣。钱绎《方言笺疏》:"衣前襟亦谓之袌。……(郭璞)注:'前施袌囊'者,谓右外裣(jīn,同"襟")。"

⑤裎(chěng):对襟单衣。钱绎《方言笺疏》:"裎衣,即今之对裣衣,无右外裣者也。"

⑥深衣:上衣和下裳连在一起,用不同颜色的布料作为边缘的一种服装。是古代诸侯、大夫、士家居常穿的衣服,也是庶人的常礼

服。《礼记·深衣》："古者深衣，盖有制度，以应规矩绳权衡。"郑玄注："名曰深衣者，谓连衣裳而纯之以采也。"孔颖达疏："凡深衣皆用诸侯、大夫、士夕时所著之服，故《玉藻》云：'朝玄端，夕深衣。'庶人吉服，亦深衣。"

**【译文】**

"襌衣"是单衣，长江、淮水和南部古楚国之间的地区称之为"褋"，函谷关东、西两侧称之为"襌衣"。对于有衣前襟的，古赵国、古魏国之间的地区称之为"袪衣"。对于没有衣前襟的，称之为"裎衣"，它在古时也称作"深衣"。

4.002　襜褕[①]，江、淮、南楚谓之襜褣[②]，自关而西谓之襜褕，其短者谓之裋褕[③]，以布而无缘、敝而紩之谓之褴褛[④]；自关而西谓之統裾[⑤]，其敝者谓之緻[⑥]。

**【注释】**

①襜褕（chān yú）：直襟的单衣。《汉书·隽不疑传》："有一男子乘黄犊车，建黄旐（zhào，古代画有龟蛇图案的旗），衣黄襜褕，著黄冒，谒北阙，自谓卫太子。"颜师古注："襜褕，直裾襌衣。"

②襜褣（chōng róng）：亦作"童容"，一种宽敞的直襟单衫，又叫敞衣。钱绎《方言笺疏》认为"襜褣"之名取其宽敞、宽大义。

③裋（shù）褕：一种较短的直襟单衣。有短小之义。《史记·秦始皇本纪》："夫寒者利短褐。"裴骃集解："徐广曰：一作短，小襦也。"

④紩（zhì）：缝合。王符《潜夫论·浮侈》："碎刺缝紩，作为笥（sì，箱笼）囊、裙襦、衣被。"

⑤統裾（chōng jué）：没有装饰衣边的直裙短单衣。钱绎《方言笺疏》："'統裾'以无缘得名也。"

⑥缀（zhì）：缝补过的衣服。郭璞注："缀，缝纳敝，故名之也。"

【译文】

"襢裯"是直襟的单衣，长江、淮水和南部古楚国之间的地区称之为"禈褣"，函谷关以西的地区称之为"襢裯"，其中较短的一种称之为"祖裯"，因为是用没有边饰的布缝合补缀成的衣服，所以称之为"褴褛"；函谷关以西的地区称之为"祝裮"，其中破败的称之为"缀"。


4.003　汗襦①，江、淮、南楚之间谓之褗②。自关而西或谓之袛裯③。自关而东谓之甲襦④。陈、魏、宋、楚之间谓之襜襦⑤，或谓之禅襦⑥。


【注释】

①汗襦（rú）：犹"汗衣"，即后来的汗衫，是一种近身单层短衫。《说文解字·衣部》："襦，短衣也。"

②褗（zèng）：汗衫。《玉篇·衣部》："褗，汗襦也。"

③袛裯（dī dāo）：短衣。或单称"裯"。本卷又有"裯谓之褴，无缘之衣谓之褴。"钱绎《方言笺疏》："衣无缘则短……凡言裯者，皆短衣之义也。"

④甲襦：汗衣。名原未详，疑"甲"为"单"字之讹。

⑤襜襦：汗衣。钱绎《方言笺疏》："凡言'襜'者，皆障蔽之意。然则'汗襦'谓之'襜襦'，即《释名》所谓'汗衣'。"

⑥禅襦：汗衣。《释名·释衣服》："禅襦，如襦而无絮也。""禅襦"即"单襦"。

【译文】

"汗襦"是汗衣，长江、淮水和南部古楚国之间的地区称之为"褗"。函谷关以西的地区，有的称之为"袛裯"。函谷关以东的地区称之为"甲

襦"。古陈国、古魏国、古宋国、古楚国之间的地区称之为"襜襦",也有
的将其称作"禈襦"。

　　4.004　裙①,陈、魏之间谓之帔②,自关而东或谓之
襬③。

【注释】

①裙:围穿于下体的服装。

②帔（pèi）:下裳,裙。《说文解字·巾部》:"弘农谓裙帔也。"段玉裁
　　注:"谓裙曰帔也。"

③襬（bǎi）:裙子。"帔"的一种方言说法。

【译文】

　　对于裙,古陈国、古魏国之间的地区称之为"帔",函谷关以东的地
区有的称之为"襬"。

　　4.005　蔽膝①,江、淮之间谓之袆②,或谓之袚③。魏、
宋、南楚之间谓之大巾,自关东、西谓之蔽膝,齐、鲁之郊谓
之袡④。

【注释】

①蔽膝:古代下体之衣,是遮盖大腿至膝部的服饰。《释名·释衣
　　服》:"韠（bì）,蔽膝也,所以蔽膝前也。"

②袆（huī）:即蔽膝,穿佩于身前,可以用来遮蔽膝前,蒙在头上,则
　　可以覆额头作为头巾。《释名·释衣服》:"韠,蔽膝也,所以蔽膝
　　前也,妇人蔽膝亦如之。齐人谓之巨巾,田家妇女出至田野,以覆
　　其头,故因以为名也。"

③袚（bō）：同"韨"。《广雅·释器》："韨，蔽膝也。"王念孙疏证："袚、韨一字也。"

④袡（rán）："襜"的一种方言说法。系在衣前的围裙。《尔雅·释器》："衣蔽前谓之襜。"

【译文】

"蔽膝"是一种遮盖大腿至膝部的下体之衣。长江、淮水之间的地区称之为"袡"，也有的称之为"袚"。古魏国、古宋国和南部古楚国之间的地区称之为"大巾"，函谷关东、西两侧称之为"蔽膝"，古齐国、古鲁国郊域称之为"袡"。

### 4.006 襦，西南蜀、汉谓之曲领①，或谓之襦。

【注释】

①蜀、汉：蜀郡、汉中郡的并称。蜀本古国名。公元前316年秦灭巴、蜀后，置巴郡和蜀郡。蜀郡的治所在成都（今四川成都）。西汉初年，从其北部析出广汉郡（治雒县乘乡，今四川德阳），武帝时又从南部析出了犍为郡（治鳖县，今贵州遵义）。《方言》中的蜀大致相当于以成都为中心的古代蜀国的范围，即四川盆地西部。汉中郡，治所在南郑（今陕西汉中东）。《方言》中的汉大致相当于今陕西秦岭以南，留坝、勉县以东，乾祐河流域以西及湖北部分地区。曲领：有圆领的外衣。《急就篇》："袍襦表里曲领裙。"颜师古注："著曲领者，所以禁中衣之领，恐其上拥颈也。其状阔大而曲，因以名云。"

【译文】

"襦"是短衣，西南蜀郡、汉中郡地区称之为"曲领"，也有的称之为"襦"。

4.007　裈<sup>①</sup>，陈、楚、江、淮之间谓之㡓<sup>②</sup>。

**【注释】**

① 裈（kūn）：同"幝"。合裆的裤子。《说文解字·巾部》："幝，㡓也。"段玉裁注："今之套裤，古之绔也；今之满裆裤，古之裈也。"

② 㡓（zhōng）：同"幒"。满裆裤。"幒"从"忽"得声，凡从"忽"得声的字多含中空义，当是取此语源义。

**【译文】**

"裈"是合裆的裤子，古陈国、古楚国和长江、淮水之间的地区称之为"㡓"。

4.008　袴<sup>①</sup>，齐、鲁之间谓之襂<sup>②</sup>，或谓之襱<sup>③</sup>。关西谓之袴。

**【注释】**

① 袴（kù）：同"裤"。腿衣，亦即套裤。

② 襂（qiān）：同"褰"。套裤。《左传·昭公二十五年》："公在乾侯，征褰与襦。"杜预注："褰，袴。"

③ 襱（lóng）：裤脚管。郭璞注："今俗呼袴踦为襱。"《说文解字·衣部》："襱，绔踦也。""绔踦"即裤脚。

**【译文】**

"袴"是套裤，古齐国、古鲁国之间的地区称之为"襂"，也有的称之为"襱"。函谷关以西的地区称之为"袴"。

4.009　褕谓之半袖<sup>①</sup>。

**【注释】**

①褕（yú）：短衣。本卷"襦，西南蜀、汉谓之曲领，或谓之褣"条，郭
璞注："襦，亦谓之褕。"《说文解字·衣部》："襦，短衣也。"因而
"褕"也指短衣。半袖：短袖上衣。

**【译文】**

"褕"是一种短衣，它被称作"半袖"。


## 4.010　衱谓之襃①。

**【注释】**

①衱（jié）：同"袷（jié）"。古代交叉式的衣领。钱玄、钱兴奇《三
礼词典》："交领谓之袷，其左襟两幅，右襟一幅，左襟掩于右襟之
上，成相交形，故称交领。"襃（yǎn）：衣领。《说文解字·衣部》：
"襃，褗（ōu）领。"徐锴《说文解字系传》："谓衣领偃曲。"

**【译文】**

"衱"是衣领，它被称作"襃"。


## 4.011　袿谓之裾①。

**【注释】**

①袿（guī）：衣后襟。郭璞注："衣后裾也。"裾（jū）：衣后襟。《释
名·释衣服》："裾，倨（jù，直）也，倨倨然直，亦言在后常见踞
也。"

**【译文】**

"袿"是衣后襟，它被称作"裾"。


## 4.012　褛谓之衽①。

**【注释】**

①褛(lǚ):衣襟。郭璞注:"衣襟也。或云裳际也。"衽(rèn):衣襟。《说文解字·衣部》:"衽,衣裣(jīn)。""裣"与"襟""衿"同。一指衣服在胸前交领的部分。《论语·宪问》:"微管仲,吾其被发左衽矣!"邢昺疏:"衽谓衣衿,衣衿向左,谓之左衽。"句子大意是如果没有管仲,我们都要变成披头散发与左扣衣襟的夷狄了。一指衣的两旁掩裳际处。《仪礼·丧服》:"衽二尺有五寸。"郑玄注:"衽所以掩裳际也。"此即对应郭注所谓"或云裳际也"。

**【译文】**

"褛"是衣襟,它被称作"衽"。

### 4.013　褛谓之緻①。

**【注释】**

①褛(lǚ):缝补的破烂衣服。郭璞注:"褴褛缀结也。"緻(zhì):缝补过的衣服。《玉篇·糸(mì)部》:"緻,缝补敝衣也。"

**【译文】**

"褛"是缝补的破烂衣服,它被称作"緻"。

### 4.014　裯谓之褴①。

**【注释】**

①裯(dāo):破旧的短衣。即"袛(dī)裯"。郭璞注:"袛裯,弊衣,亦谓褴褛。"褴:没有边饰的衣服。下条言"无缘之衣谓之褴",钱绎《方言笺疏》:"缘之言沿也,沿其边而饰之。"

**【译文】**

"裯"是破旧粗陋的衣服,它被称作"褴"。

## 4.015　无缘之衣谓之褴①。

**【注释】**

①无缘：没有边饰。钱绎《方言笺疏》："缘之言沿也，沿其边而饰之。"

**【译文】**

没有边饰的衣服称作"褴"。

## 4.016　无袂衣谓之裲①。

**【注释】**

①裲（duò）：无袖的衣服。郭璞注："袂，衣袖也。"

**【译文】**

没有袖子的衣服称作"裲"。

## 4.017　无袼之袴谓之襣①。

**【注释】**

①袼（lóng）：同"襱"。裤脚管。《说文解字·衣部》："襱，绔踦也。""绔踦"即裤脚。襣（bì）：即犊鼻裈（kūn），是一种长至膝盖的合裆短裤。郭璞注："即今犊鼻裈也。""犊鼻"是穴位名。王先谦《汉书补注》引刘奉世曰："犊鼻穴在膝下，为裈财令至膝，故习俗因以为名，非谓其形似也。"屈膝时，髌骨与髌韧带外侧凹陷中即为犊鼻穴。因这种合裆短裤长度至膝盖处，由此得名。

**【译文】**

没有裤脚管的套裤称作"襣"。

## 4.018　帩谓之袥①。

**【注释】**

①帩（shāo）：衣襟。本卷下又有"褛谓之袥"条，郭璞注："即衣衻也。""衣衻"即衣襟。《说文解字·衣部》："衻，衣裣。""裣"与"襟"同。袥（zhé）：衣襟。

**【译文】**

"帩"是衣襟，它被称作"袥"。

## 4.019　衿谓之交①。

**【注释】**

①衿：衣服的交领。钱绎《方言笺疏》："衿连于领，至下必交，因谓衿为交矣。"

**【译文】**

"衿"是衣服的交领，它被称作"交"。

## 4.020　裺谓之襦①。

**【注释】**

①裺（yǎn）：小儿涎衣。戴震《方言疏证》："以裺为小儿涎衣掩颈下者。"襦：小儿涎围。钱绎《方言笺疏》："襦之言濡也。《广雅》：'濡，渍液。'……裺所以承涎液，故裺亦名襦也。"

**【译文】**

"裺"是小儿涎衣，它被称作"襦"。

## 4.021　襜谓之被①。

**【注释】**

①襜:衣袖。郭璞注:"衣袂下。"即衣袖。袂(yì):衣袖。《广雅·释
器》:"袂,袖也。"

**【译文】**

"襜"是衣袖,它被称作"袂"。


4.022　佩衿谓之裎①。

**【注释】**

①佩衿(jīn):系结佩玉的带子。王念孙《广雅疏证·释器》:"'衿'
通作'紟'。《尔雅》:'佩衿谓之褑。'郭注:'佩玉之带上属。'"裎
(chéng):通"綎"。古代系玉佩的丝绶带。《后汉书·蔡邕传》:
"济济多士,端委缙綎。"李贤注:"綎,系绶也。"

**【译文】**

"佩衿"是系结佩玉的绶带,它被称作"裎"。


4.023　褛谓之祛①。

**【注释】**

①褛(lǚ):衣襟。《说文解字·衣部》:"褛,衽也。"段玉裁注:"按
郭云衣襟者,谓正幅;云裳际者,谓旁幅。"祛(zhé):衣襟。郭
璞注:"即衣衽也。""衣衽"即衣襟。《说文解字·衣部》:"衽,衣
裣。""裣"与"襟"同。

**【译文】**

"褛"是衣襟,它被称作"祛"。


4.024　覆衃谓之襌衣①。

**【注释】**

①覆衃（zuì）：单衣。襌衣作为一种单层罩衣，"覆"言覆罩义。又《集韵·队韵》："衃，副衣也。""副衣"乃是相对于内层服饰而言，表示次要。

**【译文】**

"覆衃"是一种单层罩衣，它被称作"襌衣"。


4.025  偏襌谓之襌襦①。


**【注释】**

①偏襌：汗衫。"偏"取半身的意思，偏襌即半身襌衣。"襌襦"即汗衣，"襦"亦言其短。《说文解字·衣部》："襦，短衣也。"汗衣相对于襌衣为半身制式。

**【译文】**

"偏襌"是一种汗衫，它被称作"襌襦"。


4.026  衫襢谓之襌①。


**【注释】**

①衫襢（zhuó chán）：单衣，凉衣。郭璞注："今又呼为凉衣也。"襢，通"襢"。《释名·释衣服》："襢衣。襢，坦也。坦然正白无文采也。"马王堆汉墓出土的襌衣实物即为素纱。

**【译文】**

"衫襢"是一种单衣，它被称作"襌"。


4.027  袒饰谓之直衿①。

**【注释】**

①袒饰：长襦，即较长的短衣。《广雅·释器》："袒饰，长襦也。"王念孙疏证："其似襦而长者，则特别之曰长襦。"直衿（lǐng）：长襦。王念孙《广雅疏证·释器》："直衿，亦作直领。"《释名·释衣服》："直领，邪直而交下。""长襦"叫"直衿"，是以其领口式样而得名。

**【译文】**

"袒饰"是一种较长的短衣，它被称作"直衿"。


4.028　襃明谓之袍①。


**【注释】**

①襃（bāo）明：长襦，古人平常家居时所穿。《广雅·释器》："襃明、袍，长襦也。"王念孙疏证引任大椿《深衣释例》云："袍为深衣之制，特燕居（即闲居）便服耳。"

**【译文】**

"襃明"是长襦，为古人平常家居时所穿，它被称作"袍"。


4.029　绕衿谓之裙①。


**【注释】**

①绕衿：裙。亦作"绕领"。《广雅·释器》："绕领，裙也。"

**【译文】**

"绕衿"是裙，它被称作"裙"。


4.030　悬裧谓之缘①。

**【注释】**

①悬裺（yǎn）：衣缝边缘，即饰边。郭璞注："衣缝缘也。"

**【译文】**

"悬裺"是衣服的饰边，它被称作"缘"。

## 4.031　絜襦谓之蔽膝①。

**【注释】**

①絜（jié）襦：即蔽膝，即古代下体之衣，是遮盖大腿至膝部的服饰。《广雅·释言》："絜，静也。"王念孙疏证："《说文》：'瀞（jìng），无垢秽也。'瀞与静通。""絜襦"得名于使襦保持洁净。"蔽膝"可用以屏蔽污秽。

**【译文】**

"絜襦"是一种遮盖大腿至膝部的服饰，它被称作"蔽膝"。

## 4.032　裯襗谓之袖①。

**【注释】**

①裯襗（táo jué）：套袖。丁惟汾《方言音释》："'裯'为'韬'之同声假借，俗作'套'。……'襗'为'袂'之声借。……'裯襗'即韬袂。""韬"有包藏的意思，故"裯襗"大致相当于今之套袖。

**【译文】**

"裯襗"是套袖，它被称作"袖"。

## 4.033　帍裱谓之被巾①。

**【注释】**

①帗（hù）襟：古代妇女的领巾。钱绎《方言笺疏》："帗襟所以护
　　领。"

**【译文】**

"帗襟"是古代妇女的领巾，它被称作"被巾"。

### 4.034　绕緬谓之襩裺①。

**【注释】**

①绕緬（xún）：衣背中缝。"緬"言循也，盖因衣服的两边绕至后背
　　中间位置缝合，所以衣背中缝称为"绕緬"。襩裺（dú yǎn）：衣背
　　中缝。戴震《方言疏证》："'襩'亦作'襩（dú）'。《说文》云：'襩，
　　背缝。'"《国语·晋语》："衣之偏襩。"韦昭注："襩在中。""裺"
　　是衣缝边的意思，而"襩"在中，因此"襩裺"指衣背中缝。

**【译文】**

"绕緬"是衣背中缝，它被称作"襩裺"。

### 4.035　厉谓之带①。

**【注释】**

①厉：下垂的衣带，用作装饰。《诗经·小雅·都人士》："垂带而
　　厉。"毛传："厉，带之垂者。"

**【译文】**

"厉"是下垂的衣带，它被称作"带"。

### 4.036　襎裷谓之幭①。

【注释】

①襎裷（fán yuān）：揩抹或覆盖物体用的巾帕。《广雅·释器》："襎裷，幞（fú）也。"王念孙疏证："此皆巾属，所以覆物者也。"幭（miè）：本指覆盖物体的巾帕，用以裹头时就起到头巾的作用，因而可以指头巾。《管子·小称》："（桓公）乃援素幭以裹首而绝。"是说桓公拿白色头巾裹头而亡。

【译文】

"襎裷"是巾帕，它被称作"幭"。


4.037　　繄袼谓之褕①。


【注释】

①繄袼（yī luò）：小儿涎衣。郭璞注："即小儿涎衣也。"褕（ōu）：小儿的围涎。《说文解字·衣部》："褕，涎裹衣。"段玉裁注："涎裹，今俗语尚如此，小儿服之衣外，以受涎者。""褕"的命名当与其作用有关。《说文解字·欠部》："欧，吐也。"字又作"呕"，小儿涎衣之用正在于承接所吐之物，故名。

【译文】

"繄袼"是小儿的围涎，它被称作"褕"。


4.038　　楚谓无缘之衣曰襤，袟衣谓之褛①，秦谓之緻②。自关而西，秦、晋之间，无缘之衣谓之杭褊③。


【注释】

①袟（zhì）衣：缝合连缀的破烂衣服。"袟"是缝合的意思。

②緻：缝补过的衣服。《玉篇·糸（mì）部》："緻，缝补敝衣也。"

③杭褊（chōng jué）：无缘的直裾短单衣。钱绎《方言笺疏》："'杭

褊’以无缘得名也。”

【译文】

古楚国地区称没有边饰的衣服为"褛",缝合连缀的破烂衣服被称作"褛",古秦国地区称之为"緻"。在函谷关以西,古秦国、古晋国之间的地区称没有边饰的衣服为"祄褊"。

4.039　复襦①,江、湘之间谓之襜②,或谓之筒褹③。

【注释】

①复襦:内有絮绵的短袄。《急就篇》:"襜褕袷复褶袴裈。"颜师古注:"褚(zhǔ,把丝绵装入衣服)之以绵曰复。"

②襜(shù):同"襦"。短袄。戴震《方言疏证》:"《列子·力命》篇:'朕衣则褞褐。'张湛注云:'《方言》:褞,复襦也。'"

③筒褹(yì):长袖的短袄。郭璞注:"今筒袖之襦也。褹即袂字耳。""袂"即袖子。钱绎《方言笺疏》:"筒褹,犹言长袖耳。《广雅》:'筒(筩),长也。'"

【译文】

"复襦"是有絮绵的短袄,长江、湘水之间的地区称之为"襜",也有的称之为"筒褹"。

4.040　大袴谓之倒顿①,小袴谓之校衲②。楚通语也。

【注释】

①倒顿:大套裤。《急就篇》:"襜褕袷复褶袴裈。"颜师古注:"袴谓胫衣也,大者谓之倒顿。"

②校衲(jiǎo liǎo):小套裤。古时亦可指渔服。《字汇·衣部》:"校衲,小袴,服以取鱼者。"

**【译文】**

大套裤被称作"倒顿",小套裤被称作"校衭"。这是古楚国地区的共同语说法。

4.041　幪①,巾也。大巾谓之帉②。嵩岳之南,陈、颍之间谓之帤③,亦谓之幪。

**【注释】**

①幪(méng):覆盖物体的衣巾。《说文解字·巾部》:"幪,盖衣也。"段玉裁注:"覆盖物之衣也。"

②帉(fēn):覆盖或擦拭物体的大巾。《广雅·释器》:"帉,巾也。"王念孙疏证:"巾者,所以覆物,亦所以拭物。"

③帤(rú):大幅的巾。《玉篇·巾部》:"帤,大巾也。"

**【译文】**

"幪"是覆盖物体的衣巾。大尺幅的巾称作"帉"。嵩山以南,古陈国和颍水之间的地区称之为"帤",也有的称之为"幪"。

4.042　络头①、帞头②、纱繢③、䯻带④、髳带⑤、帑⑥、崦⑦,幧头也⑧。自关以西,秦、晋之郊曰络头。南楚江、湘之间曰帞头。自河以北,赵、魏之间曰幧头,或谓之帑,或谓之崦。其偏者谓之䯻带,或谓之髳带。

**【注释】**

①络头:古代束发的头巾。

②帞(mò)头:即帕头,古代男子束发的头巾。

③纱繢(huì):古代束发的头巾。"繢"即布帛的余尾。《说文解

字·糸（mì）部》：“繢，织余也。”“纱繢”之名，缘自束发头巾用的
材料。

④幧（kuì）带：古代盘发的头巾。《说文解字·髟（biāo）部》：“幧，
屈发也。”朱骏声《说文通训定声》：“幧，敛其发曰髻，盘其发曰
幧。”

⑤綵（cài）带：古代盘束发髻用的头巾。《广雅·释诂四》：“綵，结
也。”

⑥帴（qiàn）：古代男子束发的巾。

⑦帹（yé）：古代男子束发的巾。《释名·释首饰》：“绡（xiāo）
头……齐人谓之帹，言帹敛发使上从也。”

⑧幧（qiāo）头：古代男子包头发的纱巾。《说文解字新附·巾部》：
“幧，敛发也。”

**【译文】**

“络头”“帞头”“纱繢”“幧带”“綵带”“帴”“帹”都是指头巾。在
函谷关以西，古秦国、古晋国郊域称之为“络头”。在南部古楚国，长江、
湘水之间的地区称之为“帞头”。从黄河向北，古赵国、古魏国之间的地
区称之为“幧头”，也有的称之为“帴”，还有的称之为“帹”。偏在一侧
盘束的头巾称作“幧带”，也称作“綵带”。

4.043　覆结谓之帻巾[1]，或谓之承露[2]，或谓之覆綵[3]。
皆赵、魏之间通语也。

**【注释】**

①覆结：头巾。“结”指所盘束的发结，即发髻。“覆结”即“覆
髻”。帻（zé）巾：古代男子包裹鬓发、遮掩发髻的巾帕。《说文解
字·巾部》：“发有巾曰帻。”

②承露：古代男子包裹鬓发、遮掩发髻的巾帕。“承露”之名是说可

以包受外露的发髻。

③覆䰂（cài）：古代男子包裹鬓发、遮掩发髻的巾帕。《广雅·释诂四》："䰂，结也。"王念孙疏证："结与髻通。""覆䰂"是说可以包覆发髻。

**【译文】**

"覆结"是包裹鬓发、遮掩发髻的巾帕，它被称作"帻巾"，也有的称作"承露"，还有的称作"覆䰂"。这些都是古赵国、古魏国之间地区的共同语说法。

　　4.044　扉①、屦②、麤③，履也④。徐、兖之郊谓之扉，自关而西谓之屦。中有木者谓之复舄⑤，自关而东复履⑥。其庳者谓之靸下⑦，禅者谓之鞮⑧，丝作之者谓之履，麻作之者谓之不借⑨，粗者谓之屦⑩，东北朝鲜、洌水之间谓之䩕角⑪。南楚江、沔之间总谓之麤⑫。西南梁、益之间或谓之屦，或谓之𪨗⑬。履，其通语也。徐土、邳⑭、沂之间⑮，大麤谓之䩕角。

**【注释】**

①扉（fèi）：用草、麻等做的鞋。《释名·释衣服》："扉，齐人谓草屦曰扉。"

②屦（jù）：用麻葛制成的鞋。《诗经·魏风·葛屦》："纠纠葛屦，可以履霜？"大意是麻葛绕编的破草鞋，怎么可以踩冰霜？

③麤（cū）：草鞋、麻鞋之类。《急就篇》："屐屩麤麤嬴窭贫。"颜师古注："麤者，麻枲（xǐ，泛指麻）杂履之名也。"

④履：鞋。《说文解字·履部》："履，足所依也。"

⑤复舄（xì）：加木底的鞋。《古今注·舆服》："舄，以木置履下，干腊不畏泥湿也。"

⑥复履：即"复舄"。《玉篇·革部》："鞙（xì），履也。亦作舄。"

⑦庳（bì）：低下。鞔（wǎn）下：一种短小的鞋。也可单用作"鞔"。《玉篇·革部》："鞔，履也。"《释名·释衣服》："晚下，如舄，其下晚晚而危，妇人短者著之，可以拜也。"王先谦《释名疏证补》引毕沅云："（晚下）当作鞔下。"

⑧襌（dān）：单层。鞮（dī）：古代一种皮制的鞋。《说文解字·革部》："鞮，革履也。"

⑨不借：草鞋。《释名·释衣服》："不借……齐人云搏腊，搏腊犹把鲊（zhǎ），粗貌也。""不""搏"等当为"薄"之音转，言其粗陋。"借""腊"等则当为"舄"之音转。"不借"即"薄舄"，意为粗陋的鞋。

⑩屦（tuī）：粗麻鞋。

⑪靸（áng）角：一种有齿的木屐，可防滑。郭璞注："今漆履有齿者。"

⑫江、沔（miǎn）："江"即长江。"沔"即沔水，古代汉水的通称。《方言》中"江、沔"即一般所说的江、汉，这是楚国也是楚方言的中心地区。

⑬絭（huà）：古代用青丝或麻制成的鞋。《说文解字·糸（mì）部》："絭，履也。一曰青丝头履也。"

⑭邳（pī）：在西汉属东海郡，本春秋薛地，在今江苏邳州西南。

⑮沂：沂水。今称沂河，在山东境内。

【译文】

"扉"是用草、麻等制成的鞋，"屦"是用麻葛制成的鞋，"麤"是草鞋、麻鞋之类，它们指的都是鞋。徐州、兖州郊域称之为"扉"，函谷关以西的地区称之为"屦"。加木底的鞋子称作"复舄"，函谷关以西的地区称之为"复履"。其中短小的称作"鞔下"，单层的称作"鞮"，用丝布制作的称作"絭"，用麻布制作的称作"不借"，粗陋的称作"屦"，东北部的朝鲜、洌水之间的地区称之为"靸角"。在南部古楚国，长江、沔水之间

的地区把这些统称"麤"。西南部的梁州、益州之间的地区有的称之为
"屦",也有的称之为"庶"。"履"是共同语的说法。徐州、下邳、沂水之
间的地区把大的鞋称作"靯角"。

4.045　綡<sup>①</sup>、縔<sup>②</sup>,绞也。关之东、西或谓之綡,或谓之
縔。绞,通语也。

【注释】
① 綡(liǎng):两股绳带交合。《说文解字·系部》:"綡,绞也。"朱骏
声《说文通训定声》:"綡,绳单曰纫,两股曰纆,亦曰綡。"
② 縔(shuǎng):鞋中绞绳。《玉篇·系部》:"縔,履中绞。"
【译文】
"綡"是两股绳带交合,"縔"是鞋中绞绳,它们都有绞合的意思。函
谷关东、西两侧有的叫"綡",也有的叫"縔"。"绞"属于共同语的说法。

4.046　纑谓之缜<sup>①</sup>。

【注释】
① 纑(lú):织布用的麻缕。《说文解字·系部》:"纑,布缕。"缜
(chēn):布缕。《玉篇·系部》:"缜,丝纑缕也。"
【译文】
"纑"是织布用的麻缕,它被称作"缜"。

# 卷五

5.001　鍑<sup>①</sup>，北燕、朝鲜、洌水之间或谓之䰞<sup>②</sup>，或谓之鉼<sup>③</sup>。江、淮、陈、楚之间谓之锜<sup>④</sup>，或谓之镂<sup>⑤</sup>。吴、扬之间谓之鬲<sup>⑥</sup>。

**【注释】**

①鍑（fù）：锅。《说文解字·金部》："鍑，釜大口者。"

②䰞（tiǎn）：锅。《说文解字·金部》："䰞，朝鲜谓釜曰䰞。"

③鉼（bǐng）：锅。

④锜（qí）：古代一种三脚锅。郭璞注："或曰三脚釜也。"《诗经·召南·采苹》："于以湘之，维锜及釜。"毛传："锜，釜属。有足曰锜，无足曰釜。"

⑤镂（lòu）：锅。《说文解字·金部》："镂，釜也。"

⑥鬲（lì）：一种古代煮饭用的炊器。形状一般为侈口，有三个中空的足，便于炊煮加热。《尔雅·释器》："（鼎）款足者谓之鬲。"郝懿行《尔雅义疏》："鼎款足，谓足中空也。"

**【译文】**

"鍑"是锅，北部古燕国、朝鲜、洌水之间的地区有的称之为"䰞"，也有的称之为"鉼"。长江、淮水、古陈国、古楚国之间的地区称之为

"锜",也有的称之为"镂"。古吴国、扬州之间的地区称之为"鬲"。

### 5.002　釜,自关而西或谓之釜<sup>①</sup>,或谓之鍑。

**【注释】**

①釜:古代的炊事用具,相当于现在的锅。

**【译文】**

"釜"是锅,函谷关以西的地区有的称之为"釜",也有的称之为"鍑"。

### 5.003　甑<sup>①</sup>,自关而东谓之甗<sup>②</sup>,或谓之鬵<sup>③</sup>,或谓之酢馏<sup>④</sup>。

**【注释】**

①甑(zèng):一种置于釜(锅)上的陶制蒸锅,底部有透气孔,上铺竹席箅(bì),置于鬲或鍑上蒸煮。钱绎《方言笺疏》:"蒸饭之器也,底有穿,必以竹席蔽之,米乃不漏。"当时得名于加增。

②甗(yǎn):一种蒸食用具,分为两部分,下半部是鬲,用于煮水;上半部是甑,用来放置食物,可通蒸汽;中间有箅子。《周礼·考工记·陶人》:"陶人为甗,实二鬴(fǔ),厚半寸,唇寸。"孙诒让《周礼正义》引戴震曰:"一穿为鬲,七穿为甑,并上大下小。甗上体如甑无底,施箅其中,容十二斗八升;下体如鬲,以承水,陞气于上。"

③鬵(qín):类似甑一样的炊具,即蒸锅。《说文解字·鬲部》:"鬵……一曰,鼎大上小下若甑曰鬵。"

④酢(zuò)馏:把食物蒸熟的器具。王念孙《广雅疏证·释器》:"酢,蒸熟之名。"《说文解字·食部》:"馏,饭气蒸也。""酢"和"馏"均是指把食物蒸熟,继而转指把食物蒸熟的器具。

**【译文】**

“甑”是一种蒸锅，函谷关以东的地区称之为“甗”，也有的称之为“鬵”，还有的称之为“酢馏”。

5.004　盂[①]，宋、楚、魏之间或谓之碗。碗谓之盂，或谓之铫锐[②]。碗谓之椁[③]，盂谓之柯[④]。海、岱、东齐、北燕之间或谓之盎[⑤]。

**【注释】**

①盂（yú）：古代一种盛液体的敞口器皿。

②铫（diào）锐：盂。单说“铫”是指一种搭扣、有柄、有流的烹煮器。《说文解字·金部》：“铫，温器。”段玉裁注：“今煮物瓦器，谓之铫子。”至于“锐”，疑其为“錭”的一种方言说法。錭（huì），同“鏸”。《集韵·祭韵》：“錭，或从惠。”而《玉篇·金部》：“鏸，锐也。”此则属于声训。又《左传·襄公二十七年》：“公丧之如税服终身。”杜预注：“税即繐也。”也是惠声、兑声可以相通的例证。“錭”是一种无耳的小鼎。《淮南子·说林训》：“水火相憎，錭在其间，五味以和。”高诱注：“錭，小鼎。又曰鼎无耳为錭。”

③椁（zhào）：盂。当是“铫”的一种方言说法。

④柯：碗、盂之类的器物。《荀子·正论》：“故鲁人以榶，卫人用柯，齐人用一革，土地形制不同者，械用备饰不可不异也。”意思是鲁国人用碗，卫国人用盂，齐国人用整块皮制作的器皿。土地环境风俗习惯不同的地方，器械用具设备服饰自然有差别。

⑤盎（juàn）：碗、盂之类的器物。通作“圈”，或通作“棬”。《广雅·释器》：“盎，盂也。”王念孙疏证：“《玉藻》：‘母没而杯圈不能饮焉。’注云：‘圈，屈木所为，谓卮（zhī，古代盛酒的器皿）匜（yí，古代盥器。形如瓢，与盘合用，用匜倒水，以盘承接）之类。’《孟

子·告子篇》：'以杞柳（落叶灌木，枝条可用来编器物）为杯棬。'
棬、圈并与盏通。"

## 【译文】

"盂"是一种盛液体的敞口器皿，古宋国、古楚国、古魏国之间的地
区有的称之为"碗"。"碗"被称作"盂"，也有的称作"铫锐"。"碗"被称
作"椑"，"盂"被称作"柯"。渤海、泰山以及东部古齐国、北部古燕国之
间的地区也有的称之为"盏"。

5.005 　盌①、械②、盏、滥③、閜④、㼐⑤、麼⑥，杯也。秦、
晋之郊谓之盌。自关而东，赵、魏之间曰械，或曰盏，或曰
滥。其大者谓之閜。吴、越之间曰㼐，齐右平原以东或谓之
麼⑦。杯，其通语也。

## 【注释】

①盌（yǎ）：酒杯。《广雅·释器》："盌，杯也。"王念孙疏证："《太平
　御览》引《典论》云：'刘表诸子好酒，造三爵，大曰伯雅，中曰仲
　雅，小曰季雅。'雅与盌通。"

②械（jiān）：小杯。《广雅·释器》："䤪、械，杯也。"王念孙疏证：
　"《说文》：'杯，䤪也。''䤪，小杯也。'……《方言》作'械'，盖即
　'䤪'之假借字也。"

③滥（fàn）：大杯。徐复《方言补释》："滥从氾得声，谓广也。今江
　苏谓较䤪碗为大之碗曰滥碗。"

④閜（xiǎ）：大杯。《说文解字·门部》："大杯亦为閜。"

⑤㼐（yáng）：汤碗。徐复《方言补释》："较䤪碗为小之碗曰汤碗，㼐
　读舌头音，即如汤音矣。"

⑥麼（mó）：杯。唐皮日休《九讽·端忧》："执玉桴（fú，通"枹"，鼓

槌）兮扣雷鼓，奠金罍兮滴浮蚁（酒面上的浮沫）。"

⑦右：西。汉蔡邕《独断》卷上："右社稷，西曰右。"平原：平原郡。治所在平原县（今山东平原县西）。

**【译文】**

"盏"是酒杯，"械""盏"是小杯，"㿖""闔"是大杯，"櫺"是汤碗，"盛"是杯，它们都是杯具。古秦国、古晋国郊域称之为"盏"。在函谷关以东，古赵国、古魏国之间的地区叫"械"，也有的叫"盏"，还有的叫"㿖"。杯子中较大的称作"闔"。古吴国、古越国之间的地区叫"櫺"。古齐国西部平原郡以东的地区有的称之为"盛"。"杯"是共同语的说法。

5.006　蠡①，陈、楚、宋、魏之间或谓之箪②，或谓之櫳③，或谓之瓢。

**【注释】**

① 蠡（lí）：瓢勺。郭璞注："瓠勺也。"也通作"蠡"。《玉篇·虫部》："蠡，瓢也。"《汉书·东方朔传》："语曰：以管窥天，以蠡测海。""以蠡测海"意思是用瓢勺来测量海的容量，比喻观察、了解很狭窄片面。

② 箪（dān）：本指盛衣食之器。《说文解字·竹部》："箪，笥也。""笥，饭及衣之器也。"后来也可指瓢勺。

③ 櫳（xī）：瓢勺。郭璞注："今江东呼勺为櫳。"

**【译文】**

"蠡"是瓢勺，古陈国、古楚国、古宋国、古魏国之间的地区有的称之为"箪"，也有的称之为"櫳"，还有的称之为"瓢"。

5.007　案，陈、楚、宋、魏之间谓之㯕①，自关东、西谓之案。

**【注释】**

①檷（xiě）：几案。《玉篇·木部》："檷，案之别名。"

**【译文】**

"案"是几案，古陈国、古楚国、古宋国、古魏国之间的地区称之为"檷"，函谷关东、西两侧称之为"案"。

5.008  杯落①，陈、楚、宋、卫之间谓之杯落，又谓之豆筥②。自关东、西谓之杯落。

**【注释】**

①杯落（luò）：古代盛杯盘之类的竹器。郭璞注："盛杯器笼也。"

②豆筥（jǔ）：古代盛杯盘之类的竹器。"豆"是古代一种木制食器。《诗经·大雅·生民》："卬盛于豆，于豆于登。"毛传："木曰豆，瓦曰登。""筥"是圆底筐。《诗经·召南·采苹》："于以盛之，维筐及筥。"毛传："方曰筐，圆曰筥。""豆筥"就是盛豆的圆底筐。

**【译文】**

"杯落"是古代盛杯盘之类的竹器，古陈国、古楚国、古宋国、古卫国之间的地区称之为"杯落"，也有的称之为"豆筥"。函谷关东、西两侧也有的称之为"杯落"。

5.009  箸筒①，陈、楚、宋、魏之间谓之筲②，或谓之籯③。自关而西谓之桶㯱④。

**【注释】**

①箸筒：盛筷子的器具，俗称"筷笼""筷筒"。箸，指筷子。

②筲（shāo）：通"籍"。即筷笼。《说文解字·竹部》："籍，宋、魏谓箸筒为籍。"

③籝（yíng）：同"籯"。即筷笼。《玉篇·竹部》："籯，箸筩谓之籝，亦作籯。"

④桶㮤（sōng）：小笼。郭璞注："今俗亦通呼小笼为桶㮤。"

【译文】

"箸筩"是筷筒，古陈国、古楚国、古宋国、古魏国之间的地区称之为"筲"，也有的称之为"籝"。函谷关以西的地区称之为"桶㮤"。


5.010　瓺①、㼻②、瓩③、䍃④、甑⑤、瓮⑥、甀⑦、瓮、瓿甊⑧、甊⑨、罂也⑩。灵、桂之郊谓之瓺⑪，其小者谓之㼻。周、魏之间谓之瓩，秦之旧都谓之甑⑫，淮、汝之间谓之䍃，江、湘之间谓之瓮。自关而西，晋之旧都⑬，河、汾之间⑭，其大者谓之甀，其中者谓之瓿甊。自关而东，赵、魏之郊谓之瓮，或谓之罂。东齐海、岱之间谓之甊。罂，其通语也。


【注释】

①瓺（gāng）：大瓮。后作"缸"。郭璞注："今江东通名大瓮为瓺。"

②㼻（dǎn）：古代接近坛子、瓶子一类的瓦器。或作"甔"。《史记·货殖列传》："浆千㼻。"

③瓩（wǔ）：同"甒"。古代一种盛酒的瓦器。《礼记·礼器》："五献之尊，门外缶，门内壶，君尊瓦甒。"郑玄注："壶大一石，瓦甒五斗。"

④䍃（yóu）：瓮、瓶一类的瓦器。《说文解字·缶部》："䍃，瓦器也。"

⑤甑（zhèng）：瓮、瓶一类的瓦器。《广雅·释器》："甑，瓶也。"

⑥瓮（cóng）：瓮、瓶一类的瓦器。《广雅·释器》："瓮，瓶也。"

⑦甀（zhuì）：瓮、坛一类的容器。《淮南子·汜论训》："抱甀而汲。"

⑧瓿甊（bù lǒu）：古代一种小瓮。也可单称为"瓿"。《说文解

字·瓦部》:"瓵，甋也。""瓵"或作"䆃"。《说文解字·缶部》:
"䆃，小缶也。"

⑨甓(yì):古代一种较大的坛类容器。《玉篇·瓦部》:"甓，大罂也。"

⑩罂(yīng):古代大腹小口容器的通称。《说文解字·缶部》:"罂，
缶也。"《汉书·韩信传》:"而伏兵从夏阳以木罂缶度军。"颜师古
注:"罂缶，谓瓶之大腹小口者也。"

⑪灵、桂:一作"零、桂"。是零陵郡(治零陵县，今广西全州西南)，
桂阳郡(治郴县，今湖南郴州)的并称。皆汉置，属荆州。约当今
湖南南部及广东一部分。两郡邻接，古代常并称。

⑫秦之旧都:《方言》郭璞注:"秦旧都，今扶风雍县也。"雍县治所在
今陕西宝鸡凤翔区南。

⑬晋之旧都:《方言》郭璞注:"晋旧都，今太原晋阳县也。"晋阳在今
山西太原南。我们认为，晋之旧都应指晋初所封的唐，即今山西
翼城西。

⑭汾:即汾河，在今山西中部。《方言》中的"河、汾之间"相当于晋。

**【译文】**

"瓽"是大瓮，"甀"是接近坛、瓶一类的瓦器，"甋"是一种盛酒的
瓦器，"瑤""甒""甓"都是瓮、瓶一类的瓦器，"瓺"是瓮、坛一类的容
器，"瓮"是一种大腹的陶制容器，"瓵甋"是一种小瓮，"甓"是一种较
大的坛类容器，它们都属于大腹小口容器。零陵、桂阳两郡郊域称之为
"瓽"，其中较小的称作"甀"。古周国、古魏国之间的地区称之为"甋"，
古秦国旧时都城一带称之为"甒"，淮水、汝水之间的地区称之为"瑤"，
长江、湘水之间的地区称之为"甓"。在函谷关以西，古晋国旧时都城
以及黄河、汾河之间的地区称其中较大的为"瓺"，称其中普通大小的为
"瓵甋"。在函谷关以东，古赵国、古魏国的郊域称之为"瓮"，也有的称
之为"罂"。在东部古齐国，渤海、泰山之间的地区称之为"甓"。"罂"
是共同语的说法。

5.011 罃①,陈、魏、宋、楚之间曰瓵②,或曰瓶③。燕之东北、朝鲜、洌水之间谓之瓺④。齐之东北,海、岱之间谓之儋⑤。周、洛、韩、郑之间谓之甀⑥,或谓之罃。

**【注释】**

①罃(yīng):同"罌"。古代瓶一类的容器。《说文解字·缶部》:"罌,缶也。"《汉书·韩信传》:"而伏兵从夏阳以木罌缶度军。"颜师古注:"罌缶,谓瓶之大腹小口者也。"

②瓵(yú):盎、缶一类的瓦器。文献中或作"臾"。《荀子·大略篇》:"流丸止于瓯臾。"

③瓶(shū):瓮、瓶一类的瓦器。《广雅·释器》:"瓶,瓶也。"

④瓺(cháng):一种腹大口小的瓦器。《广雅·释器》:"瓺,瓶也。"

⑤儋(dàn):古代接近坛、瓶一类的瓦器。《汉书·货殖传》:"浆千儋。"

⑥甀(zhuì):瓮、坛一类的容器。《淮南子·氾论训》:"抱甀而汲。"

**【译文】**

"罃"是瓶一类的容器。古陈国、古魏国、古宋国、古楚国之间的地区叫"瓵",也有的叫"瓶"。古燕国的东北部和朝鲜、洌水之间的地区称之为"瓺"。在古齐国的东北部,渤海、泰山之间的地区称之为"儋"。古周国、洛水、古韩国、古郑国之间的地区称之为"甀",也有的称之为"罃"。

5.012 罃谓之瓹①。

**【注释】**

①瓹(pí):古代一种盛水的瓦器。秦李斯《谏逐客书》:"击瓮叩缶,弹筝搏髀。""髀"通"瓹"。

**【译文】**

"罃"被称作"甄",是瓶一类的容器。

### 5.013　甊谓之甈<sup>①</sup>。

**【注释】**

①甊（wèng）：或作"𤭛"，同"瓮"。《广雅·释器》："甊，瓶也。"王念孙疏证："甊，字亦作𤭛，通作瓮。"宋敏求《春明退朝录》："又有香囊、酒𤭛诸什器。"甈（sī）：瓶、瓮一类的容器。《玉篇·瓦部》："甈，瓶也。"

**【译文】**

"甊"被称作"甈"，是瓶、瓮一类的容器。

### 5.014　缶谓之瓿甊<sup>①</sup>。其小者谓之瓶。

**【注释】**

①缶：古代一种大腹敛口的瓦器。《急就篇》："甄缶盆盎瓮罃壶。"颜师古注："缶、盆、盎一类耳。缶即盎也，大腹而敛口。"

②瓿甊（bù ǒu）：古音"缶"字缓读即为"瓿甊"，由此形成一种同物之异称。

**【译文】**

"缶"被称作"瓿甊"，是一种大腹敛口的瓦器。其中较小的一类称作"瓶"。

### 5.015　罃甈谓之盎<sup>①</sup>。自关而西或谓之盆，或谓之盎。其小者谓之升瓯<sup>②</sup>。

【注释】

①罃瓶（yīng qì）：盎、缶一类的瓦器。唐柳宗元《井铭》："始，州之人各以罌瓶负江水，莫克井饮。""罌瓶"即"罃瓶"。盎：大腹小口的瓦器。《急就篇》："甄缶盆盎瓮罃壶。"颜师古注："缶、盆、盎一类耳。缶即盎也，大腹而敛口。"

②升瓯（ōu）：小瓦盆。"瓯"是盆、盂一类的瓦器。《说文解字·瓦部》："瓯，小盆也。"钱绎《方言笺疏》："量之少者谓之升，盆之小者亦谓之升，其义一也。"故"升瓯"乃小瓦盆之名。

【译文】

"罃瓶"被称作"盎"，是一种腹大口小的器皿。函谷关以西的地区有的叫"盆"，也有的叫"盎"。其中较小的一类被称作"升瓯"。

5.016　甂①，陈、魏、宋、楚之间谓之题②。自关而西谓之甂，其大者谓之瓯。

【注释】

①甂（biān）：小瓦盆。《说文解字·瓦部》："甂，似小瓿，大口而卑，用食。"

②题（dì）：小盆。郭璞注："今河北人呼小盆为题子。""题子"后来也记作"碟子"。

【译文】

"甂"是小瓦盆，古陈国、古魏国、古宋国、古楚国之间的地区叫"题"。函谷关以西的地区叫"甂"，其中较大的一类称作"瓯"。

5.017　所以注斛，陈、魏、宋、楚之间谓之篙①，自关而西谓之注箕，陈、魏、宋、楚之间谓之筲。

**【注释】**

①篅（xì）：小而高的箩筐，用来盛谷物灌注于斗斛（hù）中。郭璞
　注："篅亦箩属也，形小而高，无耳。"

**【译文】**

　那种被用来向斛中灌注米谷用的工具，古陈国、古魏国、古宋国、古
楚国之间的地区称之为"篅"，函谷关以西的地区称之为"注箕"，古陈
国、古魏国、古宋国、古楚国之间的地区称之为"箩"。

## 5.018　炊箅谓之缩①。或谓之籔②，或谓之匼③。

**【注释】**

①炊箅（yù）：淘米竹器。《说文解字·竹部》："箅，漉（lù）米籔
　（sǒu）也。""籔，炊箅也。"段玉裁注："本漉米具也。既浚干，则
　可炊矣，故名炊箅。"缩：淘米竹器。"籔"的一种方言说法。
②籔（sǒu）：同"籅"，亦即"籔"。淘米竹器。《玉篇·竹部》："籅，
　同籔。"
③匼（suǎn）：同"匼"。《说文解字·匚部》："匼，渌米籔也。"

**【译文】**

　"炊箅"被称作"缩"，是淘米的竹器。也有的称之为"籔"，还有的
称之为"匼"。

## 5.019　篝①，陈、楚、宋、魏之间谓之墙居②。

**【注释】**

①篝（gōu）：熏笼。郭璞注："今薰笼也。"《说文解字·竹部》："篝，
　笿（luò）也，可熏衣。"
②墙居：熏笼。清光绪十二年《泰兴县志》："薰笼谓之墙居。"

【译文】

"篝"是熏笼，古陈国、古楚国、古宋国、古魏国之间的地区称之为"墙居"。

## 5.020　扇，自关而东谓之箑①，自关而西谓之扇。

【注释】

①箑（shà）：扇子。《说文解字·竹部》："箑，扇也。"

【译文】

对于扇子，函谷关以东的地区称之为"箑"，函谷关以西的地区称之为"扇"。

## 5.021　碓机①，陈、魏、宋、楚自关而东谓之梴②。硙或谓之䃺③。

【注释】

①碓（duì）机：春米的工具。《说文解字·石部》："碓，春也。"

②梴（chān）：春米的工具。钱绎《方言笺疏》："'梴'之言延也。……《释名》：'鋋，延也，达也，去此至彼之言也。'碓机谓之梴，盖谓机在此而春在彼也。"

③硙（wèi）：碾碎谷物的器具。郭璞注："即磨（mò）也。"䃺（cuì）：磨。"䃺"可用作动词指磨（mó）砺。《敦煌变文集·佛说阿弥陀经讲经文》："䃺磨剑，断六贼于解脱之场。"也可用来指磨物的东西，属于意义相因。

【译文】

"碓机"是春米的工具，古陈国、古魏国、古宋国、古楚国之间的地区称之为"梴"。"硙"是磨，也有的称之为"䃺"。

5.022　繘①,自关而东,周、洛、韩、魏之间谓之绠②,或谓之络③。关西谓之繘。

**【注释】**

①繘(jú):汲井水用的绳索。郭璞注:"汲水索也。"

②绠(gěng):汲水用的绳子。《庄子·至乐》:"绠短者,不可以汲深。"

③络:绳索。《晋书·舆服志》:"朱丝绳络。"

**【译文】**

"繘"是汲井水用的绳索。在函谷关以东,古周国、洛水、古韩国、古魏国之间的地区称之为"绠",也有的称之为"络"。函谷关以西的地区称之为"繘"。

5.023　枥①,梁、宋、齐、楚、北燕之间或谓之槆②,或谓之皂③。

**【注释】**

①枥(lì):马槽。郭璞注:"枥,养马器也。"

②槆(sù):马槽。《玉篇·木部》:"槆,枥也,养马器也。"

③皂:马槽。《史记·鲁仲连邹阳列传》裴骃集解引《汉书音义》:"皂,食牛马器,以木作,如槽。槽与皂声相近,今人言马槽是也。"

**【译文】**

"枥"是马槽,古梁国、古宋国、古齐国、古楚国和北部古燕国之间的地区有的叫"槆",也有的叫"皂"。

5.024　饲马橐①,自关而西谓之裺囊②,或谓之裺篼③,

或谓之褛筹④。燕、齐之间谓之帐⑤。

**【注释】**

①饲马橐：喂马料的口袋。橐，则是囊袋一类的容器。《说文解字·橐部》："橐，囊也。"因而"饲马橐"是饲喂马的容具。

②弇（yǎn）囊：喂马料的口袋。《广雅·释器》："弇筹，囊也。"王念孙疏证："弇或作掩……弇之言掩也……《说文》：'掩，敛也。'"以"弇"为名，强调它是用于装敛饲料用的容具。

③弇筹（dōu）：喂马料的口袋。《广雅·释器》："弇筹，囊也。"王念孙疏证："《说文》：'筹，饲马器也。'筹犹兜也。今谓以布盛物曰兜。"以"筹"为名，强调它是用于兜盛饲料用的容具。

④褛（lóu）筹：喂马料的口袋。《广雅·释器》："褛筹，囊也。"王念孙疏证："弇、褛、帐皆收敛之名……褛之言娄也。《小雅·角弓》笺云：'娄，敛也。'"

⑤帐（zhēn）：装马料的口袋。《广雅·释器》："帐，囊也。"王念孙疏证："帐之言振也。《中庸》：'振河海而不泄。'郑注云：'振犹收也。'""帐"亦得名于其敛收义。

**【译文】**

"饲马橐"是喂马料的口袋，函谷关以西的地区称之为"弇囊"，也有的称之为"弇筹"，还有的称之为"褛筹"。古燕国、古齐国之间的地区称之为"帐"。

5.025　钩，宋、楚、陈、魏之间谓之鹿觡①，或谓之钩格②。自关而西谓之钩，或谓之镢③。

**【注释】**

①鹿觡（gé）：悬物的钩。因其形状像鹿角而得名。郭璞注："或呼

鹿角。"《说文解字·角部》:"觡,骨角之名。"

②钩格:悬物的钩。《说文解字·木部》:"格,木长貌。"徐锴《说文解字系传》:"亦谓树高长枝为格。"因其形状而得名。

③鑽（wéi）:悬物的钩。《广韵·微韵》:"鑽,《埤苍》云:'悬物钩。'"

**【译文】**

"钩"是悬物钩,古宋国、古楚国、古陈国、古魏国之间的地区称之为"鹿觡",也有的称之为"钩格"。函谷关以西的地区称之为"钩",也有的称之为"鑽"。

　　5.026　臿<sup>①</sup>,燕之东北、朝鲜、洌水之间谓之斛<sup>②</sup>,宋、魏之间谓之铧<sup>③</sup>,或谓之鍏<sup>④</sup>。江、淮、南楚之间谓之臿,沅、湘之间谓之畚<sup>⑤</sup>,赵、魏之间谓之喿<sup>⑥</sup>,东齐谓之梩<sup>⑦</sup>。

**【注释】**

①臿（chā）:通"锸"。锹,掘土的农具。《抱朴子内篇·仙药》:"以锸掘之,可得也。"

②斛（tiāo）:同"锹"。徐锴《说文解字系传》:"（斛）今俗作锹字。"

③铧（huá）:今称犁铧。一种耕地的农具。《释名·释用器》:"（锸）或曰铧。"

④鍏（wéi）:同"鍦"。一种耕地的农具。《说文解字·金部》:"鍦,臿属。"桂馥《说文解字义证》:"鍦,字或作鍏。"

⑤畚（běn）:即畚箕,是一种用竹、木或薄铁皮等做的撮东西的器具。

⑥喿（qiāo）:同"锹"。郭璞注:"字亦作鍫（锹）也。"亦作"橾（qiāo）"。《新序·刺奢》:"魏王将起中天台,许绾负橾锸入。"

⑦梩（sì）:同"耜（耜）"。古代锹、臿一类的农具。《说文解字·木部》:"梩,臿也。"三国魏曹植《藉田赋》:"尊趾勤于耒梩,玉手劳于耕耘。"

【译文】

"臿"是掘土工具，古燕国的东北部和朝鲜、洌水之间的地区称之为"斛"，古宋国、古魏国之间的地区称之为"铧"，也有的称之为"铧"。长江、淮水和南部古楚国之间的地区称之为"臿"，沅江、湘水之间的地区称之为"春"，古赵国、古魏国之间的地区称之为"𣓁"，东部古齐国地区称之为"梩"。

5.027　杷①，宋、魏之间谓之渠挐②，或谓之渠疏。

【注释】

①杷（pá）：耙子。《说文解字·木部》："杷，收麦器。"

②渠挐（ná）：耙子。也作"渠疏"。唐陆龟蒙《耒耜经》："耕而后有爬，渠疏之义也，散墢去芟者焉。"是"欋（qú）"的一种方言说法。《释名·释道》："齐、鲁间谓四齿杷为欋。"

【译文】

"杷"是耙子，古宋国、古魏国之间的地区称之为"渠挐"，也有的称之为"渠疏"。

5.028　㲰①，宋、魏之间谓之攝殳②，或谓之度③。自关而西谓之棓④，或谓之柫⑤。齐、楚、江、淮之间谓之柍⑥，或谓之桲⑦。

【注释】

①㲰（qiān）：连枷，打谷的农具。郭璞注："今连枷，所以打谷者。"

②攝殳（shè shū）：连枷。钱绎《方言笺疏》："'攝'之言聂也，摇也……殳亦为杖名也。""连枷"的使用是通过摇动长木柄，带动前接的木条或竹条来击打谷物，使之脱粒。

③度：连枷。"殳"的一种方言说法。

④棓（bàng）：连枷。郭璞注："今连枷，所以打谷者。"

⑤柫（fú）：《说文解字·木部》："柫，击禾连枷也。"

⑥柍（yàng）：连枷。《广雅·释器》："柍，杖也。"王念孙疏证："柍之言抰也。《说文》：'抰，击也。'抰训为击，故杖或谓之柍。"

⑦桲（bó）：连枷。"柫"的一种方言说法。

**【译文】**

"佥"是连枷，古宋国和古魏国之间的地区称之为"欇殳"，也有的称之为"度"。函谷关以西的地区称之为"棓"，也有的称之为"柫"。古齐国、古楚国以及长江、淮水之间的地区称之为"柍"，还有的称之为"桲"。

5.029 刈钩①，江、淮、陈、楚之间谓之鉊②，或谓之鐹③。自关而西或谓之钩，或谓之镰，或谓之锲④。

**【注释】**

①刈（yì）钩：镰刀。"刈钩"为同义复合词，"刈"单言即可指镰刀。《国语·齐语》："时雨既至，挟其枪、刈、耨（nòu）、镈（bó），以旦暮从事于田野。"韦昭注："刈，镰也。""钩"单言也可指镰刀。《淮南子·氾论训》："木钩而樵，抱甀而汲。"高诱注："钩，镰也。"

②鉊（zhāo）：大镰。徐锴《说文解字系传》："鉊，大镰也。"

③鐹（guò）：同"划"。镰刀。《广雅·释器》："划，镰也。"

④锲（qiè）：镰刀。《广雅·释器》："锲，镰也。"王念孙疏证："锲之言契也。《尔雅》：'契，绝也。'郭注云：'今江东呼刻断物为契断。'""锲"得名于镰刀能够割断庄稼茎秆。

**【译文】**

"刈钩"是镰刀，长江、淮水以及古陈国、古楚国之间的地区称之为

"铫",也有的称之为"锅"。函谷关以西的地区称之为"钩",也有的称之为"镰",还有的称之为"锲"。

5.030　薄①,宋、魏、陈、楚、江、淮之间谓之苖②,或谓之麹③。自关而西谓之薄,南楚谓之蓬薄。

【注释】

①薄:一种养蚕用具,用竹篾等编成,也称"蚕帘"。《说文解字·艸部》:"薄……一曰蚕薄。"后作"箔"。

②苖(qū):蚕箔。《说文解字·艸部》:"苖,蚕薄也。"

③麹(qū):蚕箔。"苖"的一种方言说法。

【译文】

"薄"是蚕箔,古宋国、古魏国、古陈国、古楚国和长江、淮水之间的地区称之为"苖",也有的称之为"麹"。函谷关以西的地区称之为"薄",南部古楚国地区称之为"蓬薄"。

5.031　橛①,燕之东北、朝鲜、洌水之间谓之椴②。

【注释】

①橛(jué):短木桩。《广雅·释宫》:"橛,杙(yì)也。"王念孙疏证:"凡木形之直而短者谓之橛。"

②椴(duàn):木桩。王念孙《广雅疏证·释宫》:"椴之言段也。今人言木一段两段是也。"

【译文】

"橛"是短木桩,古燕国的东北部和朝鲜、洌水之间的地区称之为"椴"。

5.032    槌<sup>①</sup>,宋、魏、陈、楚、江、淮之间谓之植<sup>②</sup>。自
关而西谓之槌,齐谓之样<sup>③</sup>。其横,关西曰楲<sup>④</sup>,宋、魏、陈、
楚、江、淮之间谓之槸,齐部谓之栶<sup>⑥</sup>。所以悬栶,关西谓之
縬<sup>⑦</sup>,东齐海、岱之间谓之綒<sup>⑧</sup>,宋、魏、陈、楚、江、淮之间谓
之缳<sup>⑨</sup>,或谓之环<sup>⑩</sup>。

**【注释】**

①槌(zhuì):搁架蚕箔的木柱。《齐民要术·种桑柘》:"一槌得安十
　箔。"

②植:搁架蚕箔的木柱。《礼记·月令》:"具曲(蚕箔)植籧(jǔ,养
　蚕的竹筐)筐。"陆德明《经典释文》:"植,蚕槌也。"因悬蚕箔之
　柱乃直立之木,故得此名。

③样:搁架蚕箔的木柱。《广雅·释器》:"样,槌也。"王念孙疏证:
　"样之言惕也。卷三云:'惕,直也。'"

④楲(zhèn):同"栚"。搁架蚕箔的横木。《说文解字·木部》:"栚,槌
　之横者。"朱骏声《说文通训定声》:"悬蚕薄木,竖曰槌,横曰栚。"

⑤槸(dài):搁架蚕箔的横木。《广雅·释器》:"槸,槌也。"

⑥栶(zhé):搁架蚕箔的横木。《说文解字·木部》:"栶,槌也。"《齐
　民要术·种桑柘》:"令蚕妾治蚕室,涂隙穴,具槌、栶、箔、笼。"

⑦縬(liǎn):用来悬系蚕箔横柱的纽绳。《广雅·释器》:"縬,索也。"

⑧綒(xuàn):悬持蚕箔柱子的绳索。《广雅·释器》:"綒,索也。"

⑨缳(huán):用作悬蚕箔柱子的绳子。《广雅·释器》:"缳,络也。"
　王念孙疏证:"凡绳之相连者曰络。"

⑩环:用作悬蚕箔柱子的绳子。是"缳"的一种方言说法。

**【译文】**

"槌"是搁架蚕箔的木柱,古宋国、古魏国、古陈国、古楚国和长江、

淮水之间的地区称之为"植"。函谷关以西的地区称之为"槌",古齐国地区称之为"样"。对于搁架蚕箔的横木,古宋国、古魏国、古陈国、古楚国和长江、淮水之间的地区称之为"栚",古齐国地区称之为"持"。对于用来悬系蚕箔横柱的绳索,函谷关以西的地区叫"绤",在东部古齐国、渤海、泰山之间的地区称之为"缳",古宋国、古魏国、古陈国、古楚国和长江、淮水之间的地区称之为"缫",也有的称之为"环"。

　　5.033　簟①,宋、魏之间谓之笙②,或谓之簷苗③。自关而西谓之簟,或谓之笫④。其粗者谓之籧篨⑤,自关而东或谓之籈楼⑥。

**【注释】**

①簟(diàn):竹席。《说文解字·竹部》:"簟,竹席也。"

②笙(shēng):席子。《广雅·释器》:"笙,席也。"王念孙疏证:"笙者,精细之名。"《文选·左思〈吴都赋〉》:"桃笙象簟,盛于筒中。"

③簷苗(qú qū):席子。"苗"或作"笛"。《广雅·释器》:"簷笛,席也。"

④笫(zhì):一种粗竹席。《广雅·释器》:"笫,席也。"黄侃《蕲春语》:"今中原官话、江淮官话犹言笫子,乃指用芦苇或竹篾编成之席,用于圈囤粮食。"

⑤籧篨(chú):粗席。《说文解字·竹部》:"籧篨,粗竹席也。"

⑥籈楼(hé yǎn):粗席。籈,文献中也作"合"。宋孟元老《东京梦华录·相国寺内万姓交易》:"第二三门皆动用杂物,庭中设彩幞露屋义铺,卖蒲合、簟席。""蒲合"即指用蒲草编的席子。"楼"为"簟"的一种方言说法。"籈楼"属近义复合。

**【译文】**

"簟"是竹席,古宋国、古魏国之间的地区称之为"笙",也有的称之为"籧苗"。函谷关以西的地区称之为"簟",也有的称之为"箬"。其中粗疏的称作"籧篨"。函谷关以东的地区称之为"盖椄"。

5.034　符籈①,自关而东,周、洛、楚、魏之间谓之倚佯②。自关而西谓之符籈,南楚之外谓之籈③。

**【注释】**

①符籈(háng táng):竹编的粗席。郭璞注:"似籧篨,直文而粗。"

②倚佯:表示竹编粗席的一种方言说法。

③籈:竹编的粗席。"符籈"急言即为"籈"。

**【译文】**

"符籈"是竹编的粗席。在函谷关以东,古周国、洛水和古楚国、古魏国之间的地区称之为"倚佯"。函谷关以西的地区称之为"符籈",南部古楚国以外的地区称之为"籈"。

5.035　床,齐、鲁之间谓之箦①,陈、楚之间或谓之第②。其杠③,北燕、朝鲜之间谓之树④,自关而西,秦、晋之间谓之杠,南楚之间谓之赵⑤,东齐海、岱之间谓之樺⑥。其上板,卫之北郊,赵、魏之间谓之牒⑦,或曰牗⑧。

**【注释】**

①箦(zé):本指竹编或木编的床板,代称床。郭璞注:"床版也。"

②第(zǐ):竹编的床板,也用作床的代称。《左传·襄公二十七年》:"床第之言不逾阃。"是说男女枕席间的私房话不得越过门户传

到外界去。

③杠：床前横木。《说文解字·木部》："杠，床前横木也。"

④树：床前横木。"树"可指称门屏。《尔雅·释宫》："屏谓之树。"床前横木起到屏护身体的作用，故也可称为"树"。

⑤赵：床前横木。"桃（diào）"的一种方言说法。《广雅·释器》："桃，杠也。"

⑥桭（shēn）：表示床前横木的一种方言说法。

⑦牒：床板。"牒"从片枼声，犹木之叶片，指薄的木板。

⑧牖（biān）：床板。《说文解字·片部》："牖，床版也。"

【译文】

表示"床"时，古齐国、古鲁国之间的地区称之为"簀"，古陈国、古楚国之间的地区有的称之为"第"。而对于床前横木，北部古燕国和朝鲜之间的地区称之为"树"，在函谷关以西，古秦国、古晋国之间的地区称之为"杠"，南部古楚国地区称之为"赵"，在东部古齐国的渤海、泰山之间的地区称之为"桭"。对于床板，古卫国北部郊域和古赵国、古魏国之间的地区称之为"牒"，也有的称之为"牖"。

5.036　俎①，几也，西南蜀、汉之郊曰杫②。榻前几，江、沔之间曰桯③，赵、魏之间谓之椸④。几，其高者谓之虞⑤。

【注释】

①俎（zǔ）：一种四足几案，常被用于祭祀或宴会时盛放牲体。《说文解字·且部》："俎，礼俎也。"《资治通鉴·汉成帝绥和元年》："为其俎豆。"胡三省注："俎，祭器，如几，盛牲体者也。"

②杫（sì）：几案。《后汉书·钟离意传附药崧》："常独直台上，无被，枕杫，食糟糠。"

③桯（tīng）：床前的几案。《说文解字·木部》："桯，床前几。"

④樆（yí）：通"胹"。床前的几案。《广雅·释器》："胹，几也。"王
念孙疏证："'胹'即《方言》'樆'字。《盐铁论·散不足》篇云：
'古者无杠橗（mán，松心木，这里指床上的饰木）之寝、床胹之
案。''胹'与'胹'同。"

⑤虡（jù）：高脚的几案。《广雅·释器》："虡，几也。"

【译文】

"俎"是几案。在西南地区，蜀郡和汉中郡的郊域称之为"杫"。对
于床前几，长江、沔水之间的地区称之为"桯"，古赵国、古魏国之间的地
区称之为"樆"。高脚的几案称作"虡"。

5.037　簺①，桯也②。兖、豫、河、济之间谓之桯。络谓
之格③。

【注释】

①簺（yuè）：络丝的用具。《说文解字·竹部》："簺，收丝者。"

②桯：络丝的用具。吴予天《方言注商》："桯之言圜也。络车形似
环。"

③络：缠丝。《玉篇·糸（mì）部》："络，绕也，缚也，所以转簺络车
也。"格：收丝器。徐灏《说文解字注笺·木部》："格，收丝之器亦
谓之格。"

【译文】

"簺"就是"桯"，它们是络丝的用具。兖州、豫州和黄河、济水之间
的地区称之为"桯"。用来缠丝的称作"格"。

5.038　繀车①，赵、魏之间谓之辗辘车②，东齐海、岱之
间谓之道轨③。

**【注释】**

①缫（suì）车：缫丝车，又称作"纬车"。是一种人力纺织机械，用于捻丝作纬。由一个大绳轮和一根插置纱锭的锭子组成。人摇转绳轮，从而由绳带动锭子旋转加捻和卷绕。《说文解字·系部》："缫，著丝于荨车也。""缫"就是把丝卷在芦管上，故缫丝车又名"缫车"。

②轣辘（lì lù）车：缫丝车。"轣辘"或作"历鹿"，所拟为辘轳转动的声音。

③道轨：缫丝车。吴予天《方言注商》："道轨，系轨道之倒语，盖其体边腰中陷，若轨辙也。"

**【译文】**

"缫车"是缫丝车。古赵国、古魏国之间的地区称之为"轣辘车"，在东部古齐国，渤海、泰山之间的地区称之为"道轨"。


5.039　户钥①，自关之东，陈、楚之间谓之键②，自关之西谓之钥。

**【注释】**

①户钥（yuè）：门闩。户，指门。钥，同"籥"。《说文解字·门部》："籥，关下牡也。"段玉裁注："关者，横物，即今之门闩。关下牡者，谓以直木上贯关，下插地，是与关有牝牡之别。"

②键：门闩。《淮南子·主术训》："五寸之键，制开合之门。"

**【译文】**

"户钥"是门闩，在函谷关以东，古陈国、古楚国之间的地区称之为"键"，函谷关以西的地区称之为"钥"。


5.040　簿谓之蔽①，或谓之箘②，秦、晋之间谓之簿，

吴、楚之间或谓之蔽，或谓之箘里③，或谓之簙毒④，或谓之
夗专⑤，或谓之匴璇⑥，或谓之棋。所以投簙谓之枰⑦，或谓
之广平⑧。所以行棋谓之局，或谓之曲道⑨。围棋谓之弈。
自关而东，齐、鲁之间皆谓之弈。

**【注释】**

①簙（bó）：也作"博"。古代一种二人对局争胜的棋类游戏。《说
　　文解字·竹部》："簙，局戏。六箸十二棋也。""簙"由四种棋具
　　组成，一是棋子，每一方六枚，故又称"六博"。二是"枰"，即方
　　形的棋盘，分十二道，以供两人对局。三是"箸"，相当于后世的
　　骰子。四是"筹"，用来计数以显示胜负。蔽：博棋。《楚辞·招
　　魂》："菎蔽象棋，有六簙些。"王逸注："蔽，簙箸以玉饰之也。"

②箘（jùn）：博棋。《说文解字·竹部》："箘……一曰博棋也。"

③箭里：博棋。"箭"可以指博具。《韩非子·外储说左上》："秦昭王
　　令工施钩梯而上华山，以松柏之心为博箭，长八尺，棋长八寸，而
　　勒之曰：'昭王尝与天神博于此矣。'"

④簙毒：博棋。"簙竹"的一种方言说法。

⑤夗（wǎn）专：博棋。《广雅·释言》："夗专，簙也。"又《释草》"箭
　　也"条王念孙疏证："夗专、匴璇皆圆之貌。夗专犹宛转也。"博具
　　形圆，因此而得名。

⑥匴璇（quán xuán）：博棋。参本条注释⑤。

⑦枰（píng）：棋盘。《说文解字·木部》："枰，平也。"段玉裁注："谓
　　木器之平称枰，如今言棋枰是也。"

⑧广平：棋盘。《广雅·释器》："广平、榻，枰也。"王念孙疏证："'广
　　平'为博局之枰，'榻'为床榻之枰，皆取义于平也。"

⑨曲道：棋局。《广雅·释器》："曲道，梮（jū）也。"王念孙疏证：

"楄,通作局。《说文》:'局,簙所以行棋也。'"

**【译文】**

"簙"称作"蔽",是一种二人对局争胜的棋类,也称作"箘"。古秦国、古晋国之间的地区叫"簙",古吴国、古楚国之间的地区有的称之为"蔽",有的称之为"箭里",有的称之为"簙毒",有的称之为"夗专",有的称之为"匽璇",也有的称之为"棋"。用来置放博棋的是"枰",也有的称之为"广平"。用来走棋的是"局",也是"曲道"。围棋称作"弈"。在函谷关以东,古齐国和古鲁国之间的地区都称之为"弈"。

# 卷六

6.001　鞙①、奖②，欲也。荆、吴之间曰鞙，晋、赵曰奖。自关而西，秦、晋之间相劝曰鞙，或曰奖。中心不欲而由旁人之劝语亦曰鞙。凡相被饰亦曰奖③。

**【注释】**

①鞙：劝勉，奖励。《国语·楚语上》："教之《春秋》，而为之鞙善而抑恶焉，以戒劝其心。"韦昭注："鞙，奖也。"所谓"鞙善而抑恶"就是鼓励善行打压罪恶。

②奖：劝勉，鼓励。

③饰：表彰。《荀子·王制》："上以饰贤良，下以养百姓而安乐之。"

**【译文】**

"鞙"是奖励，"奖"是勉励，它们都有称誉的意思。荆州、古吴国之间的地区叫"鞙"，古晋国、古赵国地区叫"奖"。在函谷关以西，古秦国、古晋国之间的地区表示相互勉励叫"鞙"，也有的叫"奖"。心中本不愿意而被旁人劝勉鼓励，也叫"鞙"。凡受到表彰也叫"奖"。

6.002　鞙①、聍②，聋也。半聋，梁、益之间谓之聍。

秦、晋之间听而不聪、闻而不达谓之䏊<sup>②</sup>。生而聋，陈、楚、江、淮之间谓之聳<sup>①</sup>。荆、扬之间及山之东西<sup>③</sup>，双聳者谓之聳。聳之甚者，秦、晋之间谓之矒<sup>④</sup>。吴、楚之外郊，凡无有耳者亦谓之矒。其言聧者<sup>⑤</sup>，若秦、晋、中土谓堕耳者朙也<sup>⑥</sup>。

**【注释】**

①聳：双耳聋。《说文解字·耳部》："聳，生而聋曰聳。"《汉繁阳令杨君碑》："有司聳昧（糊涂，不明白），莫能识察。"

②䏊（zǎi）：表示半聋、听力不好的一种方言说法。

③山：《方言》中"山之东西"的"山"指崤山。诸如山东，指崤山以东，作为一个地理区域的名称，最早始于战国时期，秦人称崤山、函谷关以东的地区为"山东"。"山之东西"指函谷关为中心的东西两侧，大致包括关西的全部地区和关东的周、郑、韩一带。

④矒（kuī）：全聋。"聧"的一种方言说法。《说文解字·耳部》："矒，生聋也。"《国语·晋语》："聋矒不可使听。"

⑤聧（kuī）：同"矒"。严重的聋。朱骏声《说文通训定声》："聧，耳不相听也。……亦'矒'之或体也。"

⑥朙（wà）：耳朵掉落。钱绎《方言笺疏》："堕耳谓之朙，犹断足谓之跀（yuè）。《说文》：'跀，断足也。''跀'声与'朙'相近。"中土：即中原，以别于边疆地区。

**【译文】**

"聳"是双耳聋，"䏊"是半聋，它们都有聋的意思。对于半聋，梁州、益州之间的地区称之为"䏊"。古秦国、古晋国之间的地区，表示听觉不灵敏、听力不清晰称作"䏊"。对于生下来就耳聋的，古陈国、古楚国和长江、淮水之间的地区称之为"聳"。荆州、扬州之间以及崤山的东、西两侧，表示双耳都聋称作"聳"。对于耳朵极聋的，古秦国、古晋国之间的地区称之为"聤"。古吴国、古楚国外围,凡是没有耳朵的情况也称作"聤"。用"聅"来表示这些,就如同古秦国、古晋国以及中原地区用"聏"指耳朵掉落的人一样。

6.003　陂①、傜②,衺也③。陈、楚、荆、扬曰陂。自山而西,凡物细大不纯者谓之傜。

**【注释】**

①陂(bēi):倾斜。《韩诗外传》卷一:"城峭则崩,岸峭则陂。"大意是城墙太陡直就会倒塌,河岸太陡直就会倾斜。比喻凡事不能太过分,否则将适得其反。"陂"或记作"颇",我们常说的"偏颇"即取此义。

②傜(yáo):表示物大小不同的一种方言说法。

③衺:同"邪"。不正。

**【译文】**

"陂"是倾斜,"傜"是物大小不同,它们都有不正的意思。古陈国、古楚国和荆州、扬州地区叫"陂"。崤山以西的地区,凡是形容事物粗细大小不一致都叫"傜"。

6.004　由迪①,正也。东齐、青、徐之间相正谓之由迪。

**【注释】**

①由迪:匡正。"由""迪"同义,复合成词。《尚书·盘庚》:"盘庚敩(xiào,教导)于民,由乃在位,以常旧服,正法度。"王引之《经义述闻·尚书》:"由者,正也。"意思是盘庚开导臣民,又教导在位的大臣遵守旧制、正视法度。《尚书·洛诰》:"四方迪乱未定。"王引之《经义述闻·尚书》:"言四方正治未定。"

## 【译文】

"由迪"是匡正的意思。东部古齐国和青州、徐州之间的地区表示加以匡正称作"由迪"。

6.005　忝①、恧②,惭也。荆、扬、青、徐之间曰忝,若梁、益、秦、晋之间言心内惭矣。山之东、西自愧曰恧,赵、魏之间谓之眱③。

## 【注释】

①忝(tiǎn):惭愧。《文选·左思〈魏都赋〉》:"忝墨而谢。"李周翰注:"忝墨,面色变墨而惭也。"

②恧(nù):自惭。《说文解字·心部》:"恧,惭也。"《汉书·王莽传》:"敢为激发之行,处之不惭恧。"意思是王莽善于矫饰,行为造作,这样做了也不会感到羞愧。

③眱(bì):通"覕"。隐蔽不见。《说文解字·见部》:"覕,蔽不相见也。"人感到惭愧时会羞于见人而躲避,因而"眱"可以表示惭愧的状态。

## 【译文】

"忝"是惭愧,"恧"是自惭,它们都有惭愧的意思。荆州、扬州、青州、徐州之间的地区叫"忝",正如梁州、益州和古秦国、古晋国之间的地区称心中惭愧。崤山东、西两侧表示自惭叫"恧",古赵国、古魏国之间的地区称作"眱"。

6.006　謇①、展②,难也。齐、晋曰謇。山之东、西凡难貌曰展。荆、吴之人相难谓之展,若秦、晋之言相惮矣,齐、鲁曰㷸③。

**【注释】**

①蹇（jiǎn）：通"蹇"。困难。《周易·蹇卦》："蹇，难也，险在前也。"

②展：畏难，畏惧。"惮"的一种方言说法。《说文解字·心部》："惮，忌难也。"

③燀（chǎn）：疑为"惮"的一种方言说法。

**【译文】**

"蹇""展"都有困难的意思。古齐国、古晋国地区叫"蹇"。崤山东、西两侧，凡是表示困难的样子叫"展"。荆州和古吴国地区表示相畏惧称作"展"，就如同古秦国、古晋国地区说相互忌惮，古齐国、古鲁国地区叫"燀"。

6.007　胥①、由②，辅也。吴、越曰胥，燕之北鄙曰由。

**【注释】**

①胥：扶持，辅助。郭璞注："胥，相也。谓辅持也。"《礼记·表记》："民非后，无能胥以宁。"郑玄注："胥，相也。"句子大意是民众没有君主，就不能得到安宁。

②由：导助。钱绎《方言笺疏》："'由'通作'繇'，亦作'猷'。《尔雅》：'繇，道也。'卷三云：'猷，道也。'""道"谓导助，与辅助义相通。

**【译文】**

"胥"是扶持，"由"是导助，它们都有辅助的意思。古吴国、古越国地区叫"胥"，古燕国北部边境地区叫"由"。

6.008　蛩㤛①，战慄也②。荆、吴曰蛩㤛。蛩㤛，又恐也。

**【注释】**

①蛩㤛（qióng gǒng）：颤抖。《说文解字·心部》："㤛，战慄也。""蛩

恄"是"恄"通过缓读机制而产生的叠韵联绵词。

②战慄：同"战栗"。形容因恐惧而发抖。

【译文】

"蛩恄"是颤抖的意思。荆州和古吴国地区叫"蛩恄"。"蛩恄"又有恐惧的意思。

## 6.009　銋①、锤②，重也。东齐之间曰銋，宋、鲁曰锤。

【注释】

①銋（tǔn）：重。"腆"的一种方言说法。《广雅·释诂三》："銋，重也。"王念孙疏证："銋之言腆也。《方言》：'腆，厚也。'厚与重同义。"今天西南官话还保留了这种用法，如湖北武汉方言中说"这口箱子有点銋手"。

②锤：重。《广雅·释诂三》："锤，重也。"王念孙疏证："锤之言垂也，下垂故重也。"

【译文】

"銋"和"锤"都有重的意思。东部古齐国地区叫"銋"，古宋国、古鲁国地区叫"锤"。

## 6.010　鉻①、夦②，受也。齐、楚曰鉻，扬、越曰夦③。受，盛也，犹秦、晋言容盛也。

【注释】

①鉻（hán）：受，容纳。"函"的一种方言说法。

②夦：通"堪"。容纳，盛受。王念孙《广雅疏证·释诂二》："凡言堪受者，即是容盛之义。"

③越：古国名。建都会稽（今浙江绍兴），春秋时兴起，战国时灭于
　　楚。《方言》中的越大体上指今浙江。

【译文】

　　"䆅"是容纳，"龛"是盛受，它们都有受的意思。古齐国、古楚国地
区叫"䆅"，扬州和古越国地区叫"龛"。"受"有盛纳的意思，正如古秦
国、古晋国地区说容纳盛受。

　　6.011　矔①、眮②，转目也。梁、益之间瞋目曰矔，转目
顾视亦曰矔，吴、楚曰眮。

【注释】

①矔（guàn）：转目顾视。《古文苑・刘歆〈遂初赋〉》："空下时而矔
　　世兮，自命己之取患。"章樵注："矔，转目视也。"也可以表示瞪
　　眼看。《汉书・扬雄传》："羌戎睚眦。"颜师古注："睚，字或作矔。
　　矔者，怒其目眥也。"

②眮（tóng）：转眼回看，也可以表示瞪眼看。《说文解字・目部》：
　　"吴、楚谓瞋目、顾视曰眮。"

【译文】

　　"矔"和"眮"都有转眼回看的意思。梁州、益州地区表示瞪眼看叫
"矔"，表示转眼回看也有的叫"矔"，古吴国、古楚国地区叫"眮"。

　　6.012　逴①、骚②、䠂③，蹇也。吴、楚偏蹇曰骚，齐、楚、
晋曰逴。

【注释】

①逴（chuō）：跛脚。《说文解字・辵（chuò）部》："逴……一曰蹇
　　也。"段玉裁注："《庄子》：'夔谓蚿曰：吾以一足踸踔而行。'谓脚

长短也。踔即迳字。"

②骚:表示跛脚的一种方言说法。

③趠（chào）:通"迳"。跛脚。

【译文】

"迳""骚""趠"都是指跛脚。古吴国、古楚国地区形容身体偏斜行走不正叫"骚",古齐国、古楚国、古晋国地区叫"迳"。

6.013　瘶①、嗌②,噎也③。楚曰瘶,秦、晋或曰嗌,又曰噎。

【注释】

①瘶（sī）:声音嘶哑,咽痛。"瘶"本谓声破、沙哑。《说文解字·疒（nè）部》:"瘶,散声。"声破与咽痛意义相因。

②嗌（yè）:同"喝"。声音嘶哑,咽痛。《玉篇·口部》:"喝,嘶声也。"《论衡·气寿》:"儿生,号啼之声鸿朗高畅者寿,嘶喝湿下者夭。"大意是婴儿出生,号哭的声音洪亮高亢的寿命长,声音沙哑无力的则容易夭折。

③噎（yì）:咽痛。郭璞注:"谓咽痛也。"

【译文】

"瘶""嗌"均指咽喉疼痛。古楚国地区叫"瘶",古秦国、古晋国地区有的叫"嗌",也有的叫"噎"。

6.014　怠①、陁②,坏也。

【注释】

①怠:通"殆"。败,坏。汉贾谊《新书·道术》:"志操精果谓之诚,反诚为殆。"大意是说意志节操精明果敢的称为诚,如果违背诚的原则就会陷入败坏的困境。

②陑（zhì）：同"陁"。崩颓，坏落。《说文解字·阜（fù）部》："陁，小崩也。"《后汉书·蔡邕传》："王涂坏，太极陑。"意思是王道破坏，万物终始的规律出现崩溃。

【译文】

"怠"是败、坏，"陑"是崩颓、坏落，它们都有坏的意思。

6.015  埝①、垫②，下也。凡柱而下曰埝，屋而下曰垫。

【注释】

①埝（niè）：通"泥"。滞陷。《广韵·霁韵》："泥，滞陷不通。"《论语·子张》："致远恐泥，是以君子不为也。"

②垫：下陷。《说文解字·土部》："垫，下也。"王筠句读："下者，陷而下也。"《尚书·益稷》："洪水滔天，浩浩怀山襄陵，下民昏（hūn，古同"昏"）垫。"孔颖达疏引郑玄注："垫，陷也。"句子大意为大水弥漫天空，浩浩荡荡地包围山顶，漫上丘陵，百姓沉没陷落在洪水中。

【译文】

"埝"是滞陷，"垫"是下陷，它们都有沉降的意思。凡是指柱子沉降叫"埝"，房屋沉降叫"垫"。

6.016  伆①、邈②，离也。楚谓之越③，或谓之远。吴、越曰伆。

【注释】

①伆（wù）：远离的样子。"忽"的一种方言说法。《荀子·赋篇》："忽兮其极之远也。"意为飘渺啊那所到之处是多么遥远。

②邈：远离的样子。《汉书·武帝纪》："邈而无祀。"颜师古注："邈，

远绝之意。"

③越：远离的样子。"远"的一种方言说法。

【译文】

"伤"是违背，"邈"是远离，它们都有背离的意思。古楚国地区称之为"越"，也有的称之为"远"。古吴国、古越国地区叫"伤"。


6.017　颠、顶，上也。

【译文】

"颠"和"顶"都有物体顶部的意思。


6.018　诬①，谳与也②。吴、越曰诬，荆、齐曰谳与，犹秦、晋言阿与③。

【注释】

①诬：说话虚妄不实，欺诬。

②谳（yàn）与：曲从，夸大。当是"阿谀"的一种方言说法。

③阿与：同"阿谀"。曲从，夸大。

【译文】

"诬"有曲从、夸大的意思。古吴国、古越国地区叫"诬"，荆州和古齐国地区叫"谳与"，古秦国、古晋国地区叫"阿与"。


6.019　掩①、索②，取也。自关而东曰掩，自关而西曰索，或曰狙③。

【注释】

①掩：捕取。《春秋穀梁传·昭公八年》："掩禽旅。"范宁注："掩取众

禽。"

②索:寻求。

③狙:窥伺以取。《管子·七臣七主》:"从狙而好小察。"尹知章注:"狙,伺也。"句子大意是说像猴子一样喜好偷偷摸摸四处观察。

**【译文】**

"掩"是捕取,"索"是寻求,它们都有取的意思。函谷关以东的地区叫"掩",函谷关以西的地区叫"索",也有的叫"狙"。

6.020　暥①、略②,视也。东齐曰暥,吴、扬曰略。凡以目相戏曰暥。

**【注释】**

①暥(yàn):以眼神相嬉戏。《说文解字·目部》:"暥,目相戏也。《诗》曰:'暥婉之求。'"

②略(luò):斜视。戴震《方言疏证》:"《说文》:'略,眳也。''眳,衺视也。'"

**【译文】**

"暥"是用眼神相嬉戏,"略"是斜视,它们都有看的意思。东部古齐国地区叫"暥",古吴国和扬州地区叫"略"。凡是表示用眼神相嬉戏叫"暥"。

6.021　遥、广①,远也。梁、楚曰遥。

**【注释】**

①广:通"旷"。遥远。《战国策·赵策》:"旷远于赵而近于大国。"

**【译文】**

"遥"和"广"都有遥远的意思。古梁国、古楚国地区叫"遥"。

6.022　汩①、遥②，疾行也。南楚之外曰汩，或曰遥。

**【注释】**

①汩（yù）：迅疾的样子。《楚辞·离骚》："汩余若将不及兮，恐年岁之不吾与。"王逸注："汩，去貌，疾若水流也。"大意为时光像急流一般飞逝令我追赶不及，恐怕岁月不等待我。

②遥：通"摇"。疾行。《广雅·释诂一》："摇，疾也。"《楚辞·九章·抽思》："愿摇起而横奔兮，览民尤以自镇。"王念孙《读书杂志》："摇起，疾起也。"句子大意是我真想疾速离您远去啊，但看见人们动辄得咎又打消了想法。

**【译文】**

"汩"和"遥"都有快速行动的意思。南部古楚国外围地区叫"汩"，也有的叫"遥"。

6.023　蹇①、妯②，扰也。人不静曰妯，秦、晋曰蹇，齐、宋曰妯。

**【注释】**

①蹇（jiǎn）：表示躁扰、不安定的一种方言说法。

②妯（zhóu）：扰动，不平静。《说文解字·女部》："妯，动也。"《诗经·小雅·鼓钟》："鼓钟伐鼛（gāo，一种军事大鼓），淮有三洲，忧心且妯。"意思是敲起乐钟擂起鼓，乐声回荡在三洲，我的内心悲哀且不平静。

**【译文】**

"蹇"是不安定，"妯"是不平静，它们都有躁扰的意思。表示人不安静称作"妯"，古秦国、古晋国地区叫"蹇"，古齐国、古宋国地区叫"妯"。

6.024    絓<sup>①</sup>、挈<sup>②</sup>,持也。晋曰絓,秦曰挈。

**【注释】**

①絓（guà）：悬持。《玉篇·糸（mì）部》："絓，持也。"《楚辞·九章·哀郢》："心絓结而不解兮。"王逸注："絓，悬也。"此句意为心有牵挂忧思郁结而不能解开。

②挈（jiá）：悬持。《说文解字·手部》："挈，悬持也。"《淮南子·俶真训》："提挈天地而委万物。"大意为掌握天地运行而舍弃万物。

**【译文】**

"絓""挈"都有持握的意思。古晋国地区叫"絓"，古秦国地区叫"挈"。

6.025    煢<sup>①</sup>、介<sup>②</sup>,特也<sup>③</sup>。楚曰煢。物无耦曰特,兽无耦曰介。

**【注释】**

①煢（qióng）：同"茕"。单独。《尚书·洪范》："无虐茕独而畏高明。"意思是不要欺侮孤弱的人而畏惧位高势重的人。

②介：独特。《韩非子·外储说左下》："夫介异于人臣，而独忠于主。"

③特：单独。

**【译文】**

"煢""介"都有单独的意思。古楚国地区叫"煢"。形容事物不成对称作"特"，兽类无同伴称作"介"。

6.026    飞鸟曰双,雁曰乘<sup>①</sup>。

**【注释】**

①乘（shèng）：一对。晋张华《鹪鹩赋》："乘居匹游（结伴而游），翩翩然有以自乐也。"

**【译文】**

飞鸟成对称作"双"，鸿雁成对称作"乘"。

6.027    台<sup>①</sup>、既<sup>②</sup>，失也。宋、鲁之间曰台。

**【注释】**

①台（yí）：脱落，丢失。"遗"的一种方言说法。

②既：失掉。《史记·太史公自序》："不既信，不倍言，义者有取焉。"王念孙《读书杂志》："不既信，不失信也。"句子大意是不失信用，不背诺言，义者有可取之处。

**【译文】**

"台"是脱落、丢失，"既"是失掉，它们都有失去的意思。古宋国、古鲁国地区叫"台"。

6.028    既<sup>①</sup>、隐<sup>②</sup>、据<sup>③</sup>，定也。

**【注释】**

①既：已然。

②隐：安稳。《楚辞·九章·抽思》："超回志度，行隐进兮。"洪兴祖补注："《说文》：'隐，安也。'"句子大意是山高路险心儿早已飞过，人啊还安稳地缓缓走在路上。

③据：安定。《史记·白起王翦列传》："上党民走赵，赵军长平，以按据上党民。""按"和"据"意义相近，都是安定的意思。

**【译文】**

"既"是已然,"隐"是安稳,"据"是安定,它们都有安定的意思。

6.029  稟<sup>①</sup>、浚<sup>②</sup>,敬也。秦、晋之间曰稟,齐曰浚,吴、楚之间自敬曰稟。

**【注释】**

①稟:通"懔"。敬畏。《荀子·议兵》:"杀戮无时,臣下懔然莫必其命。"意思是臣下都提心吊胆不知能否保命。

②浚(jùn):谨敬。《尚书·皋陶谟》:"日宣三德,夙夜浚明有家。"孙星衍疏:"言早夜旬宣三德,以敬勉有家之人。"

**【译文】**

"稟"是敬畏,"浚"是谨敬,它们都有敬的意思。古秦国、古晋国之间的地区叫"稟",古齐国地区叫"浚"。古吴国、古楚国之间的地区形容自己恭敬叫"稟"。

6.030  悛<sup>①</sup>、怿<sup>②</sup>,改也。自山而东或曰悛,或曰怿。

**【注释】**

①悛(quān):悔改。《尚书·泰誓》:"惟受罔有悛心。"孔安国传:"悛,改也。言纣纵恶无改心。"今亦有成语"怙恶不悛"。

②怿(yì):疑为"豫"的一种方言说法。表示变动。《鹖冠子·泰录》:"百化随而变,终始从而豫。"

**【译文】**

"悛"是悔改,"怿"是变动,它们都有改的意思。崤山以东的地区有的叫"悛",也有的叫"怿"。

6.031　坻①、坥②,场也③。梁、宋之间蚍蜉、鼣鼠之场谓之坻④,螾场谓之坥⑤。

**【注释】**

①坻(chí):蚂蚁巢外的松土。《文选·潘岳〈藉田赋〉》:"坻场染屦(jù,古时用麻、葛等做成的鞋)。"意思是浮土沾上鞋印。

②坥(qū):蚯蚓的粪便。钱绎《方言笺疏》:"蚯蚓食槁壤,其粪尝出土上,故谓之坥,犹石上有土谓之岨也。《说文》:'岨,石戴土也。'"

③场(shāng):通"壤"。浮土,蚂蚁、蚡鼠所起的小土堆。《春秋穀梁传·隐公三年》:"吐者外壤,食者内壤。"杨士勋疏引糜信云:"齐鲁之间谓凿地出土、鼠作穴出土,皆曰壤。"

④蚍蜉(pí fú):一种大蚂蚁。鼣(lí)鼠:也作"犁鼠"。蚡鼠。

⑤螾(yǐn):同"蚓"。蚯蚓。

**【译文】**

"坻"是蚂蚁巢外的松土,"坥"是蚯蚓的粪便,它们都有浮土的意思。古梁国、古宋国之间的地区把蚂蚁、蚡鼠所起的小土堆称作坻,蚯蚓所起的小土堆称作坥。

6.032　偨①、用②,行也。朝鲜、洌水之间或曰偨。

**【注释】**

①偨(shì):行走的样子。《说文解字·彳(chì)部》:"偨,偨偨,行貌。"

②用:通"由"。蹈行,践履。《孟子·公孙丑上》:"隘与不恭,君子不由也。"意思是狭隘和玩世不恭,真正的君子是不会这样去做的。

**【译文】**

"徥"是行走的样子,"用"是蹈行,它们都有行走的意思。朝鲜、洌水之间的地区有的叫"徥"。

6.033　铺颁①,索也。东齐曰铺颁,犹秦、晋言抖薮也②。

**【注释】**

①铺颁:表示搜索、寻找的一种方言说法。

②抖薮:举手搜索物,也作"抖擞"。宋刘克庄《沁园春·四和林卿韵》:"抖擞空囊,存留谏笏(hù,古代朝会时所执手版,用以记事,以备遗忘)。"意思是说刚下朝归来,囊中只有谏笏,寓曾在朝堂进谏、受到重视之意。

**【译文】**

"铺颁"是寻找,"抖薮"是举手搜索物,它们都有探求的意思。东部古齐国地区叫"铺颁",犹如古秦国、古晋国地区叫"抖薮"。

6.034　参①、蠡②,分也。齐曰参,楚曰蠡,秦、晋曰离③。

**【注释】**

①参:分割。《文选·王粲〈登楼赋〉》:"夜参半而不寐兮。"李善注:"参,分也。"

②蠡(lí):通"劙"。用刀、斧等利器切割或剖分开。《荀子·强国》:"剥脱之,砥厉之,则劙盘盂、刎牛马忽然耳。"意思是除去粗糙的表面,磨光它,那么削割盘盂、宰杀牛马就可一挥而就。

③离:分开。

【译文】

“参”和“蠡”都有分割的意思。古齐国地区叫“参”，古楚国地区叫“蠡”，古秦国、古晋国地区叫“离”。

6.035 㾷[①]、披[②]，散也。东齐声散曰㾷，器破曰披。秦、晋声变曰㾷，器破而不殊其音亦谓之㾷，器破而未离谓之璺[③]，南楚之间谓之敀[④]。

【注释】

①㾷（xī）：声破，沙哑。《说文解字·疒（nè）部》：“㾷，散声。”《大乘瑜伽金刚性海曼殊室利千臂千钵大教王经》卷十：“其声㾷破驴骡之音。”

②披：分开，裂开。《左传·成公十八年》：“今将崇诸侯之奸，而披其地，以塞夷庚（平坦的大道）。”杜预注：“披，犹分也。”

③璺（wèn）：裂纹。《素问·六元正纪大论》：“厥阴所至为风府（经穴名）为璺启。”王冰注：“璺，微裂也。”

④敀（pī）：器物出现裂纹。或作“皉”，与“披”音义相通。《字汇补·皮部》：“皉，又音披，义同。”

【译文】

“㾷”是声破，“披”是分裂，它们都有离散的意思。东部古齐国地区表示声音离散叫“㾷”，表示器物破裂叫“披”。古秦国、古晋国之间的地区表示变声叫“㾷”，表示器物破裂而声音不变也有的称作“㾷”，表示器物破裂但未离散分开称作“璺”，南部古楚国地区称作“敀”。

6.036 缗[①]、绵[②]，施也。秦曰缗，赵曰绵。吴、越之间脱衣相被谓之缗绵。

**【注释】**

①缗（mín）：施加。《诗经·大雅·抑》："荏染柔木，言缗之丝。"毛
传："缗，被也。"诗句大意是坚韧的好木料，可以施加丝弦来制作
琴瑟。

②绵：施加。"缗"的一种方言说法。

**【译文】**

"缗"和"绵"都有施加的意思。古秦国地区叫"缗"，古赵国地区
叫"绵"。古吴国、古越国之间的地区，把解下衣物施加于他物之上称作
"缗绵"。

6.037　恿①、畐②，满也。凡以器盛而满谓之恿，腹满
曰畐。

**【注释】**

①恿（yǒng）：通"涌"。满溢，涌出。

②畐（bī）：同"畐"。满。《说文解字·畐部》："畐，满也。"

**【译文】**

"恿"和"畐"都有满溢的意思。凡是用器物把东西盛满的情况称
作"恿"，腹部胀满称作"畐"。

6.038　傒醯①、冉镰②，危也。东齐掎物而危谓之傒
醯③，偏物谓之冉镰④。

**【注释】**

①傒醯（xī xī）：表示不安的一种方言说法。

②冉镰：表示不安的一种方言说法。

③掎（guǐ）：同"庪"。安置。

④僞（é）：动摇。本书卷九："僞谓之仡。仡，不安也。"《类篇·人部》："僞，动也。"僞，同"僞"。

**【译文】**

"徯醯"和"冉镰"都有不安的意思。东部古齐国地区表示未能安稳地放置物品称作"徯醯"，表示物品动摇称作"冉镰"。

6.039　纰①、绎②、督③、雉④，理也。秦、晋之间曰纰。凡物曰督之，丝曰绎之。

**【注释】**

①纰（pí）：疑为"庀"的一种方言说法。治理。《国语·鲁语》："内朝，子将庀季氏之政焉。"韦昭注："庀，治也。"

②绎：分析，打理。《文选·傅毅〈舞赋〉》："绎精灵之所束。"李善注："绎，理也。"句子大意是让人的精神从束缚中得以舒展。

③督：矫正。《逸周书·本典》："能督民过者。"朱右曾《集训校释》："督，正也。"

④雉：平均。"夷"的一种方言说法。《左传·昭公十七年》："五雉为五工正，利器用，正度量，夷民者也。"孔颖达疏："雉声近夷，雉训夷，夷为平，故以雉名工正之官。"句子大意是掌工务的五种职官是为帮助治理五种工艺技术的。他们改善器物用具，校正度量标准，让人民使用大小一致的器物。

**【译文】**

"纰"是治理，"绎"是分析、打理，"督"是矫正，"雉"是平均，它们都有整理的意思。古秦国、古晋国之间的地区叫"纰"。凡整理物用"督"表示整理它，整理丝用"绎"表示整理它。

6.040　弞①、吕②，长也。东齐曰弞，宋、鲁曰吕。

**【注释】**

①弞（shěn）：拉长。郭璞注："古矧字。"《广雅·释诂二》："矧，长也。"后世又作"抻"。翟灏《通俗编·杂字》："抻，展物令长也。"

②吕：表示拉长的一种方言说法。

**【译文】**

"弞"和"吕"都有拉长的意思。东部古齐国地区叫"弞"，古宋国、古鲁国地区叫"吕"。

6.041　踞①、膂②，力也。东齐曰踞，宋、鲁曰膂。膂，田力也。

**【注释】**

①踞（jué）：力。《广雅·释诂二》："踞，力也。"王念孙疏证："《汉书·陆贾传》：'屈强于此。'颜师古注：'屈强，谓不柔服也。''屈'与'踞'同。"

②膂（lǔ）：同"膂"。力。《广雅·释诂二》："膂，力也。"王念孙疏证："《大雅·桑柔》篇云：'靡有旅力。'"

**【译文】**

"踞""膂"都可以指力。东部古齐国地区叫"踞"，古宋国、古鲁国地区叫"膂"。"膂"是耕种之力。

6.042　癑①、谛②，审也。齐、楚曰癑，秦、晋曰谛。

**【注释】**

①癑（yì）：审察，明白。《逸周书·文酌》："一树惠不癑，二既用兹忧。"朱右曾《集训校释》："癑，审也，树惠于人而不审其邪正。"

②谛（dì）：同"谛"。细查，详审。《说文解字·言部》："谛，审也。"

《关尹子·九药》:"谛毫末者不见天地之大,审小音者不闻雷霆之声。"

**【译文】**

"瘱"是审察、明白,"谛"是细查、详审,它们都有明白、清楚的意思。古齐国和楚国地区叫"瘱",古秦国、古晋国地区叫"谛"。

6.043　譩諦①,諟也②。吴、越曰譩諦。

**【注释】**

①譩諦(yì dì):详审。譩,同"瘱"。审察,明白。《逸周书·文酌》:"一树惠不瘱,二既用兹忧。"朱右曾《集训校释》:"瘱,审也,树惠于人而不审其邪正。"諦,同"谛"。细查,详审。《说文解字·言部》:"谛,审也。"《关尹子·九药》:"谛毫末者不见天地之大,审小音者不闻雷霆之声。""譩"与"諦"亦可同义连用。

②諟(dì):同"谛"。细查,详审。《集韵·霁韵》:"谛,《说文》:'审也。'或从是。"

**【译文】**

"譩"是审察、明白,"諦"是细查、详审,它们都有详审的意思。古吴国、古越国地区叫"譩諦"。

6.044　揞①、掩②、错③、摩④,藏也。荆、楚曰揞,吴、扬曰掩,周、秦曰错,陈之东鄙曰摩。

**【注释】**

①揞(ǎn):掩藏。"掩"的一种方言说法。《礼记·聘义》:"瑕不掩瑜,瑜不掩瑕。"

②掩:遮蔽,掩藏。

③错：隐藏。《大戴礼记·曾子制言下》：“是故君子错在高山之上、深泽之污（水边），聚橡栗（栎树的果实，似栗）藜（lí，草名）藿（huò，豆叶）而食之，生耕稼以老十室之邑。”意思是君子置身于高山之上，深泽的水边，采集橡栗藜藿当饭吃，耕稼为生，老于乡村僻壤。

④摩：疑为“微”的一种方言说法。隐藏，藏匿。《左传·哀公十六年》：“白公奔山而缢，其徒微之。”杜预注：“微，匿也。”

【译文】

“揞”“掩”都是掩藏，“错”是隐藏，“摩”是藏匿，它们都有藏的意思。荆州和古楚国地区叫“揞”，古吴国和扬州地区叫“掩”，古周国、古秦国地区叫“错”，古陈国东部边境叫“摩”。

6.045　拑摸①，去也。齐、赵之总语也②。拑摸犹言持去也。

【注释】

①拑（qū）摸：除去。拑，同“祛”。“拑”与“摸”组合，表示拿去的意思。

②总语：共同语的说法。

【译文】

“拑摸”是除去的意思。它是古齐国、古赵国的共同语说法。“拑摸”就如同说拿去。

6.046　舒勃①，展也。东齐之间凡展物谓之舒勃。

【注释】

①舒勃：舒展，伸展。“舒布”的一种方言说法。“舒”“布”单用皆有

舒展义。

**【译文】**

"舒勃"有舒展的意思。东部古齐国地区凡是表示展开物体就称作"舒勃"。

6.047　抠揄①，旋也②。秦、晋凡作物树艺早成熟谓之旋，燕、齐之间谓之抠揄。

**【注释】**

①抠揄：表示早熟的一种方言说法。

②旋：快速。《广韵·仙韵》："旋，疾也。"《史记·扁鹊仓公列传》："齐（zī）川王病……病旋已。"作物树木早熟包涵快义，故而称"旋"。

**【译文】**

"抠揄"有快速的意思。古秦国、古晋国地区凡表示作物树木早熟称作"旋"，古燕国、古齐国之间的地区称作"抠揄"。

6.048　絚①、筵②，竟也③。秦、晋或曰絚，或曰竟。楚曰筵。

**【注释】**

①絚（gēng）：遍，穷尽。《楚辞·招魂》："姱容修态，絚洞房些。"王逸注："絚，竟也。"

②筵（tíng）：疑为"逞"的一种方言说法。竟。《文选·张衡〈西京赋〉》："逞欲畋（tián，打猎）敒（yú，捕鱼），效获麑（ní，小鹿）麆（yǎo，小麇）。"李善注引薛综曰："逞，极也。"句子大意是尽力满足自己在捕鱼和打猎方面的欲望来求得快意，去捕获幼小的麋鹿。

③竟：极尽。《文选·左思〈咏史〉》："朱轮竟长衢。"张铣注："竟，尽
也。"

**【译文】**

"絚"和"筵"都有极尽的意思。古秦国、古晋国地区有的叫"絚"，
也有的叫"竟"，古楚国地区叫"筵"。

**6.049　　絹①、劓②，续也。秦、晋续折谓之絹，绳索谓之劓。**

**【注释】**

①絹（yǎn）：通"緂"。缉、搓使相接续。《淮南子·氾论训》："伯余
之初作衣也，緂麻索缕，手经指挂，其成犹网罗。"王念孙《读书杂
志》："緂者，续也。缉而续之也。"

②劓（yè）：缝缀衣边。"緁（qiè）"的一种方言说法。《汉书·贾谊
传》："白縠之表，薄纨之里，緁以偏诸。"

**【译文】**

"絹"是缉、搓使相接续，"劓"是缝缀，它们都有续接的意思。古
秦国、古晋国地区表示把分开的续接上称作"絹"，表示续接绳索称作
"劓"。

**6.050　　擘①，楚谓之纫②。**

**【注释】**

①擘（bò）：通"辬"。交织，编结。《说文解字·糸（mì）部》："辬，交
也。"

②纫（rèn）：连缀，联结。《楚辞·离骚》："扈江离与辟芷兮，纫秋兰
以为佩。"意思是我把江离芷草披在肩上，把秋兰结成索佩挂在
身旁。

**【译文】**

"攣"是交织、编结，古楚国地区称之为"绹"。

6.051　阎苫①，开也。东齐开户谓之阎苫，楚谓之闿②。

**【注释】**

①阎苫（shān）：表示开启的一种方言说法。

②闿（kǎi）：开启。《说文解字·门部》："闿，开也。"

**【译文】**

"阎苫"有开启的意思。东部古齐国地区表示开启门户称作"阎苫"，古楚国地区称之为"闿"。

6.052　杍①、柚②，作也③。东齐土作谓之杍，木作谓之柚。

**【注释】**

①杍：泥工一类的劳作。

②柚：木工一类的劳作。

③作：劳动，劳作。

**【译文】**

"杍"和"柚"都有劳作的意思。东部古齐国地区表示泥工一类的劳作称作"杍"，表示木工一类的劳作称作"柚"。

6.053　厉①、卬②，为也。瓯越曰卬，吴曰厉。

**【注释】**

①厉：激励。《逸周书·和寤》："王乃厉（激励，勉励）翼（辅佐）于尹氏八士（指辅佐的众大臣）。"朱右曾《集训校释》："厉，作也。"

②卬（áng）：激励。《文选·司马相如〈长门赋〉》："意慷慨而自卬。"
　李善注："自卬，激厉也。""厉""卬"都有奋发意志、欲有作为之
　意。

【译文】

"厉"和"卬"都含有作为的意思。瓯越地区叫"卬"，古吴国地区叫
"厉"。


6.054　戏①、惮②，怒也。齐曰戏，楚曰惮。


【注释】

①戏：怒。"赫"的一种方言说法。《诗经·大雅·皇矣》："王赫斯
　怒，爰整其旅。"郑玄笺："赫，怒意。"
②惮（dàn）：盛怒。《庄子·外物》："白波若山，海水震荡，声侔
　（móu，齐，等同）鬼神，惮赫千里。"

【译文】

"戏"和"惮"都可以指愤怒。古齐国地区叫"戏"，古楚国地区叫
"惮"。


6.055　爰①、喛②，恚也③。楚曰爰，秦、晋曰喛，皆不欲
䜋而强畣之意也④。


【注释】

①爰（yuán）：悲哀。《楚辞·九章·怀沙》："曾伤爰哀，永叹喟兮。"
　大意是无休无止的悲哀，令人深长叹息。
②喛（huàn）：悲愤。"爰"的一种方言说法。
③恚（huì）：愤怒，怨恨。《战国策·齐策》："故去忿恚之心，而成终

　　身之名。"

　　④譍（yìng）：同"应"。畣（dá）：同"答"。

【译文】

　　"爱"和"嗳"是愤恨的意思。古楚国地区叫"爱"，古秦国、古晋国地区叫"嗳"，它们都有不想回应而勉强答复的意思。


　　6.056　俊①、艾②，长老也。东齐、鲁、卫之间凡尊老谓之俊，或谓之艾。周、晋、秦、陇谓之公③，或谓之翁。南楚谓之父，或谓之父老。南楚瀑④、洭之间母谓之媓⑤，谓妇妣曰母妳⑥，称妇考曰父妳。


【注释】

　　①俊（sǒu）：同"叜"，即"叟"。指年老的男人。

　　②艾：年老的人。《史记·周本纪》："瞽史教诲，耆艾修之。"大意是说让盲乐师和史官以乐歌、史籍提供教诲，让国内元老将那些规劝、教诲的文字加以整理。

　　③陇：陇县。置于西汉。治所在今甘肃张家川。公：特指对老年男子的尊称。

　　④瀑：即瀑带水。《清一统志》说瀑带水在湖南永州府永明县南，发源于神光遇廖山。永明县就是今天的湖南江永。

　　⑤洭（kuāng）：水名。即今广东西北部的湟江、连江两水。媓（huáng）：同"皇"。母亲。《国语·周语》："则我皇妣大姜之姪。"

　　⑥妣（bǐ）：母亲的道称。妳（shí）：父亲或母亲的称呼。"媞"的一种方言说法。《说文解字·女部》："媞，江、淮之间谓母为媞。"丁惟汾《方言音释》："'妳''大'双声音转，今俗谓父为'大'，或重言为'大大'。'母妳''父妳'，义为母大、父大。"

**【译文】**

"傻"和"艾"都可指年老的人。东部古齐国、古鲁国、古卫国之间的地区尊称老人称作"傻",也有的称作"艾"。古周国、古晋国、古秦国地区、陇县称作"公",也有的称作"翁"。南部古楚国地区称之为"父",也有的称之为"父老"。在南部古楚国,瀑水、洭水之间的地区称呼母亲叫"媓",称呼妻子的母亲叫"母姼",称呼妻子的父亲叫"父姼"。

6.057　巍①、嶢②、崝③、嶮④,高也。

**【注释】**

①巍:高大的样子。

②嶢(yáo):形容高峻。《汉书·扬雄传》:"直嶢嶢以造天兮,厥高庆而不可虖强度。"颜师古注:"嶢嶢,高貌。"这两句是说通天台高入云天,不可度量。

③崝(zhēng):形容高峻。《淮南子·缪称训》:"城峭者必崩,岸崝者必陀(通"堕",落)。"意为高陡的城墙必然容易倒塌,峻峭的堤岸必然容易堕毁。

④嶮(yǎn):高峻的样子。《文选·张衡〈西京赋〉》:"坻崿(chí è,殿基,殿阶)鳞眴(形容广阔无边。眴音xuàn),栈齴(高峻貌。齴音yǎn)巉嶮(高峻,险峻。巉音chán)。"李善注引薛综曰:"栈、嶮,皆高峻貌。"

**【译文】**

"巍""嶢""崝""嶮"都有高的意思。

6.058　猒①、塞②,安也。

**【注释】**

①猒（yàn）：通"厌（厭）"。安闲，安稳。《诗经·小雅·湛露》："厌厌夜饮，不醉无归。"毛传："厌厌，安也。"

②塞：通"息"。安宁，安定。《吕氏春秋·适威》："桀天子也，而不得息。"高诱注："息，安也，不得安其位。"

**【译文】**

"猒"是安闲，"塞"是安宁，它们都有安的意思。

6.059　惏<sup>①</sup>、怃<sup>②</sup>，怜也。

**【注释】**

①惏（líng）：怜爱。"怜"的一种方言说法。

②怃（wǔ）：通"怃"。抚爱，怜爱。《说文解字·心部》："怃，爱也。"

**【译文】**

"惏"是怜爱，"怃"是抚爱，它们都有怜爱的意思。

6.060　掩<sup>①</sup>、翳<sup>②</sup>，薆也<sup>③</sup>。

**【注释】**

①掩：隐蔽，遮蔽。

②翳（yì）：遮蔽，掩盖。汉刘向《九叹·远逝》："阜隘狭而幽险兮，石嵾嵯以翳日。"大意是山中峡谷幽深险峻，怪石嶙嶙将阳光遮掩。

③薆（ài）：隐蔽。《尔雅·释言》："薆，隐也。"《汉书·律历志》："昧薆于未。"颜师古注："薆，蔽也。"

**【译文】**

"掩"和"翳"都有隐蔽的意思。

## 6.061　佚惕<sup>①</sup>,缓也。

**【注释】**

① 佚惕(diē táng)：宽绰，舒缓。惕，同"荡"。平坦。《诗经·齐风·南山》："鲁道有荡，齐子由归。"毛传："荡，平易也。"诗句大意是鲁国道路很宽绰平坦,齐国女子从那里嫁来了。"佚惕"是"惕"通过缓读机制而产生的双声联绵词,其意义与"惕"相通。

**【译文】**

"佚惕"有舒缓的意思。

# 卷七

7.001　谆憎①,所疾也②。宋、鲁凡相恶谓之谆憎,若秦、晋言可恶矣。

**【注释】**

①谆(zhūn)憎:厌恶。谆,通"憝"。恨,厌恶。《说文解字·心部》:"憝,怨也。"《尚书·康诰》:"暋不畏死,罔弗憝。"孔安国传:"人无不恶之者。"句子大意是强横而不怕死,没有人不怨恨这些罪行。"憎"也有憎恶义。"谆憎"是同义连用的复合词。

②疾:恨,憎恶。

**【译文】**

"谆憎"是厌恶。古宋国、古鲁国地区凡是表示相憎恶称作"谆憎",就如同古秦国、古晋国地区说可恶。

7.002　杜①、蹢②,涩也③。赵曰杜,山之东、西或曰蹢。

**【注释】**

①杜:生涩。本义为赤棠,即杜梨。《尔雅·释木》:"杜,赤棠。"赤棠果实味涩,本条郭璞注:"今俗语通言涩(sè,古同"涩")如杜,杜

梨子<sup>澀</sup>因名之。"点明了"杜"有涩义的原因。

②蹻（xuè）：表示燥涩的一种方言说法。

③蹙（sè）：同"涩"。

【译文】

"杜"是生涩，"蹻"是燥涩，它们都有涩的意思。古赵国地区叫"杜"，崤山东、西两侧也有的叫"蹻"。

7.003　佻<sup>①</sup>、抗<sup>②</sup>，县也<sup>③</sup>。赵、魏之间曰佻，自山之东、西曰抗。燕、赵之郊县物于台之上谓之佻。

【注释】

①佻（diǎo）：通"㐱"。悬挂。《古文苑·王延寿〈王孙赋〉》："㐱瓜悬而瓟垂。"章樵注："㐱，悬物貌。"这句是说（猴子）能像瓟瓜那样悬吊在树枝上。

②抗：举张。《诗经·小雅·宾之初筵》："大侯（箭靶）既抗，弓矢斯张。"毛传："抗，举也。"高举包含悬挂义。诗句大意是大靶已经挂举上，弓与箭也已张罗好。

③县（xuán）：同"悬"。悬挂。

【译文】

"佻"是悬挂，"抗"是高举，它们都有悬的意思。古赵国、古魏国之间的地区叫"佻"，崤山东、西两侧叫"抗"。古燕国、古赵国郊域表示在台上悬挂物品称作"佻"。

7.004　发<sup>①</sup>、税<sup>②</sup>，舍车也<sup>③</sup>。东齐海、岱之间谓之发，宋、赵、陈、魏之间谓之税。

**【注释】**

①发：卸下，解开。《后汉书·袁绍传》："绍在后十数里，闻瓒已破，发鞍息马。"

②税：释放，解开。《韩非子·十过》："昔者卫灵公将之晋，至濮水之上，税车而放马，设舍以宿。"

③舍车：即卸车。

**【译文】**

"发"是卸下，"税"是解开，它们都可以用来表示卸车。在东部古齐国，渤海、泰山之间的地区称之为"发"，古宋国、古赵国、古陈国、古魏国之间的地区称之为"税"。

7.005　肖①、类②，法也③。齐曰类，西楚、梁、益之间曰肖④。秦、晋之西鄙，自冀、陇而西使犬曰哨⑤，西南梁、益之间凡言相类者亦谓之肖。

**【注释】**

①肖（xiào）：取法。《素问·气交变大论》："肖者瞿瞿（勤勉的样子），莫知其妙。"张志聪《黄帝内经集注》："肖，取法也。"句子大意是取法的人勤勉地探讨研究，也不知道其中的奥妙。

②类：类比。

③法：效法，仿效。

④西楚：从地理位置上看，《方言》中的"西楚"应当在汉代的南郡之内。《方言》中提到西楚凡三次，与"梁益""秦"并举，而秦和梁、益都在楚之西。周成王时封楚君熊绎于荆蛮，居丹阳（今湖北秭归东南）。西楚必然在郢都之西，而丹阳正好在郢都之西，介于郢与秦、梁益之间。故西楚当指丹阳，即今湖北西部地区。

⑤哨（sāo）：嗾（sǒu）使狗的声音。戴震《方言疏证》："'哨'亦作

'嗾'。《说文》:'嗾,使犬声。'《春秋·宣公二年》左传:'公嗾夫
獒焉。'"

【译文】

"肖"是取法,"类"是类比,它们都有效法的意思。古齐国地区叫
"类",古楚国西部和梁州、益州之间的地区叫"肖"。古秦国、古晋国的
西部边境,冀州、陇县以西的地区嗾使狗叫"哨",西南地区梁州、益州之
间的地区表示相类似称作"肖"。

7.006　憎①、懹②,惮也③。陈曰懹。

【注释】

①憎:畏惧。《淮南子·说林训》:"战兵死之鬼憎神巫。"高诱注:
　"憎,畏也。"

②懹(ràng):畏惧。《玉篇·心部》:"懹,惮也,相畏也。"唐元结《思
　元极》:"思不从兮空自伤,心慅悘(cǎo qì,忧愁,忧思)兮意惶
　懹。"

③惮(dàn):畏惧。

【译文】

"憎""懹"都有畏惧的意思。古陈国地区叫"懹"。

7.007　谯①、讙②,让也③。齐、楚、宋、卫、荆、陈之间曰
谯。自关而西,秦、晋之间凡言相责让曰谯让,北燕曰讙。

【注释】

①谯(qiào):责备。《管子·揆度》:"力足荡游不作,老者谯之。"意
　思是对于体力充足却闲游不肯劳动的,如果是老年人,就口头责
　备他。

②讙（huān）：大声责备。《广雅·释诂二》：“讙、譙，让也。”王念孙疏证：“《说文》：‘讙，哗也。’字亦作‘諠（喧）’。凡人相责让，则其声喧哗，故因谓让为喧，犹今人谓喧呼为让也。”

③让：责备。《说文解字·言部》：“让，相责让。”《左传·僖公五年》：“夷吾诉之，公使让之。”杜预注：“让，谴让之。”

【译文】

“譙”“讙”都有责备的意思。古齐国、古楚国、古宋国、古卫国、荆州、古陈国之间的地区叫“譙”。在函谷关以西，古秦国、古晋国之间的地区表示相责备叫“譙让”，北部古燕国地区叫“讙”。

7.008　佥①、胥②，皆也。自山而东，五国之郊曰佥③，东齐曰胥。

【注释】

①佥（qiān）：全，都。《尔雅·释诂》：“佥，皆也。”

②胥（xū）：全，都。《尔雅·释诂》：“胥，皆也。”《诗经·小雅·角弓》：“尔之远矣，民胥然矣。”郑玄笺：“胥，皆也。”诗句大意是你和兄弟相疏远，大家就都照样办。

③五国：指崤山以东的齐、楚、赵、韩、魏五个诸侯国。

【译文】

“佥”“胥”都有全部的意思。在崤山以东，齐、楚、赵、韩、魏五个诸侯国郊域地区叫“佥”，东部古齐国地区叫“胥”。

7.009　伴奂①，强也。北燕之外郊，凡劳而相勉若言努力者谓之伴奂。

**【注释】**

①侔（móu）莫：勤勉，努力。"侔"是"懋"的一种方言说法。《说文解字·心部》："懋，勉也。""莫"是"慔"的一种方言说法。《说文解字·心部》："慔，勉也。"

**【译文】**

"侔莫"是勤勉，努力。北部古燕国外围郊域把劳作时进行劝勉就如同说要努力称作"侔莫"。

7.010　傢俗①，骂也。燕之北郊曰傢俗。

**【注释】**

①傢俗（qióng sōng）：骂人用语。谓瘦小可憎。郭璞注："羸小可憎之名也。"丁惟汾《方言音释》："傢俗俗语音转为穷酸。"

**【译文】**

"傢俗"属于骂人的话。古燕国北部郊域叫"傢俗"。

7.011　展①、惇②，信也。东齐海、岱之间曰展，燕曰惇。

**【注释】**

①展：诚实。《尔雅·释诂》："展，诚也。"《诗经·邶风·雄雉》："展矣君子，实劳我心。"毛传："展，诚也。"诗句大意是我那诚实的夫君，实在让我心劳神伤。

②惇（dūn）：敦厚，诚实。本条郭璞注："惇亦诚信貌。"《尚书·舜典》："柔远能迩，惇德允元。"意思是安抚远方的臣民，爱护近处的臣民，亲厚有德的人，信任善良的人。

**【译文】**

"展"是诚实，"惇"是敦厚、诚实，它们都有诚信的意思。在东部古齐国，渤海、泰山之间的地区叫"展"，古燕国地区叫"悼"。

7.012　斯<sup>①</sup>、粊<sup>②</sup>，离也。齐、陈曰斯，燕之外郊、朝鲜、洌水之间曰粊。

**【注释】**

①斯：分开。《庄子·则阳》："斯而析之，精至于无伦，大至于不可围。"意思是对此进行分析，其中的精微之处无与伦比，大到无法度量。

②粊（bō）：古"播"字。分散。《尚书·禹贡》："又北播为九河。"孔安国传："北分为九河。"

**【译文】**

"斯"是分开，"粊"是分散，它们都有离散的意思。古齐国、古陈国地区叫"斯"，古燕国外部郊域以及朝鲜、洌水之间的地区叫"粊"。

7.013　蝎<sup>①</sup>、噬<sup>②</sup>，逮也。东齐曰蝎，北燕曰噬。逮，通语也。

**【注释】**

①蝎（è）：通"遏"。相及。《尔雅·释言》："遏，逮也。"

②噬：通"遾（shì）"。相及。《尔雅·释言》："遾，逮也。"或作"逝"。《诗经·大雅·抑》："无易由言，无曰苟矣，莫扪（mén）朕舌，言不可逝矣。"俞樾《群经平议》："逝，及也。言不可逝，犹言不可及，盖即驷不及舌之意。"大意是不要轻率乱发言，不要说做事可随便。没有人捂住我的嘴巴，言语出口是难以弥补的。

**【译文】**

"蝎""噬"都有相及的意思。东部古齐国地区叫"蝎"，北部古燕国地区叫"噬"。"逮"是共同语的说法。

7.014　皮傅[①]、弹憸[②]，强也。秦、晋言非其事谓之皮傅，东齐、陈、宋、江、淮之间曰弹憸。

**【注释】**

①皮傅：以肤浅的见解牵强附会。《后汉书·张衡传》："后人皮傅，无所容篡。"戴震《方言疏证》："谓不深得其情核，皮肤浅近，强相傅会也。"

②弹憸（dàn xiān）：强行言说。郭璞注："谓强语也。"或作"惮憸"。《广雅·释诂一》："惮憸，强也。"清光绪十二年《泰县县志》："弹憸，强聒（guō）也。"是后世用例的记录。

**【译文】**

"皮傅"是牵强附会，"弹憸"是强行言说，它们都有勉强的意思。古秦国、古晋国地区称所说不符合事实为"皮傅"，东部古齐国、古陈国、古宋国以及长江、淮水之间的地区叫"弹憸"。

7.015　脯[①]、晒、晞[②]，暴也[③]。东齐及秦之西鄙言相暴僇为脯[④]。燕之外郊，朝鲜、洌水之间，凡暴肉、发人之私、披牛羊之五藏[⑤]，谓之脯。暴五谷之类，秦、晋之间谓之晒，东齐、北燕、海、岱之郊谓之晞。

**【注释】**

①脯（pò）：将肉片晒干。《说文解字·肉部》："脯，薄脯，脯之屋上。"

②晞（xī）：晒。《楚辞·九歌·少司命》："与女沐兮咸池，晞女发兮

阳之阿。"意思是同你到太阳沐浴处咸池洗头,到太阳升起处把
头发晾干。

③暴:曝晒,暴露。《说文解字·日部》:"暴,晞也。"

④暴僇(lù):曝晒使物体干燥。疑"僇"为"燎"的一种方言说法。
《广雅·释诂二》:"燎,干也。"《后汉书·冯异传》:"光武对灶燎
衣。"李贤注:"燎,炙也。""暴僇"是近义复合词。

⑤发:暴露(隐私)。披:打开。

【译文】

　　"脯"是将肉片晒干,"晒"是晾晒,"晞"是晒,它们都有曝晒的意思。
东部古齐国及秦国西部边境表示曝晒物体称作"脯"。古燕国的外部郊
域和朝鲜、洌水之间的地区,凡是指晒肉、暴露人的私密、打开牛羊的内
脏都称作"脯"。表示晾晒粮食五谷,古秦国、古晋国之间的地区称作
"晒",东部古齐国、北部古燕国以及渤海、泰山之间的郊域称作"晞"。


　　7.016　熬、聚①、煎、𤎊②、巩③,火干也。凡以火而干五
谷之类,自山而东,齐、楚以往谓之熬,关西陇、冀以往谓之
𤎊④,秦、晋之间或谓之聚。凡有汁而干谓之煎,东齐谓之巩。


【注释】

①聚(chǎo):同"炒"。把食物或其他东西放在炊具里加热翻动使
熟或使干。

②𤎊(bèi):通"穊"。用火烘干。《说文解字·火部》:"穊,以火干
肉。"

③巩:烤干。"炕"的一种方言说法。《说文解字·火部》:"炕,干
也。"段玉裁注:"谓以火干之也。"

④冀:这里表示冀县。汉代的冀县属天水郡。治所在今甘肃天水西。

**【译文】**

　　"熬"是用火煮干,"㷶"是把食物加热翻动使干,"煎"是把食物加热使汁熬干,"㷃"是用火烘干,"巩"是烤干,它们都有用火让食物变干的意思。凡是表示用火把谷物粮食一类的东西烘干,在崤山以东,古齐国、古楚国地区称之为"熬",函谷关以西到陇县、冀县地区称之为"㷃",古秦国、古晋国之间的地区有的称之为"㷶"。凡是表示有汤汁而使其变干的称之为"煎",东部古齐国地区称之为"巩"。

　　7.017　腝①、饪②、亨③、烂④、糦⑤、酋⑥、酷⑦,熟也。自关而西,秦、晋之郊曰腝,徐、扬之间曰饪。嵩岳以南⑧,陈、颖之间曰亨。自河以北,赵、魏之间火熟曰烂,气熟曰糦,久熟曰酋,谷熟曰酷。熟,其通语也。

**【注释】**

①腝(ér):烂熟。《说文解字·肉部》:"腝,爛也。"《左传·宣公二年》:"宰夫腝熊蹯不熟。"孔颖达疏:"过熟曰腝。"

②饪:煮熟。《说文解字·食部》:"饪,大熟也。"《论语·乡党》:"失饪,不食。"

③亨(pēng):同"烹"。煮。

④烂(làn):同"爛"。火烧过熟。《说文解字·火部》:"爛,孰也。"桂馥《说文解字义证》引颜师古注《急就篇》:"烂,烝(蒸)煮生物使之烂熟也。"

⑤糦(xī):同"饎"。炊,做饭。《仪礼·士虞礼》:"饎爨(cuàn,烧火煮饭)在东壁西面。"郑玄注:"炊粟稷曰饎。"

⑥酋:精熟。《国语·郑语》:"毒之酋腊者,其杀也滋速。"韦昭注:"精熟为酋。"句子大意是毒性最烈的酒,毒死人也最快。

⑦酷：通"稬（kù）"。谷物成熟。《广雅·释诂三》："稬，熟也。"王念孙疏证："《玉篇》：'稬，禾大熟也。''稬'与'酷'通。"

⑧嵩岳：指嵩山，在今河南登封北。《汉书·地理志》："颍川之崇高、阳城，皆郑分也。"崇高、阳城皆在岳山之南，因此"嵩岳以南"属于郑。

**【译文】**

"腬"是烂熟，"饪"是煮熟，"亨"是煮，"烂"是火烧过熟，"糦"是烧火做饭，"酋"是精熟，"酷"是谷物成熟，它们都有熟的意思。在函谷关以西，古秦国、古晋国郊域叫"腬"，徐州、扬州之间的地区叫"饪"。自嵩山以南，古陈国、颍水之间的地区叫"亨"。自黄河以北，古赵国、古魏国之间的地区凡是用火烧熟的叫"烂"，气蒸熟的叫"糦"，经过长时间成熟的叫"酋"，谷物成熟叫"酷"。而"熟"是共同语的说法。

7.018　嫢盈①，怒也。燕之外郊，朝鲜、洌水之间，凡言呵叱者谓之嫢盈。

**【注释】**

①嫢（guī）盈：怒气旺盛的样子。《玉篇·女部》："嫢，盛貌。""嫢""盈"皆言旺盛，属于近义复合，用以形容怒气旺盛的状态。

**【译文】**

"嫢盈"是怒气旺盛的样子。古燕国的外部郊域和朝鲜、洌水之间的地区，凡是形容大声斥责称作"嫢盈"。

7.019　跟躄①、隄企②，立也。东齐海、岱，北燕之郊，跪谓之跟躄，委痿谓之隄企③。

**【注释】**

①跟跪(cháng wù)：跪拜，双膝着地，上身挺直。《广雅·释诂三》："跟跪，捭也。"捭(bài)，同"拜"。王念孙疏证："《众经音义》卷二十四云：'今江南谓屈膝立为跟跪。'"

②隑(gāi)企：倚靠着物体向上耸身而立。《玉篇·阜部》："隑企，立也，不能行也。""隑"指倚靠而立。章炳麟《新方言》卷二："浙西谓负墙立曰隑，仰胡床而坐亦曰隑。""企"则指踮起脚跟，耸身而立。《汉书·高帝纪》："日夜企而望归。"颜师古注："企谓举足而竦身。""隑企"连用指倚靠着物体向上耸身而立。

③委痿：身体不能起身行动。委，通"痿"。《说文解字·歺(è)部》："痿，病也。"又《疒(nè)部》："痿，痹也。"指身体因风、寒、湿病等导致不能起身行动。"委痿"属于近义联用。

**【译文】**

"跟跪"是双膝着地、上身挺直着跪拜，"隑企"是倚靠着物体向上耸身而立，它们都有直立身体的意思。东部古齐国的渤海、泰山一带与北部古燕国的郊域表示跪拜称作"跟跪"，表示身体不能起身行动称作"隑企"。

## 7.020　泷涿谓之沾渍①。

**【注释】**

①泷涿(lóng zhuō)：浸湿。钱绎《方言笺疏》："泷涷、东笼，并与泷涿同。"《荀子·议兵》："案角鹿埵陇种，东笼(鹿埵、陇种、东笼都是用来形容溃败貌的词语)而退耳。"杨倞注："东笼，与涷泷同，沾湿貌，如衣服之沾湿然。"

**【译文】**

"泷涿"是浸湿的意思。

## 7.021　希①、铄②，摩也③。燕、齐摩铝谓之希④。

**【注释】**

①希：通"晞"。消散。钱绎《方言笺疏》："《楚辞·九思》云：'尘莫莫兮未晞。'王逸注云：'晞，消也。''晞'与'希'通，消亦磨也。"

②铄（shuò）：销熔。《国语·周语》："众口铄金。"韦昭注："铄，消也。"

③摩：磨灭，消失。《汉书·司马迁传》："古者富贵而名摩灭，不可胜记。"

④摩铝：铝，同"鑢（lǜ）"。《集韵·御韵》："鑢，《说文》：'错铜铁也。'或从吕。"

**【译文】**

"希"是消散，"铄"是销熔，它们都有消磨的意思。古燕国、古齐国地区表示磋磨称作"希"。

## 7.022　平均①，赋也。燕之北鄙，东齐北郊，凡相赋敛谓之平均。

**【注释】**

①平均：征收赋税。戴震《方言疏证》："《尔雅·释言》：'赋，量也。'郭注云：'赋税所以评量。'……史游《急就篇》：'远取财物主平均。'颜师古注云：'价有贵贱，又当有转送费用，不欲劳扰，故立平准均输之官。'"征收赋税是根据情况裁量使百姓所得相对平衡的一种行为，因而"平均"可以指征收赋税。

**【译文】**

"平均"是征收赋税。古燕国北部边境和东部古齐国的北方郊域表示征收赋税称作"平均"。

## 7.023　罗谓之离①,离谓之罗。

**【注释】**

①罗:罗列,陈列。郭璞注:"皆行列物也。"离:罗列,陈列。"罗"的一种方言说法。《左传·昭公元年》:"楚公子围设服离卫。"杜预注:"离,陈也。"

**【译文】**

"罗"可以指"离","离"也可以指"罗",它们都有陈列的意思。

## 7.024　钊①、超②,远也。燕之北郊曰钊,东齐曰超。

**【注释】**

①钊:遥远。当属"超"的一种方言说法。《楚辞·九歌·国殇》:"出不入兮往不反,平原忽兮路超远。"大意是出征不回啊往前不复返,平原迷漫啊路途很遥远。

②超:遥远。详参注释①。

**【译文】**

"钊""超"都可以指遥远。古燕国北部郊域叫"钊",东部古齐国地区叫"超"。

## 7.025　汉漫①、眠眩②,懑也。朝鲜、洌水之间,烦懑谓之汉漫,颠眴谓之眠眩。

**【注释】**

①汉漫:同"汗漫"。指广大,漫无边际。《淮南子·俶真训》:"至德之世,甘暝于溷澜(hùn xián,浑然无边貌)之域而徙倚(逡巡,来

回地走）于汗漫之宇。""懑"指愤恨、烦闷,愤怒、烦闷则怒气或
怨气充盈。《楚辞·严忌〈哀时命〉》:"惟烦懑而盈匈（胸）。"因
而其与"汗漫"意义可通。

②眕（chēn）眩:晕眩。与下文"颠眴"为同一词的不同书写形式。
"颠"指颠倒,"眴"与"眩"古字通,指晕眩。《素问·玉机真藏
论》:"忽忽眩冒而巅疾。"王冰注:"眩,谓目眩,视如转也。""颠
眴"也作为一种病名。又名癫痫。《文选·扬雄〈剧秦美新〉》:
"臣常有颠眴病,恐一旦先犬马填沟壑（死的自谦说法。人死埋
于地下,故称"填沟壑"）。"张铣注:"颠眴,谓风病也。"此病发作
时人即晕眩,意识迷乱,故有"颠眴"之名。而怒气充盈时,亦往
往晕眩,正如今天常言人气到犯晕。

**【译文】**

"汉漫"是广大、漫无边际,"眕眩"是眩晕,它们都是指愤恨、烦闷的
状态。朝鲜、洌水之间的地区形容烦闷、愤恨称作"汉漫",形容晕眩称
作"眕眩"。

## 7.026 怜职①,爱也。言相爱怜者,吴、越之间谓之怜职。

**【注释】**

①怜职:疼爱。疑"怜职"为"怜昵"的一种方言说法。《周礼·弓
人》:"凡昵之类不能方。"郑玄注:"故书昵或作樴。杜子春云:
'樴读为不义不昵之昵。'""职（職）""樴"同从戠声,读音相同,
故此为"职""昵"二者读音可以相通转的例证。而"怜"有爱怜
义,昵也指亲近,喜欢。

**【译文】**

"怜职"有疼爱的意思。表示人相疼爱,古吴国、古越国之间的地区
称作"怜职"。

7.027　茹<sup>①</sup>,食也。吴、越之间凡贪饮食者谓之茹。

**【注释】**

①茹:吃,吞咽。《礼记·礼运》:"食草木之实、鸟兽之肉,饮其血,茹其毛。"

**【译文】**

"茹"是食用的意思。古吴国、古越国之间的地区凡是表示贪图吃喝称作"茹"。

7.028　竘<sup>①</sup>、貌<sup>②</sup>,治也。吴、越饰貌为竘,或谓之巧<sup>③</sup>。

**【注释】**

①竘(kǒu):制作,治理。郭璞注:"谓治作也。"《说文解字·立部》:"竘,匠也。《逸周书》有《竘匠》。"《小尔雅·广诂》:"匠,治也。"《抱朴子外篇·备阙》:"责其体而论细礼,则匠世济民之勋不著矣。"意思是如果非难大体而追求细节,那济世利民的功劳就不会卓著了。

②貌:通"描"。摹作。《荀子·礼论》:"略而不尽,貌而不功。"意思是(随葬的物品)简约不够齐备,徒摹有外表却不够精细。

③巧:制作,打理。"竘"的一种方言说法。

**【译文】**

"竘"是制作、治理,"貌"是摹作,它们都有作的意思。古吴国、古越国地区指修饰容貌叫"竘",也有的称作"巧"。

7.029　煦<sup>①</sup>、煟<sup>②</sup>,热也,干也。吴、越曰煦煟。

**【注释】**

①煦（xù）：暖，火气上行。

②煆（xiā）：热，火力大。《玉篇·火部》："煆，热也，干也。"唐柳宗元《同刘二十八院长述旧言怀》："瘴氛（瘴气）恒积润，讹火（野火）亟生煆。""煦煆"属于近义联用。

**【译文】**

"煦"是火气上行，"煆"是火力大，它们都有热的意思，也有干的意思。古吴国、古越国地区叫"煦煆"。


7.030　擤①、膂②、贺③、䑂④，儋也⑤。齐、楚、陈、宋之间曰擤。燕之外郊，越之垂⑥，瓯⑦、吴之外鄙谓之膂。南楚或谓之擤。自关而西，陇、冀以往谓之贺。凡以驴、马、骀驼载物者谓之负他⑧，亦谓之贺。


**【注释】**

①擤（yíng）：用肩挑担。或作"嬴"。《玉篇·手部》："《庄子》云：'擤粮而趣之。'本亦作嬴。"《后汉书·邓禹传》："邓公嬴粮徒步，触纷乱而赴光武。"

②膂（lǔ）：表示担的一种方言说法。

③贺：通"荷"。担。

④䑂（téng）：疑为"称"的一种方言说法。担，扛举。《尚书·牧誓》："称尔戈，比尔干，立尔矛。"孔安国传："称，举也。"句子大意是举起你们的戈，排列好你们的盾，竖立起你们的长矛。周祖谟《方言校笺》："䑂，《御览》引作'腾'。"杨树达《积微居小学金石论丛·长沙方言续考》："长沙轻重不相称，读如腾之去声，为古音，古无舌上音。"

⑤儋（dān）：肩荷，挑。俗作"担"。

⑥垂：边疆，边际。后作"陲"。

⑦瓯（ōu）：在今浙江温州一带。东瓯就是瓯，言"东"是为了别于"西瓯"。"瓯、吴之外鄙"大致相当于今福建北部及浙江南部的沿海地区。

⑧駝（tuō）驼：骆驼。负他：同"负佗"。负载。钱绎《方言笺疏》："'駝'与'佗'同。《汉书·赵充国传》：'以一马自佗负三十日食。'"

**【译文】**

"攍"是用肩挑担，"膂""贺"都是担荷，"儋"是扛举，它们都有用肩膀挑的意思。古齐国、古楚国、古陈国、古宋国之间的地区叫"攍"。古燕国的外部郊域，古越国的边疆，瓯地、古吴国的外围边境地区，称之为"膂"。南部古楚国地区有的称之为"攍"。在函谷关以西，陇县、冀县之间的地区称之为"贺"。凡是表示驴、马、骆驼负载货物的情况都称作"负他"，也有的称作"贺"。

7.031　树植①，立也。燕之外郊，朝鲜、洌水之间凡言置立者谓之树植。

**【注释】**

①树植：树立。"树"和"植"都有立的意思，属于同义复合。

**【译文】**

"树植"是树立的意思。古燕国的外部郊域和朝鲜、洌水之间的地区凡是表示放置树立称作"树植"。

7.032　过度谓之涉济①。

**【注释】**

①过度：即"过渡"。渡水。度，通"渡"。涉济（jì）：渡水。"济"和"涉"一样都有渡水的意思。《尚书·盘庚》："若乘舟，汝弗济，臭厥载。"孔安国传："言不徙之害，如舟在水中流不渡，臭败其所载物。"

**【译文】**

渡水称作"涉济"。

7.033　福禄谓之祓戬①。

**【注释】**

①祓戬（fú jiǎn）：福气，福运。"祓""戬"都有福的意思。《尔雅·释诂》："戬、祓，福也。"因而"祓戬"属于同义复合词。

**【译文】**

福气称作"祓戬"。

7.034　偧①、眙②，逗也③。南楚谓之偧，西秦谓之眙④。逗，其通语也。

**【注释】**

①偧（chì）：停留。《楚辞·九章·惜诵》："欲儃佪以干偧兮，恐重患而离尤。"王逸注："偧，住也。"句子大意是我徘徊不去以求留在君王身旁，又怕更大的祸患落在头上。

②眙（chì）：直视，目不转睛地看。郭璞注："眙谓住视也。"《说文解字·目部》："眙，直视也。"

③逗：停止，停留。郭璞注："即今住字也。"《说文解字·辵（chuò）

部》:"逗,止也。"《汉书·匈奴传》:"逗遛不进。"

④西秦:《方言》郭璞注:"西秦,酒泉、敦煌、张掖是也。"酒泉,即酒
 泉郡,辖境相当于今甘肃河西走廊西部。敦煌,即敦煌郡,辖境相
 当于甘肃疏勒河以西及玉门关以东地区。张掖,即张掖郡,在今
 张掖甘州区西北。

**【译文】**

 "傺"是停留,"眙"是目不转睛地看,它们都有停住的意思。南部
古楚国地区称之为"傺",西部古秦国地区称之为"眙"。"逗"是共同语
的说法。

# 卷八

8.001　虎,陈、魏、宋、楚之间或谓之李父①,江、淮、南楚之间谓之李耳②,或谓之於檡③。自关东、西或谓之伯都④。

**【注释】**

①李父:古民族语对公虎的称谓。

②李耳:古民族语对母虎的称谓。

③於檡(wū tú):"虎"的缓读,即"虎"是"於檡"的合音。

④伯都:表示老虎的一种方言说法。

**【译文】**

对于老虎,古陈国、古魏国、古宋国、古楚国之间的地区有的叫"李父",长江、淮水以及南部古楚国之间的地区称之为"李耳",也有的称之为"於檡"。函谷关东、西两侧有的称之为"伯都"。

8.002　貔①,陈、楚、江、淮之间谓之猍②,北燕、朝鲜之间谓之貊③,关西谓之狸④。

**【注释】**

①貔（pí）：狸子。即豹猫。

②豾（lái）：狸子。"狸"的一种方言说法。《说文解字·豸（zhì）部》：

"狸，伏兽，似貙。"段玉裁注："谓善伏之兽，即俗所谓野猫。"

③貇（péi）：同"豾"。狸子。《集韵·脂韵》："貇，狸子曰貇。"

④狸：同"貍"。狸子。《广韵·之韵》："貍，野猫。狸，俗。"

**【译文】**

"貔"是狸子，古陈国、古楚国以及长江、淮水之间的地区称之为"豾"，北部古燕国与朝鲜之间的地区称之为"貇"，函谷关以西的地区称之为"狸"。

8.003　貛①，关西谓之貒②。

**【注释】**

①貛（huān）：同"獾"。一种哺乳类鼬科动物，主要有猪獾、狗獾两种。

②貒（tuān）：猪獾。《楚辞·王逸〈九思·遭厄〉》："鹿蹊兮跍跍（duàn，追赶的样子），貒貉兮蟫蟫（yín，相随行的样子）。"洪兴祖补注："貒，似豕而肥。"

**【译文】**

"貛"是猪獾，函谷关以西的地区称之为"貒"。

8.004　鸡，陈、楚、宋、魏之间谓之鸊鴀①，桂林之中谓之割鸡②，或曰䭚③。北燕、朝鲜、洌水之间谓伏鸡曰抱④。爵子及鸡雏皆谓之觳⑤。其卵伏而未孚⑥，始化谓之涅⑦。

【注释】

①鷐(pì qí)：小鸡。"鷐"作为叠韵联绵词,含有矮小的意思。

②桂林：桂林郡。秦置。治所在今广西桂平西南。割鸡："鸡"的别
　　称。疑"割鸡"乃指"犗(jiè)鸡",指强壮的鸡。《增韵·怪韵》：
　　"犗,凡畜健强者皆曰犗。""割"拟鸡鸣之声。

③鳆(cóng)："鸡"的别称。钱绎《方言笺疏》："鳆之言从也,丛聚
　　之名也。"指其习性喜欢聚集。

④抱：禽类孵卵。"伏"的一种方言说法。《庄子·庚桑楚》："越鸡不
　　能伏鹄卵。"

⑤爵子：即"雀子",泛指小鸟。沈约《齐禅林寺尼净秀行状》："夜
　　即梦见鸦(yā,鸦鸟)鹊、鸲鹆(qú yù,八哥鸟)、雀子各乘车。"鷇
　　(kòu)：待母哺食的雏鸟。《汉书·东方朔传》："声謷謷(áo,同
　　"嗷嗷",哀号声)者,乌哺鷇也。"颜师古注引项昭曰："凡鸟哺子
　　而活者为鷇。"

⑥孚：孵化。后作"孵"。《说文解字·爪部》："孚,卵孚也。"

⑦涅：卵尚未彻底孵化。本书卷三："涅,化也……鸡伏卵而未孚,始
　　化之时,谓之涅。"

【译文】

　　对于鸡,古陈国、古楚国、古宋国、古魏国之间的地区称之为"鷐
鷐",桂林郡地区称之为"割鸡",也有的称之为"鳆"。北部古燕国、朝
鲜、洌水之间的地区表示孵小鸡称作"抱"。小鸟和雏鸡都称作"鷇"。
鸡孵的卵还没有孵成,刚刚开始孵化的时候称作"涅"。

　　8.005　　猪,北燕、朝鲜之间谓之豭①,关东、西或谓之
彘②,或谓之豕③。南楚谓之狶④。其子或谓之豚⑤,或谓之
豯⑥,吴、扬之间谓之猪子⑦。其槛及蓐曰橧⑧。

**【注释】**

①豭（jiā）：本指公猪。《说文解字·豕部》："豭，牡豕也。"也可泛指猪。《左传·昭公四年》："顾而见人，黑而上偻，深目而豭喙。"

②彘（zhì）：猪。

③豕（shǐ）：猪。

④豨（xī）：大猪。《庄子·知北游》："正获之问于监市履豨也，每下愈况。"陆德明《经典释文》引李颐曰："豨，大豕也。"句子大意是有个名获的市官问屠夫关于检查大猪肥瘦的方法，屠夫说越往下腿踩就越明白。因为估量猪的肥瘦，越近猪的脚胫越能显出它是否真肥。

⑤豚：小猪。《论语·阳货》："阳货欲见孔子，孔子不见，归（kuì，同'馈'。赠送。）孔子豚。"邢昺疏："豚，豕之小者。"

⑥豯（xī）：小猪。《说文解字·豕部》："豯，生三月豚。腹奚奚貌也。"豯的得名理据当是源自乳猪大腹之象。《说文解字·大部》："奚，大腹也。"

⑦猪子：小猪，犹今人言"仔猪"。

⑧蓐（rù）：草席，草垫。《左传·宣公十二年》："左追蓐。"孔颖达疏："蓐，谓卧止之草。"橧（céng）：猪圈及猪睡的草垫。《尔雅·释兽》："（豕）所寝，橧。"

**【译文】**

　　对于猪，北部古燕国、朝鲜之间的地区称之为"豭"，函谷关东、西两侧有的称之为"彘"，也有的称之为"豕"。南部古楚国地区称之为"豨"。对于猪仔，有的称之为"豚"，也有的称之为"豯"，古吴国和扬州之间的地区称之为"猪子"。表示猪的圈栏和睡的草垫叫"橧"。


　　8.006　布谷，自关而东，梁、楚之间谓之结诰①，周、魏之间谓之击谷②，自关而西或谓之布谷。

**【注释】**

①结诰：布谷鸟。"秸鞠"的一种转写形式。《诗经·曹风·鸤（shī）鸠》："鸤鸠在桑，其子七兮。"朱熹《诗集传》："鸤鸠，秸鞠也，亦名戴胜，今之布谷也。"

②击谷：布谷鸟。亦为"秸鞠"的一种转写形式。详参注释①。

**【译文】**

对于布谷鸟，在函谷关以东，古梁国、古楚国之间的地区称之为"结诰"，古周国、古魏国之间的地区称之为"击谷"，函谷关以西的地区有的称之为"布谷"。

8.007　鹖鴠①，周、魏、齐、宋、楚之间谓之定甲②，或谓之独舂③。自关而东谓之城旦④，或谓之倒悬⑤，或谓之鹖鴠。自关而西，秦、陇之内谓之鹖鴠⑥。

**【注释】**

①鹖鴠（hàn dàn）：寒号鸟。也作"侃旦"。《太平御览》引《广志》："侃旦冬毛希，夏毛盛，后世则谓之寒号虫。"

②定甲：寒号鸟的别称。

③独舂：寒号鸟的别称。当是因其常常有类似舂捣谷物的状态。郭璞在"独舂"下注："好自低仰。"

④城旦：寒号鸟的别称。古时有城旦舂的刑罚，属于徒刑。"城旦"是针对男犯人的刑罚，即夜里筑城，白天站岗防御。"舂"是针对女犯人的刑罚，即舂捣谷物的劳役。"城旦"之名，当是源自其昼夜鸣叫。李时珍《本草纲目·禽二·寒号虫》："鹖鴠，夜鸣求旦之鸟。夏月毛盛，冬月裸体，昼夜叫，故曰寒号，曰鹖旦。古刑有城旦舂，谓昼夜舂米也。故又有城旦、独舂之名。"

⑤倒悬：寒号鸟的别称。据郭璞注，此鸟"好自悬于树"，因而得名。

⑥鹖鴠：寒号鸟。"鹖鴠"的一种转写形式，或作"曷旦"。《礼记·月令》："仲冬之月，曷旦不鸣。"

**【译文】**

对于寒号鸟，古周国、古魏国、古齐国、古宋国、古楚国之间的地区称之为"定甲"，也有的称之为"独舂"。函谷关以东的地区称之为"城旦"，也有的称之为"倒悬"，还有的称之为"鹖鴠"。函谷关以西的地区称之为"鹖鴠"。

8.008　鸠①，自关而东，周、郑之郊，韩、魏之都谓之鹠鷱②，其鹢鸠谓之鸊鷱③。自关而西，秦、汉之间谓之鶪鸠④，其大者谓之鳻鸠⑤，其小者谓之鹢鸠，或谓之鵻鸠⑥，或谓之鹪鸠⑦，或谓之鹘鸠⑧。梁、宋之间谓之鶴⑨。

**【注释】**

①鸠：古为五鸠（祝鸠、鳻鸠、鸤鸠、爽鸠、鹘鸠）的总称。《说文解字·鸟部》："鸠，鹘鷱也。"段玉裁注："鸠为五鸠之总名。"

②鹠鷱（láng gāo）：鸠的总名。

③鹢（yì）鸠：小鸠。鹢从役得声，含有小义。鸊鷱（pì gāo）：小鸠。"鸊"即"鹢"的一种转写形式，"鷱"即"鹠鷱"，乃鸠的总名。故"鸊鷱"犹"鹢鸠"。陆玑《毛诗草木鸟兽虫鱼疏·翩翩者雕》："雕其，今小鸠也，一名鹢鸠。"

④鶪（jú）鸠：鸠的总名。

⑤鳻（bān）鸠：即斑鸠。"鳻"是"斑"的转写。

⑥鵻（kuí）鸠：无斑的小鸠。"鵻"或记作"鵻"。李时珍《本草纲目·禽三·斑鸠》："古者庖人以尸祝登尊俎，谓之祝鸠。此皆鸠

之大而有斑者。其小而无斑者曰隹、曰鸒。"

⑦鹎鸠：指小鸠。详参注释③。

⑧鹘（gǔ）鸠：指小鸠。"鹘鸠"也作"鹘鸼"。《尔雅·释鸟》："鹘鸠，鹘鸼。"郭璞注："似山鹊而小，短尾，青黑色，多声。今江东亦呼为鹘鸼。"

⑨鵻（zhuī）：同"隹"。指小鸠。《诗经·小雅·四牡》："翩翩者鵻，载飞载下，集于苞栩。"

【译文】

　　对于鸠这一类鸟，在函谷关以东，古周国、古郑国的郊域还有古韩国、古魏国都城一带称之为"鹘鸼"，对于其中的小鸠称之为"鶌鸠"。在函谷关以西，古秦国、汉中郡地区称之为"鹘鸠"，其中大的称作"鸼鸠"，小的称作"鶌鸠"，有的称作"鹎鸠"，有的称作"鹎鸠"，还有的称作"鹘鸠"。古梁国、古宋国之间的地区称之为"鵻"。

　　8.009　鳲鸠[1]，燕之东北，朝鲜、洌水之间谓之鶝鶔[2]。自关而东谓之戴鵀[3]，东齐海、岱之间谓之戴南[4]，南犹鵀也。或谓之鵟鷄[5]，或谓之戴鴀[6]，或谓之戴胜[7]。东齐、吴、扬之间谓之鵀。自关而西谓之服鶝[8]，或谓之鶭鷃[9]。燕之东北，朝鲜、洌水之间谓之鵗[10]。

【注释】

①鳲（shī）鸠：即"鸤鸠"，亦作尸鸠，也就是戴胜鸟。《诗经·曹风》有《鸤鸠》篇。鳲，同"鸤"。

②鶝鶔（bì fǒu）：戴胜鸟的别称。或转写作"鶝鵗"。《尔雅·释鸟》："鶝鵗，戴鵀。"郭璞注："鵀即头上胜。今亦呼为戴胜。"

③戴鵀（rén）：戴胜鸟。其头上有棕栗色羽冠，鸣时随声起伏。"鵀"

是"胜"的一种转写形式。而"胜"则指古代盛妆的一种首饰,用来比拟戴胜鸟的羽冠。《释名·释首饰》:"胜,言人形容正等,一人著之则胜。蔽发前为饰也。"

④戴南:戴胜鸟。即"戴䲹"的一种转写形式。

⑤䴔鹎(fǎng zé):护田鸟。《尔雅·释鸟》:"䴔,泽虞。"郭璞注:"俗呼为护田鸟。"此处乃《方言》误将两种鸟类混同。

⑥戴鳻(fén):戴胜鸟的一种别称。疑"鳻"言"纷",朱骏声《说文通训定声》:"纷,假借又为鳻。""纷"可表示盛貌。《楚辞·离骚》:"纷吾既有此内美兮。"王逸注:"纷,盛貌。"而"戴鳻"之名则当取其头戴盛妆之象。

⑦戴胜:与"戴䲹""戴南"为同一词因方音差异而产生的不同转写形式。

⑧服䳗(bì):与"䴔鹎""鵙鳻"为同一词因方音差异而产生的不同转写形式。

⑨鵙(fú)䳗:参本条注释⑧。

⑩鵒(yù):戴胜鸟的一种方言说法。《广雅·释鸟》:"鵒鵒,戴胜也。"

【译文】

对于戴胜鸟,古燕国东北部和朝鲜、洌水之间的地区称之为"鵙鳻"。函谷关以东的地区称之为"戴䲹",在东部古齐国,渤海、泰山之间的地区称之为"戴南","南"犹如"䲹"。也有的称之为"䴔鹎",有的称之为"戴鳻",还有的称之为"戴胜"。东部古齐国、古吴国和扬州之间的地区称之为"䲹"。函谷关以西的地区称之为"服䳗",也有的称之为"鵙鳻"。古燕国东北部和朝鲜、洌水之间的地区称之为"鵒"。

8.010　蝙蝠,自关而东谓之服翼[1],或谓之飞鼠[2],或谓之老鼠③，或谓之仙鼠④。自关而西，秦、陇之间谓之蝙蝠。北燕谓之蟙䘃⑤。

**【注释】**

①服翼：蝙蝠的一种别称。或作"伏翼"。《新序·杂事》："黄鹄白鹤，一举千里，使之与燕、服翼试之堂庑（wǔ，古代正房对面和两侧的屋子）之下、庐室之间，其便未必能过服翼也。"

②飞鼠：蝙蝠的一种别称。"飞"乃其技，"鼠"拟其形。

③老鼠：蝙蝠的一种别称。因蝙蝠头部躯体与鼠皆相似，因而也用"老鼠"作为其名。

④仙鼠：蝙蝠的一种别称。"仙鼠"之名当得名于传说。李白《答族侄僧中孚赠玉泉仙人掌茶诗序》："余闻荆州玉泉寺近清溪诸山，山洞往往有乳窟，窟中多玉泉交流，其中有白蝙蝠，大如鸦。按《仙经》：'蝙蝠一名仙鼠，千岁之后，体白如雪，栖则倒悬，盖饮乳水而长生也。'"

⑤蟙䘃（zhí mò）：蝙蝠的一种别称。一说"蟙䘃"乃"识（識）墨"更换或增益形符而成。"墨"象夜黑之色，蝙蝠善夜间飞行，故得此名。

**【译文】**

对于蝙蝠，函谷关以东的地区称之为"服翼"，也有的称之为"飞鼠"，有的称之为"老鼠"，还有的称之为"仙鼠"。在函谷关以西，古秦国和陇县之间的地区使用"蝙蝠"这个名称。北部古燕国地区称之为"蟙䘃"。

8.011　雁①，自关而东谓之鴚鹅②，南楚之外谓之鹅，或谓之鸧鴚③。

**【注释】**

①雁（yàn）：可兼指家鹅和野鹅。《方言》此条专指野鹅。

②鸲（gē）鹅：野鹅。"鸲鹅"文献中或写作"驾鹅"。《楚辞·七谏》："鸾皇孔凤日以远兮，畜凫驾鹅。"洪兴祖补注引郭璞曰："驾鹅，野鹅也。""鸲"或"驾"当是摹拟其叫声用以命名，王念孙《广雅疏证·释鸟》："鸲鹅以象其声。"

③鸧（cāng）鸲：野鹅。上一条中已言明"鸲"当是摹拟其叫声用以命名，而"鸧"应是指其色为苍。《急就篇》："凰爵鸿鸧雁鹜雉。"颜师古注："雁亦鸿类也，其色苍黑。"故野鹅又名"苍鹅"。

**【译文】**

对于野鹅，函谷关以东的地区称之为"鸲鹅"，南部古楚国地区称之为"鹅"，也有的称之为"鸧鸲"。

8.012　桑飞①，自关而东谓之工爵②，或谓之过嬴③，或谓之女匠④。自关而东谓之鹡䳭⑤。自关而西谓之桑飞，或谓之㦾爵⑥。

**【注释】**

①桑飞：鹪鹩。郭璞注："即鹪鹩也。"

②工爵：即"工雀"，鹪鹩的别名。

③过嬴（luó）：鹪鹩的别名。《广雅·释鸟》作"果嬴"，"果嬴"是联绵词，含有小的意思。

④女匠：鹪鹩的别名。当是言其善于作巢。王念孙《广雅疏证·释鸟》："以其巧于作巢，故又有女匠、工雀之名。"又郭璞注："今亦名为巧妇。""女匠"与"巧妇"得名缘由大致相当。

⑤鹡䳭（níng jué）：鹪鹩的别名。《文选·陈琳〈檄吴将校部曲文〉》：

"鹎鵙之鸟,巢于苇苕(芦苇)。"

⑥懱(miè)爵:鹪鹩的别名。懱,通"蔑"。郭璞注:"蔑,小貌。"爵,通"雀"。

【译文】

对于鹪鹩,函谷关以东的地区称之为"工爵",也有的称之为"过羸",还有的称之为"女匠"。函谷关以东的地区称之为"鹎鵙"。函谷关以西的地区称之为"桑飞",也有的称之为"懱爵"。

8.013　鹏黄①,自关而东谓之鸧鹒②。自关而西谓之鹏黄,或谓之黄鸟③,或谓之楚雀④。

【注释】

①鹏黄:黄鹂鸟。或转写作"鸒黄""鵹黄"。《尔雅·释鸟》:"仓庚,鵹黄也。"郭璞注:"其色鵹黑而黄,因以名云。"指明了其得名缘由。

②鸧鹒(cāng gēng):黄鹂鸟的别名。或作"仓庚"。《诗经·豳风·东山》:"仓庚于飞,熠耀(光彩鲜明)其羽。"

③黄鸟:黄鹂鸟的别名。《诗经·周南·葛覃》:"黄鸟于飞,集于灌木,其鸣喈喈(jiē,鸟鸣声)。"

④楚雀:黄鹂鸟的别名。南朝梁沈约《郊居赋》:"其林鸟则翻泊颉颃(xié háng,鸟飞上下貌),遗音下上,楚雀多名,流莺杂响。"

【译文】

对于黄鹂鸟,函谷关以东的地区称之为"鸧鹒",函谷关以西的地区称之为"鹏黄",也有的称之为"黄鸟",还有的称之为"楚雀"。

8.014　野凫①,其小而好没水中者,南楚之外谓之鹭鹧②,大者谓之鹘蹏③。

【注释】

①野凫（fú）：野鸭，形状似家鸭而小。

②鹭鹛（pì tī）：一种水鸟，俗称油鸭。似鸭而小，善潜水。《后汉书·马融传》："鹭、雁、鹭鹛。"李贤注："（鹭鹛）野凫也。甚小，好没水中。"

③鹘蹄（hú tí）：野鸭。唐皮日休《悲游诗》："朝游乎鹘蹄，夕叫乎羁鹚（jī cí，失偶的雌鸟）。"

【译文】

对于野鸭这类动物，其中较小且喜欢潜水的，南部古楚国外围地区称之为"鹭鹛"，其中较大的称作"鹘蹄"。

8.015　守宫①，秦、晋、西夏谓之守宫②，或谓之蠦蠌③，或谓之蜥易④。其在泽中者谓之易蝪⑤。南楚谓之蛇医⑥，或谓之蝾螈⑦。东齐海、岱谓之蜥蝾⑧。北燕谓之祝蜓⑨。桂林之中，守宫大者而能鸣谓之蛤解⑩。

【注释】

①守宫：壁虎，蜥蜴的一种。李海霞《汉语动物命名研究》："守宫后世又叫壁虎，喜爬在室内墙壁上，捕食小虫。秦以前称普通房屋为宫，故先秦名壁虎为守宫。"

②西夏：指今陕西东部，在《方言》中属秦晋方言区。

③蠦蠌（lú chán）：壁虎的别称。

④蜥（xī）易：即蜥蜴。蜥，同"蜥"。易，通"蝪"。严格来说，壁虎只属于蜥蜴的一种。而古人则将二者混同。

⑤易蝪："蜥蜴"的一种转写形式。

⑥蛇医："蜥蜴"的一种转写形式。实际是蝾螈，与蜥蜴相似，但并

非蜥蜴。

⑦蝾螈（róng yuán）：一种状似蜥蜴的两栖纲有尾目动物。头扁，背黑色，腹红黄色，有黑斑，四肢短，尾侧扁，主要生活在水中。

⑧蛶蚝（sī hóu）：壁虎的别称。

⑨祝蜒（yán）：壁虎的别称。"祝"有断义。《广雅·释诂一》："祝，断也。""蜒"犹言延，意为延续。壁虎有尾巴可再生的特点，故有此名。

⑩蛤解（gé jiě）：亦作"蛤蚧"。爬行动物，形似壁虎而大，头大，背部灰色而有红色斑点，吃蚊、蝇等小虫，可入药。古人将其与壁虎混为一类。

**【译文】**

对于壁虎这类动物，古秦国、古晋国以及西夏地区称之为"守宫"，也有的称之为"蠦蠾"，还有的称之为"蜇易"。对于生活在水草丛杂之地的称作"易蜴"。南部古楚国地区称之为"蛇医"，也有的称之为"蝾螈"。在东部古齐国，渤海、泰山之间的地区称之为"蛶蚝"。北部古燕国地区称之为"祝蜒"。在桂林郡，那种体型较大且能鸣叫的壁虎称作"蛤解"。

## 8.016　宛、野谓鼠为雖①。

**【注释】**

①宛、野：宛县和新野。郭璞注："宛、新野，今皆在南阳。"宛县，本战国时楚邑，后属韩，秦昭襄王置县，秦以后历来都是南阳郡的治所。在今河南南阳。新野，西汉初年置。属南阳郡。在今河南南阳。雖（zhuī）：老鼠的别称。"雖"犹言锥。鼠善钻洞，故得此名。

**【译文】**

宛县、新野地区把老鼠叫"雖"。

8.017　鸡雏,徐、鲁之间谓之鷷子<sup>①</sup>。

**【注释】**

①鷷(qiū)子:雏鸡。《广雅·释鸟》:"鷷子,雏也。"王念孙疏证:
　"鷷之言㩤也。《释诂》云:'㩤,小也。'"

**【译文】**

对于雏鸡,徐州、古鲁国之间的地区叫"鷷子"。

# 卷九

9.001　戟<sup>①</sup>,楚谓之釪<sup>②</sup>。凡戟而无刃,秦、晋之间谓之釪,或谓之镣<sup>③</sup>,吴、扬之间谓之戈。东齐、秦、晋之间谓其大者曰镘胡<sup>④</sup>,其曲者谓之钩釪镘胡<sup>⑤</sup>。

**【注释】**

①戟:一种战场上的格斗长兵器,是戈和矛的合体,柄前安直刃,旁有横刃,具有勾啄和刺击的双重功能。

②釪(jié):戟。或作"孑",原指戟头的小枝。郭璞注:"取名于钩釪也。"因而"釪"用来指称戟,是以部分指代整体的转喻现象。

③镣(yí):无刃的戟。本作"戠"。《说文解字·戈部》:"戠,长枪也。"无刃之戟也被称为长枪。

④镘(màn)胡:大戟。《广雅·释器》:"镘胡、戈,戟也。"王念孙疏证:"《考工记》注云:'俗谓戈胡为曼胡。'曼与镘通。镘胡者,宽大之貌。"

⑤钩釪镘胡:带有曲钩的大戟。"钩"当指戟前端的曲钩。《汉书·韩延寿传》:"候月蚀铸作刀剑钩镡。"颜师古注:"钩亦兵器也,似剑而曲。""釪"是戟头的小枝,详参注释②,它们都是戟的

组成部分,"钩钎"作为定语用来修饰"镘胡","镘胡"是大戟,详
参注释④。

**【译文】**

戟,古楚国地区称之为"钎"。凡是没有刃的戟,古秦国、古晋国之
间的地区称之为"钎",也有的称之为"镈",古吴国和扬州之间的地区称
之为"戈"。东部古齐国以及古秦国、古晋国之间的地区把戟中大的一
类称作"镘胡",把其中带有曲钩的称作"钩钎镘胡"。


9.002　三刃枝①,南楚宛、郢谓之匽戟②。其柄自关而
西谓之柲③,或谓之殳④。


**【注释】**

①三刃枝:带有小刺的戟,"三"泛指多,"枝"即前端戟刺,似木枝
　斜出。

②匽(yǎn)戟:也称作"雄戟",即带有小刺的戟。钱绎《方言笺
　疏》:"家君曰:'匽戟'以雄得名。《释鸟》:'鷃(yǎn),凤。其雌
　皇。'戟之雄者谓之匽,犹凤之雄者谓之鷃矣。"

③柲(bì):兵器的柄。与"柄"音近义通。《说文解字·木部》:"柲,
　欑也。"徐锴《说文解字系传》:"欑即矛戟柄。"

④殳(shū):以竹、木制成,一端有棱的柄杖。战斗时,由士兵在战
　车上持有,来撞刺击打目标。《释名·释兵》:"殳,殊也,长丈二尺
　而无刃,有所撞挃(zhì,刺)于车上,使殊离也。"

**【译文】**

"三刃枝"这种带有小刺的戟,在南部古楚国,宛县、郢城一带称之
为"匽戟"。对于它的柄,函谷关以西的地区称之为"柲",也有的称之为
"殳"。

9.003　矛,吴、扬、江、淮、南楚、五湖之间谓之鏦①,或谓之鋋②,或谓之鏦③。其柄谓之矜④。

**【注释】**

①五湖:先秦史籍记载吴越地区有五湖,后人对此解释不一。从《国语·赵语》和《史记·河渠书》看来,五湖最初当指太湖,以后又泛指太湖流域一带所有湖泊。《方言》郭璞注:"五湖,今吴兴太湖也。"可知五湖属于吴。鏦(shé):一种短矛,也就是后世所称的"蛇矛"。《文选·左思〈吴都赋〉》:"藏鏦于人,去戢(fá,盾牌)自间。"李善注引刘逵曰:"鏦,矛也。"大意是各家各户和里巷中藏有矛和盾牌。

②鋋(chán):古代一种铁柄短矛,也泛指短矛。《史记·匈奴列传》:"其长兵则弓矢,短兵则刀鋋。"裴骃集解引韦昭曰:"鋋形似矛,铁柄。"

③鏦(cōng):一种小矛。《淮南子·兵略训》:"修铩短鏦,齐为前行。"高诱注:"鏦,小矛也。"所谓"修铩短鏦"就是指长矛和短矛。

④矜(qín):矛戟的柄。《说文解字·矛部》:"矜,矛柄也。"

**【译文】**

矛这种武器,古吴国、扬州、长江、淮水一带以及南部古楚国、太湖之间的地区称之为"鏦",也有的称之为"鋋",还有的称之为"鏦"。矛柄则称作"矜"。

9.004　箭,自关而东谓之矢,江、淮之间谓之鏃①,关西曰箭。

**【注释】**

①鏃(hóu):古代用于田猎、射礼的一种金镞齐羽的箭。《说文解

字·金部》：“鍭矢，金镞翦羽谓之鍭。”“鍭”的得名当是缘自“侯”，“侯”是古代射礼所用的射布，即箭靶。箭靶被称作侯，则射侯的箭矢也就被称为侯矢。又因为其特征为金镞齐羽，则有了从金旁的“鍭”专门表示它，也有从羽的字形“翭”。《集韵·侯韵》：“鍭，或从羽。”

【译文】

箭这种武器，函谷关以东的地区称之为“矢”，长江、淮水之间的地区称之为“鍭”，函谷关以西的地区称之为“箭”。

## 9.005　钻谓之鍴[①]。

【注释】

①钻(zuàn)：矛戟刃。《史记·礼书》：“宛之巨铁施，钻如蜂虿。”司马贞索隐：“钻谓矛刃及矢镞也。”鍴(duān)：矛戟刃的一种别称。鍴之于鑽(“钻”的繁体)，犹剬(tuán，割，截)之于劗(zuān，剪)。“剬”“劗”都有整齐切断的意思。《淮南子·主术训》：“是犹以斧劗毛、以刃抵木也。”高诱注：“劗，翦也。”“以斧劗毛”就是指用斧头剃发。《说文解字·刀部》：“剬，断齐也。”

【译文】

“钻”是矛戟刃，又称作“鍴”。

## 9.006　矜谓之杖[①]。

【注释】

①矜(qín)：矛戟的柄。《说文解字·矛部》：“矜，矛柄也。”杖：泛指棍棒或棍状物，这里指矛戟的柄。

**【译文】**

"矜"是矛戟的柄,又称作"杖"。

9.007    剑削<sup>①</sup>,自河而北,燕、赵之间谓之室<sup>②</sup>,自关而东或谓之廓<sup>③</sup>,或谓之削,自关而西谓之鞞<sup>④</sup>。

**【注释】**

①剑削(qiào):即"剑鞘"。装刀剑的套子。"削"后作"鞘"。

②室:装刀剑的套子。《说文解字新附·革部》:"鞘,刀室也。"《史记·刺客列传》:"(秦王)拔剑,剑长,操其室。"司马贞索隐:"室,谓鞘也。"

③廓:此指装刀剑的套子。"廓"同"郭","郭"本指外城,引申可指物体的外框或外壳。《释名·释兵》:"(弩)牙外曰郭,为牙之规郭也。"因而剑鞘亦可称"郭(廓)"。

④鞞(bǐng):装刀剑的套子。《说文解字·革部》:"鞞,刀室也。"段玉裁注:"鞞之言裨(pí)也,刀室所以裨护刀者,汉人曰削,俗作鞘。"《逸周书·王会》:"鱼皮之鞞。"

**【译文】**

剑鞘这种装刀剑的套子,黄河以北,古燕国、古赵国之间的地区叫"室",函谷关以东的地区叫"廓",也有的叫"削",函谷关以西的地区叫"鞞"。

9.008    盾,自关而东或谓之瞂<sup>①</sup>,或谓之干<sup>②</sup>。关西谓之盾。

**【注释】**

①瞂(fá):盾牌。《抱朴子外篇·疾谬》:"利口者扶强而党势,辨给

者借鏺(róu)以刺瞂。"意思是口齿伶俐的人攀扶强枝并依靠团伙的势力,能言善辩的人借用他人的矛来刺盾牌。

②干(gān):盾牌。《尚书·牧誓》:"称尔戈,比尔干,立尔矛,予其誓。"孔安国传:"干,楯也。"人们常用的"干戈"一词中的"干"正取其盾牌义。

## 【译文】

盾牌,函谷关以东的地区称之为"瞂",也有的称之为"干"。函谷关以西的地区称之为"盾"。

9.009　车下铁①,陈、宋、淮、楚之间谓之毕②,大者谓之綦③。

## 【注释】

①车下铁(zhí):铁,同"紩"。缲丝车下的绳索。戴震《方言疏证》:"此言缲车之索。"缲车就是缲丝车,"紩"本指连缀、缝合。《说文解字·糸(mì)部》:"紩,缝也。"引申可指起连缀、约束作用的绳索。

②毕:通"縪(bì)"。车下的绳索。戴震《方言疏证》:"《考工记》:'天子圭中必。'郑注云:'必,读如鹿车縪之縪,谓以组约其中央,为执之以备失坠。'"

③綦(qí):鹿车下的绳索。郭璞注:"鹿车也。"鹿车属于古代的一种小车。《后汉书·鲍宣妻传》:"妻乃悉归侍御服饰,更著短布裳,与宣共挽鹿车归乡里。"又《周礼·夏官·弁师》:"王之皮弁(biàn,古冠名。用白鹿皮制成),会五采于璂。"郑玄注:"郑司农曰:'璂,读如綦车毂之綦。'""车毂"是穿轴承幅的圆木,古代的车把车轴横在舆下,固定方法就是在舆的底部安上两块木头,把轴用绳索绑在上面。因而"綦车毂"的"綦"应当就似这种连接、约束车轴的绳索。

**【译文】**

车下的绳索,古陈国、古宋国、淮水和楚国之间的地区称之为"毕",其中较大的一种称作"綦"。

9.010　车轊①,齐谓之轏②。

**【注释】**

①轊(wèi):也作"軎"。车轴头,即套在车轴两端用以阻毂和保护轴头的金属筒状物。《说文解字·车部》:"軎,车轴耑(duān,端)也。"

②轏(lóng):同"笼"。一种有孔的薄片,用以包裹车轴头。《史记·田单列传》:"(田单)令其宗人尽断其车轴末而傅铁笼。已而燕军攻安平,城坏,齐人走,争涂(同"途"),以轊折车败,为燕所虏。唯田单宗人以铁笼故得脱。"记载的是燕军长驱入齐时,田单让其家族的人把轴两头的尖端部分统统锯断,再用铁箍包住,最终得以保全。

**【译文】**

车轴头,古齐国地区称之为"轏"。

9.011　车枸篓①,宋、魏、陈、楚之间谓之筱②,或谓之簟笼③。其上约谓之㧑④,或谓之簧⑤。秦、晋之间,自关而西谓之枸篓,西陇谓之桳⑥。南楚之外谓之篷,或谓之隆屈⑦。

**【注释】**

①车枸篓(lǒu):车篷。《广雅·释器》:"枸篓、隆屈、筱、篷、簟笼,軬

（fàn，车篷）也。"王念孙疏证："枸篓者，盖中高而四下之貌。"

②篏（guì）：车弓，用竹或木作成的弓形篷架。《释名·释首饰》："簂（guó），恢也。恢廓（扩展）覆发上也。""簂"是古代妇女首饰，覆在头发上用以支撑头饰用"恢"，犹如覆在车上用以支撑车篷用"篏"。

③蛬（qióng）笼：车弓。《玉篇·竹部》："蛬，蛬篓，即车弓也。"

④紩（dié）：车篷带。本条郭璞注："即輂带也。"

⑤幦（mì）：车篷带。《广雅·释器》："幦，輂带也。"

⑥楮（fàn）：同"輂"。车篷。《释名·释车》："輂，藩也。蔽水雨也。"

⑦隆屈：车篷。《广雅·释器》："隆屈，輂也。"

**【译文】**

"车枸篓"就是车篷，古宋国、古魏国、古陈国、古楚国之间的地区称之为"篏"，也有的称之为"蛬笼"。车篷上面的纮绳称作"紩"，也有的称作"幦"。古秦国、古晋国之间，函谷关以西的地区表示车篷称作"枸篓"，西部陇县地区称之为"楮"。南部古楚国地区称之为"篷"，也有的称之为"隆屈"。

9.012　轮，韩、楚之间谓之轪①，或谓之軧②。关西谓之轪③。

**【注释】**

①轪（dài）：本指车毂端圆管状的冒盖。《说文解字·车部》："轪，车辖也。"也用来指车轮。南朝齐谢朓《始出尚书省》："青精翼紫轪，黄旗映朱邸。""轪"是车轮，当是以部分指代整体的转喻现象。

②軧（qí）：本指车毂上的装饰。《说文解字·车部》："軧，长毂之軧也。以朱约之。"就是指以朱色缠束车毂以为饰。也用来指车

轮，当是以部分指代整体的转喻现象。

③鞙（zǒng）：通"緫"。车轮。《释名·释车》："轮……或曰緫，言辐
总入毂中也。"因车轮有连接车毂和轮辋的一根根辐条汇总在一
起，故有此名。

【译文】

车轮，古韩国、古楚国之间的地区称之为"軑"，也有的称之为
"轵"。函谷关以西的地区叫"鞙"。


## 9.013　輑谓之轴①。

【注释】

①輑（qūn）：车轴，即贯穿车轮中间用以持轮的长杆。

【译文】

"輑"是车轴，也称作"轴"。


## 9.014　辕①，楚、卫之间谓之辀②。

【注释】

①辕：战国以来各种车辆车杠的通称，大多双杠，也有单杠。若用骣
马，因为其颈背高，车舆低，杠仍然上曲，若用牛，杠就平直。

②辀（zhōu）：战国前马车车杠之称，形制是单杠上曲。《诗经·秦
风·小戎》："小戎（周代兵车的一种）俴（jiàn，浅）收（古代车厢
底部四面的横木），五楘（mù，用皮革缠在车辕成 Ⅹ 形，起加固和
修饰作用，而"五"字的古文作 Ⅹ）梁辀。"毛传："梁辀，辀上句
衡也。"

【译文】

"辕"是车杠，古楚国、古卫国之间的地区称之为"辀"。

9.015 　箱谓之韝①。

**【注释】**

①箱：大车箱，主要用来载物，后也可指供人乘坐的较大的车舆。《说文解字·竹部》："箱，大车牝服也。"段玉裁注："箱即大车之舆也。"韝（pái）：车箱。《玉篇·车部》："韝，车箱。"钱绎《方言笺疏》："韝之言棐（fěi，辅助）也。"

**【译文】**

"箱"是车箱，也称作"韝"。

9.016 　轸谓之枕①。

**【注释】**

①轸（zhěn）：车箱底部的横木。原指车箱底部后面的横木。《说文解字·车部》："轸，车后横木也。"引申可指车箱底部四周的横木。《六书故·工事三》："轸，四面木匡合成舆者也。"枕：车箱底部的横木。《玉篇·木部》："枕，车后横材。"

**【译文】**

"轸"是车箱底部的横木，又称作"枕"。

9.017 　车纣①，自关而东，周、洛、韩、郑、汝、颍而东谓之緧②，或谓之曲绹③，或谓之曲纶④。自关而西谓之纣。

**【注释】**

①纣：套车时拴在驾辕牲口尾部横木上的皮带。《说文解字·糸（mì）部》："纣，马緧也。"

②緧（qiū）：同"緧"。套车时拴在驾辕牲口尾部横木上的皮带。《说文解字·糸部》："緧，马纣也。"

③曲绹（táo）：拴系在牛马后部的绳索。"绹"泛指绳索。《诗经·豳风·七月》："昼尔于茅，宵尔索绹。"马瑞辰《诗经传笺通释》："绹者，绳索之名。"诗句大意是白天去割茅草，夜里搓绳子。

④曲纶（lún）：拴系在牛马后部的绳索。"纶"是比丝粗的绳子。《礼记·缁衣》："王言如丝，其出如纶。"孔颖达疏："纶粗于丝。"

### 【译文】

"车纣"是套车时拴在驾辕牲口尾部横木上的皮带。在函谷关以东，古周国、洛水、古韩国、古郑国、汝水以及颍水以东的地区称之为"緧"，也有的称之为"曲绹"，还有的称之为"曲纶"。函谷关以西的地区称之为"纣"。

    9.018   輨①、軑②，鍊䥯也③。关之东西曰輨，南楚曰軑，赵、魏之间曰鍊䥯。

### 【注释】

①輨（guǎn）：包在车毂头上的圆管状金属套。《说文解字·车部》："輨，毂端沓也。"

②軑（dài）：车毂端圆管状的冒盖。《说文解字·车部》："軑，车輨也。"

③鍊䥯（jiàn duò）：包在车毂头上的圆管状金属套。"鍊""䥯"分别是"輨""軑"的方言转写形式。

### 【译文】

"輨""軑"是车毂端圆管状的冒盖。函谷关以东的地区叫"輨"，南部古楚国叫"軑"，古赵国、古魏国之间的地区叫"鍊䥯"。

9.019　车釭<sup>①</sup>，齐、燕、海、岱之间谓之锅<sup>②</sup>，或谓之
锟<sup>③</sup>。自关而西谓之釭，盛膏者乃谓之锅<sup>④</sup>。

【注释】

①釭（gāng）：车毂口穿轴用的铁圈。钱绎《方言笺疏》："毂口之内，以金嵌之曰釭。"

②锅：车毂口穿轴用的铁圈。今作"箍"。钱绎《方言笺疏》："今人通谓以铜铁裹物曰锅。俗作'箍'字。"

③锟（gǔn）：车毂口穿轴用的铁圈。当是"釭"的一种方言说法。

④盛膏者："膏"是油脂的意思。《礼记·内则》："沃之以膏曰淳熬。"徐灏《说文解字注笺·金部》："釭中空，贯轴涂膏以利转。"在铁圈中涂抹油脂可以增加润滑，减少轮轴运转时的阻力。

【译文】

"车釭"是车毂口穿轴用的铁圈。古齐国、古燕国和渤海、泰山之间的地区称之为"锅"，也有的称之为"锟"。函谷关以西的地区称之为"釭"，盛纳了油脂的称作"锅"。

9.020　凡箭镞胡合嬴者<sup>①</sup>，四镰或曰拘肠<sup>②</sup>，三镰者谓之羊头<sup>③</sup>。其广长而薄镰者谓之錍<sup>④</sup>，或谓之钯<sup>⑤</sup>。箭其小而长，中穿二孔者谓之钾鑢<sup>⑥</sup>。其三镰长，尺六者谓之飞虻<sup>⑦</sup>，内者谓之平题<sup>⑧</sup>。所以藏箭弩谓之箙<sup>⑨</sup>。弓藏谓之鞬<sup>⑩</sup>，或谓之䪐丸<sup>⑪</sup>。

【注释】

①胡：箭头下垂如胡的部分，即箭镞之本。胡本指兽颔下垂肉。《说文解字·肉部》："胡，牛颔垂也。"引申指箭头下垂如胡的部分。

《周礼·考工记·冶氏》:"戈广二寸,内倍之,胡三之,援四之。"
嬴:包裹,环绕。《淮南子·要略》:"傲真者,穷逐终始之化,嬴坪
(hū)有无之精。"高诱注:"嬴,绕匝也。"句子大意是说《傲真训》
的内容,探求自然界起始终结的演化规律,包容了微妙的有、无相
生的精髓。至于本条"箭镞胡合嬴者"指的则是箭头下垂如胡的
部分被边棱包裹环绕。

②镰:箭镞的棱角。郭璞注:"镰,棱也。""四镰"即四棱之箭头。拘
肠:四棱的箭头。疑"拘"犹言钩,"拘肠"之名是说箭头射入腹
中,因倒钩的作用,还可以像鱼钩一样钩住腹中的肠子。

③羊头:三棱形的箭镞。疑此处"羊"通"蝇",下文有"其三镰长尺
六者谓之飞䖟(méng)","䖟"同"虻",蝇、虻常并举,即苍蝇与
蚊虻,大致一类,都属于小飞虫。以"羊头""飞䖟"命名当是言
箭头之小。

④錍(pī):一种较宽较薄较长的箭头。这种箭头类似薄的匕首,孙
诒让《札迻》卷二:"錍与钯广长而薄,即古薄匕之镞也。"

⑤钯(bǎ):一种较宽较薄较长的箭头。

⑥钘鑪(gé lú):一种较宽较薄较长同时两边被凿空的箭头。郭璞
注:"今箭錍凿空两边者也。"

⑦飞䖟(méng):详参注释③。

⑧内(róu):同"揉"。搓擦。平题:游戏用的不锐利的箭头。箭头
经过搓擦处理的,变得不锐利,"题"即头,"平题"犹言平头,指游
戏用的不锐利的箭头。郭璞注:"今戏射箭头。"

⑨箙(fú):用竹、木或兽皮制成的盛箭的器物。《周礼·夏官·司弓
矢》:"中春献弓弩,中秋献矢箙。"郑玄注:"箙,盛矢器也,以兽皮
为之。"

⑩鞬(jiān):较大的皮弓袋,常供骑射者负携。《左传·僖公二十三
年》:"左执鞭弭(马鞭和弓),右属櫜(tuó)鞬。"杜预注:"櫜以受

箭,鞬以受弓。"

⑪牘(dú)丸:同"韇"。箭筒。《广韵·屋韵》:"韇,箭筒。"《后汉书·南匈奴传》:"弓鞬韇丸一,矢四发。"

## 【译文】

凡是下垂如胡的部分被边棱包裹环绕的箭头,其中有四条边棱的有的称之为"拘肠",有三条边棱的称作"羊头"。那种又宽又长且边棱较薄的箭头称作"錍",也有的称作"钯"。那种又小又长,且中间被两处凿空的箭头称作"钾鑪",三条边棱且长度为一尺六的箭头称作"飞鋀",被搓揉处理过的称作"平题"。用来盛箭和弓的器物称作"簏",受纳弓的称作"鞬",也有的称作"牘丸"。

## 9.021　矛骹细如雁胫者谓之鹤膝①。有小枝刃者谓之钩釨②。矛或谓之釨。

### 【注释】

①矛骹(qiāo):矛刃的下口,用来装矛柄的筒状部位。矛体分身、骹二部,骹为直筒状,上粗下渐细,用来装矛柄。"骹"本指膝下小腿,引申指器物的相应部位。《说文解字·骨部》:"骹,胫也。"段玉裁注:"胫,膝下也。凡物之胫皆曰骹。"鹤膝:矛刃的下口。指细如雁鹤小腿的矛骹,乃以形得名。

②钩釨(jié):"釨",或作"孑"。"孑"是一种小称。《释名·释兵》:"孑,小称也。"因而可指戟头的小枝。孙诒让《周礼正义》:"孑者,小枝之名。故枝兵小枝亦谓之孑也。"郭璞注:"取名于钩釨也。"则"釨"用来指称戟,当是以部分指代整体的转喻现象。

### 【译文】

矛刃的下口细得像雁鹤小腿的称作"鹤膝",带有小枝刃的矛称作"钩釨"。也有的地方直接把矛称作"釨"。

## 9.022　铦谓之铍①。

【注释】

①铦（tán）：长矛。《说文解字·金部》："铦，长矛也。"铍（pī）：大矛。郭璞注："今江东呼大矛为铍。"

【译文】

"铦"是长矛，又称作"铍"。

## 9.023　骹谓之銎①。

【注释】

①骹（qiāo）：矛刃的下口，用来装矛柄的筒状部位。矛体分身、骹二部，骹为直筒状，上粗下渐细，用来装矛柄。"骹"本指膝下小腿，引申指器物的相应部位。《说文解字·骨部》："骹，胫也。"段玉裁注："胫，膝下也。凡物之胫皆曰骹。"銎（qióng）：戈、矛之类刃下口。銎本指斧类工具装柄的孔。《说文解字·金部》："銎，斤斧穿也。"段玉裁注："銎，谓斤斧之孔，所以受柄也。"也可以指戈、矛之类装柄的孔。

【译文】

"骹"是矛刃的下口，又称作"銎"。

## 9.024　镈谓之釪①。

【注释】

①镈（zūn）：戈、矛、戟等古代兵器之杆柄下端的圆锥形的金属套，可以插入地下。《释名·释兵》："（矛）下头曰镈，镈入地也。"釪（hàn）：戈、矛、戟等古代兵器之杆柄下端的圆锥形的金属套，可以

插入地下。王念孙《广雅疏证·释器》:"釪之言干也。《广雅》卷三云:'干,本也。'凡矛戟以足为本、首为末。"

**【译文】**

"镈"是戈、矛、戟等古代兵器杆柄下端的圆锥形金属套,又称作"釪"。

9.025　舟,自关而西谓之船,自关而东或谓之舟,或谓之航[1]。南楚江、湘,凡船大者谓之舸[2],小舸谓之艖[3],艖谓之䑲艒[4],小䑲艒谓之艇,艇长而薄者谓之艜[5],短而深者谓之艀[6],小而深者谓之㮇[7]。东南丹阳[8]、会稽之间谓艖为欚[9]。泭谓之𥴖[10],𥴖谓之筏。筏,秦、晋之通语也。江、淮家居𥴖中谓之荮[11]。方舟谓之潢[12],舼舟谓之浮梁[13]。楫谓之桡[14],或谓之棹[15]。所以隐棹谓之箈[16]。所以县棹谓之缉[17]。所以刺船谓之篙[18]。维之谓之鼎[19]。首谓之阁[20],或谓之艗艏[21]。后曰舳[22],舳,制水也。偏谓之扤[23],扤,不安也。

**【注释】**

①航:同"杭"。渡船的通称。《史记·司马相如列传》:"经营炎火而浮弱水兮,杭绝浮渚而涉流沙。"裴骃集解引《汉书音义》曰:"杭,船也。"

②舸(gě):大船。《说文解字新附·舟部》:"舸,舟也。"

③艖(chā):小船。唐皮日休《太湖诗·销夏湾》:"小艖或可泛,短策或可支。"

④䑲艒(mù sù):一种细长狭底的轻薄小船。也作"艒䑲",唐皮日休《酒箴序》:"以艒䑲载醇酎(zhòu,醇酒)一瓹(dàn,一种盛酒器),往来湖上。"

⑤艜（dài）：长而浅的小船。钱绎《方言笺疏》："艜之言带也。……亦以长得名也。"

⑥䑝（bù）：短而深的小艇。《梁书·羊侃传》："于两艖䑝，起三间通梁水斋。"

⑦䑤（qióng）：同"艒"。小船。《后汉书·马融传》："然后方余皇，连艒舟，张云帆，施蜺幬。"李贤注："艒，小舟也。"

⑧丹阳：即西汉的丹阳郡。是汉武帝改鄣郡所置。治所在宛陵（今安徽宣城），所辖包括今安徽南部、江苏西部及浙江、江西的部分地区。

⑨会（kuài）稽：会稽郡置于秦始皇二十五年（前222），包括原吴、越之地。治所在吴县（今江苏苏州），西汉时范围有所扩大，相当于今茅山以东的苏南、浙江大部及福建全省。欚（lǐ）：通"丽"。小船的泛称。《庄子·人间世》："宋有荆氏者，宜楸柏桑……三围四围，求高名之丽者斩之。"司马彪注："丽，小船也。"

⑩泭（fú）：竹木筏。《国语·齐语》："方舟投泭，乘桴济河。"韦昭注："编木曰泭。"箄（pái）：同"箄"。竹木筏。《后汉书·岑彭传》："乘枋箄，下江关。"李贤注："枋、箄以木竹为之，浮于水上。"

⑪荐：卧席。《楚辞·九叹·逢纷》："薛荔饰而陆离荐兮。"王逸注："荐，卧席也。"

⑫方舟：两船相并。钱绎《方言笺疏》："《说文》：'方，并船也。象两舟省总头形。'……并木以渡谓之舫，并船以渡谓之方，皆以并为义也。"横（héng）：渡船。"杭"的一种方言说法。

⑬艁（zào）：同"造"。用船筏搭制的浮桥。《广雅疏证·释水》："《说文》：'艁，古文造。'……《尔雅》：'天子造舟。'李巡注云：'比其舟而渡曰造舟。'"浮梁：浮桥。郭璞注："即今浮桥。"《说文解字·木部》："梁，水桥也。"

⑭楫（jí）：较短的船桨。《说文解字·木部》："楫，舟棹也。"桡

（ráo）：小型的船桨。《楚辞·九歌·湘君》："薜荔柏兮蕙绸（用蕙草做的帐子），荪桡（sūn ráo，以荪草为饰的船桨）兮兰旌（以兰草作成的旌旗）。"王逸注："桡，船小楫也。"

⑮棹：船桨。《说文解字新附·木部》："棹，所以进船也。"《楚辞·九歌·湘君》："桂棹兮兰枻，斫冰兮积雪。"意思是桂木做桨兰作船舷，破冰砍冰激浪如雪。

⑯隐：安，定。本书卷六："隐，定也。"《楚辞·九章·抽思》："超回志度，行隐进兮。"大意是徘徊踟蹰，犹豫不定慢慢前行。所谓"隐棹"，即使船桨稳定。檥（jiǎng）：同"桨"。用来稳定船桨或橹的小木概。郭璞注："摇橹小概也。"

⑰缉：系在船桨头的绳索。本指麻绳。《说文解字·糸（mì）部》："缉，绩也。"引申指系在船桨头的绳索，郭璞注："系棹头索也。"

⑱刺：撑。《庄子·渔父》："乃刺船而去，延缘苇间。"檄（gāo）：同"篙"。用竹竿或杉木等制成的撑船工具。《淮南子·说林训》："以篙测江，篙终而以水为测，惑矣！"高诱注："篙，摘（擿）船桡。"大意是用竹篙来测量江水的深度，如果竹篙没了顶就以为篙长等于水深，那就糊涂了。

⑲维：系，连结。《诗经·小雅·白驹》："系之维之，以永今朝。"意思是绊住马足拴缰绳，尽情欢乐在今朝。鼎：船停泊时固定船身的大石。后世作"碇"，也作"椗"。章炳麟《新方言·释器》："今杭、越间系船不以缆索，其船首有一孔，用篙插入谓之下鼎，俗字作椗。"

⑳闾（lú）：船头屋。本条郭璞注："今江东呼船头屋谓之飞闾是也。"通"庐"。《释名·释舟》："舟，其上屋曰庐，象庐舍也。其上重屋曰飞庐，在上故曰飞也。'"

㉑艗艏（yì shǒu）：船首。王念孙《广雅疏证·释水》："'艗艏'本作'鹢（yì，古书上说的一种像鹭的水鸟）首'，画鹢于船首，因命其

船为鹢首也……张衡《西京赋》：'浮鹢首，翳云芝。'薛综注云：
　　'船头象鹢鸟，厌水神，故天子乘之。'"

㉒舳（zhú）：舵。郭璞注："今江东呼柁为舳。"《盐铁论·殊路》："若
　　无楫舳，济江海而遭大风，漂没于百仞之渊，东流无崖之川。"是
　　说就如同无桨无舵的船，渡江海遭遇大风，在万丈深渊中出没，随
　　无际的河川东流。

㉓偶（é）：晃动。郭璞注："船摇动貌。"扤（wù）：摇动。《说文解
　　字·手部》："扤，动也。"《周礼·考工记·轮人》："幅广而凿浅，
　　则是以大扤，虽有良工，莫之能固。"郑玄："扤，摇动貌。"句子大
　　意是如果辐条宽而凿孔浅，那么辐就会摇动得很厉害，即使有最
　　优良的工匠，也不能固定。

**【译文】**

　　关于舟船，函谷关以西的地区称之为"船"，函谷关以东的地区有的
称之为"舟"，有的称之为"航"。在南部古楚国，长江和湘水流域凡是
大的船都称作"舸"，小的船称作"艖"，"艖"又可以称作"艒䑵"，"艒䑵"
中偏小的称作"艇"，又长又浅的"艇"称作"艞"，又短又深的"艇"称作
"艄"，又小又深的"艇"称作"㮑"。东南地区丹阳郡和会稽郡之间的地
区，"艖"称作"艢"。"泭"称作"簰"，"簰"称作"筏"。"筏"是古秦国、
古晋国地区的通行称名。长江、淮河流域为家居筏子上放置的卧席称
作"荐"。相并在一起的船称作"㵦"，用船筏搭制的浮桥称作"浮梁"。
短小的船桨称作"桡"，也有的称作"棹"。用来稳定船桨的小木橛称作
"䡤"。用来悬系船桨的绳索称作"绁"。用来撑船的工具称作"篙"。
系船用的大石称作"矴"。船头屋称作"闾"，也有的称作"艫船"。船后
的舵称作"舳"，"舳"是用来控制水流方向的。船晃动称作"扤"。"扤"
是不安稳的意思。

# 卷十

10.001　媱<sup>①</sup>、愓<sup>②</sup>，游也。江、沅之间谓戏为媱<sup>③</sup>，或谓之愓，或谓之嬉。

**【注释】**

①媱（yáo）：嬉戏，玩乐。通逍遥的"遥"。《楚辞·离骚》："聊逍遥以相羊。"王逸注："逍遥、相羊，皆游也。"

②愓（yáng）：嬉戏，游荡。通徜徉的"徉"（"徜徉"或转写作"尚羊"）。《广雅·释训》："徜徉，戏荡也。"《楚辞·惜誓》："托回飙（旋转的狂风）乎尚羊。"王逸注："尚羊，游戏也。"

③江、沅：指从长江中游到沅江一带地区。大致相当于西汉的武陵郡和南郡的西南部，即今湖南西部，也可能包括贵州东部和湖北西南部的部分地区。

**【译文】**

"媱"是嬉戏玩乐，"愓"是嬉戏游荡，它们都有游乐的意思。长江、沅江之间的地区把嬉戏称作"媱"，也有的称作"愓"，还有的称作"嬉"。

10.002　曾<sup>①</sup>、訾<sup>②</sup>，何也。湘、潭之原<sup>③</sup>，荆之南鄙，谓何为曾，或谓之訾，若中夏言何为也<sup>④</sup>。

**【注释】**

①曾（zēng）：代词，表示疑问，相当于"怎"。章炳麟《新方言·释词》："今通曰曾，俗作怎。"《论语·八佾（yì）》："曾谓泰山不如林放乎？"意思是难道泰山之神还不如林放懂得礼制吗？

②訾（zī）：什么。"曾"的一种方言说法。

③湘、潭之原："湘"即湘水，"潭"即潭水。《方言》中的"湘、潭之原"指湘水和潭水的上游，即今湖南西南和广西的北部一带。"原"即"源"的古字，指源头。

④中夏：即夏的中部，大概指洛阳周围的地区。

**【译文】**

"曾""訾"都可以当"何"讲而表示疑问。湘水、潭水的发源地，荆州南部边境表示为什么称作"曾"，也有的称作"訾"，就同中原地区用"何为"表示的意思一样。

10.003　央亡①、嚜尿②、姡③，狯也。江、湘之间或谓之无赖④，或谓之㺒⑤。凡小儿多诈而狯谓之央亡，或谓之嚜尿，或谓之姡。姡，娗也⑥，或谓之猾，皆通语也。

**【注释】**

①央亡：表示无赖、狡猾的一种方言说法。

②嚜尿（mèi chì）：表示狡猾、多诈的一种方言说法。后世中原官话等一些地区中仍然保留了这个词。胡曜汀、贾文《南阳方言词语考证》："南阳人称小儿甘言诱人为嚜尿，但音转若'美试'。"

③姡（huó）：狡诈。《玉篇·女部》："姡，多诈也。"

④无赖：奸诈耍滑。

⑤㺒（qiāo）：通"狡"。狡诈。

⑥娗（tǐng）：通"誔"。欺谩。《玉篇·言部》："誔，诡言也。"

**【译文】**

"央亡"是无赖、狡猾，"嚜杘"是狡猾多诈，"姡"是狡诈，它们都有狡猾的意思。在长江、湘水之间的地区有的称作"无赖"，也有的称作"獠"。凡是形容小孩子多欺诈狡猾称作"央亡"，也有的称作"嚜杘"，还有的称作"姡"。"姡"是欺谩，也有的称作"猾"，这都是共同语的说法。

10.004　崽者①，子也。湘、沅之会②，凡言是子者谓之崽，若东齐言子矣。

**【注释】**

① 崽：儿女。《水经注·溟（kòu）水》："至若娈婉（美好貌）丱（guàn，年幼）童，及弱年崽子，或单舟采菱，或叠舸折芰（jì，菱角的古称）。"

②会：两条河流相交汇处。郭璞注："两水合处也。"

**【译文】**

"崽"是儿女。湘水、沅水交汇处一带，凡是指称儿女就称之为"崽"，犹如在东部古齐国地区称"子"所表示的一样。

10.005　諜①，不知也。沅、澧之间②，凡相问而不知答曰諜，使之而不肯答曰吂③。粃④，不知也。

**【注释】**

①諜（chī）：通"痴"。被问而不知答复。《说文解字·疒（nè）部》："痴，不慧也。"段玉裁注："痴者，迟钝之意，故与慧正相反。"

②沅、澧之间："沅"即沅水，指湖南西部沅江。上游称清水江，源出贵州云雾山，自湖南黔城镇以下始名沅江。"澧"是澧水，源出湖南西北与湖北鹤峰交界处。《尚书·禹贡》："岷山导江，东别为

沱，又东至于澧。""沅、澧之间"当属南楚，在汉代的武陵郡内，今湘西一带。

③肯：疑此处之"肯"是能够的意思。《论衡·问孔》："观《春秋》之义，肯是之乎？"盲（máng）：迷糊不清，亦指人年老昏愦而不能应答。《集韵·宕韵》："盲，耄昏不知貌。"

④粃（bǐ）：本指瘪谷，引申指空虚无知。汉蔡邕《让高阳侯印绶符策表》："臣伏惟糠粃小生，学术虚浅。"

**【译文】**

"諕"有不知道的意思。沅水、澧水之间的地区，凡是被问而不知答复的情况就叫"諕"，使令而不能够答复的情况叫"盲"。"粃"的意思是不了解。

**10.006**　煤①，火也，楚转语也，犹齐言燬也②。

**【注释】**

①煤（huǐ）：火。"燬（huǐ）"的一种方言说法。《尔雅·释言》："燬，火也。"《诗经·周南·汝坟》："鲂鱼赬（chēng，浅红色。古人认为鱼尾本白，鱼劳则红。所以用来比喻劳苦人民）尾，王室如燬。"毛传："燬，火也。"诗句大意是鲂鱼尾巴色赤红，王室事务急如火。这首诗旨在诉说人民劳苦只因王室暴政。

②燬（huǐ）：同"燬"。火。

**【译文】**

"煤"是火，古楚国地区叫"火"听上去像"煤"，犹如古齐国地区叫"火"好像是叫"燬"一样。

**10.007**　噎①、无写②，怜也。沅、澧之原③，凡言相怜哀谓之噎，或谓之无写，江滨谓之思④。皆相见驩喜有得亡之意也⑤。九嶷、湘、潭之间谓之人兮⑥。

**【注释】**

①喟（kuì）：同"喟"。叹息，表示怜哀。《楚辞·九章·怀沙》："曾伤（深沉的悲伤）爰哀，永叹喟兮。"王逸注："喟，息也。言己所以心中重伤，于是叹息自恨，怀道不得施用也。"

②无写：即无忧，与"无恙""无它"等同为推测性问候语。章炳麟《新方言·释言》："今苏州相见存问则曰无写。与古言无恙、无它同意。"都是该用法在后世的遗留。

③沅、澧之原：指沅、澧二水的上游，在今湖南的最西部，可能也包括贵州的部分地区。

④思：哀怜，忧痛。《楚辞·离骚》"长太息以掩涕兮，哀民生之多艰"，上博楚简《用曰》中作："思民之初生，多险（艰难）以难成。""思""哀"对文，其义相同，正是用为"哀怜"的意思。

⑤讙（huān）：同"欢"。得亡：犹"得无"，意为莫非，是不是，用来表推测性发问。《论语·颜渊》："为之难，言之得无讱（rèn，出言缓慢谨慎）乎？"

⑥九嶷：即九嶷山。《方言》郭璞注："九嶷，山名。今在零陵营道县。"即今湖南宁远南。九嶷在《方言》中位于南楚的最南边，与南越地区接界。人兮：疑为"宁兮"的一种方言说法，用以作推测性问候。"宁"之本义为安宁、安定。后引申出问安、慰问义。王国维《观堂集林·艺林一·洛诰解》："盂爵：'惟王初口于成周，王命盂宁邓伯。'是上下相存问，通称宁也。"而"人兮"的"兮"当为语气词，将其翻译理解为"啊""呀"皆可，"宁兮"即如人相见时问候说"您安好啊"一类。

**【译文】**

"喟"是叹息，"无写"即"无忧"，是一种推测性问候语，它们都可以用来表示怜哀。沅水、澧水的源头地区，凡是表示怜爱对方就称"嘖"，也有的称作"无写"，长江边称之为"思"。这些都有人们相见之后心情欢喜，来推测性问候对方情况的意思。九嶷山以及湘水、潭水之间的地区称之为"人兮"。

10.008　婩[①]、嫧[②]、鲜[③]，好也。南楚之外通语也。

**【注释】**

①婩（àn）：端正。《集韵·翰韵》："婩，《博雅》：'好也。'谓妇人齐正貌。"

②嫧（zé）：整齐。《说文解字·女部》："嫧，齐也。"

③鲜：明亮美好。

**【译文】**

"婩"是端正，"嫧"是整齐，"鲜"是明亮美好，它们都有美好的意思。这些都是在南部古楚国外围地区通用的说法。

10.009　嘫哰[①]、謰謱[②]，拏也[③]。东齐、周、晋之鄙曰嘫哰，嘫哰亦通语也。南楚曰謰謱，或谓之支注[④]，或谓之詀謘[⑤]，转语也。拏，扬州、会稽之语也。或谓之惹[⑥]，或谓之諀[⑦]。

**【注释】**

①嘫哰（lán láo）：形容委曲繁杂，絮语不清。"謰謱"的一种方言说法。《楚辞·九思》："媒女詘兮謰謱。"洪兴祖补注："謰謱，语乱也。"句子大意是媒人不善言辞话语混乱。

②謰謱（lián lóu）：形容委曲繁杂，絮语不清。参注释①。

③拏（ná）：通"挐"。纷乱。《楚辞·九辨》："枝烦挐而交横。"朱熹
　　注："烦挐，扰乱也。"句子大意是枝条交叉纷乱杂凑。

④支注：言语纷乱含混。疑即后世所言之"支吾"。

⑤詀諈（zhān tí）："支注"的一种方言说法。

⑥惹：当为"挐"的一种方言说法。

⑦諕（yàn）：不明貌。"奄"的一种方言说法。《晏子春秋·内篇问
　　上八》："鲁之君臣，犹好为义，下之妥妥（安定貌）也，奄然寡
　　闻。""奄然"就是不明貌。郭璞注"言诬諕也"与本条释义不合，
　　疑"言诬諕也"当作"音诬諕也"，乃起标音作用，非释义。

【译文】

"嚹哗""諈謏"是言语纷乱不清。东部古齐国以及古周国、古晋国
边境地区叫"嚹哗"，"嚹哗"也是共同语的说法。南部古楚国地区叫"諈
謏"，也有的称作"支注"，还有的称作"詀諈"，这是同一个词因方音差异
而产生的不同说法。"挐"是扬州和会稽郡所使用的说法。也有的称作
"惹"，还有的称作"諕"。


10.010　　毑①、嗇②、贪也。荆、汝、江、湘之郊，凡贪而
不施谓之毑，或谓之嗇，或谓之悋③。悋，恨也。


【注释】

①毑（yì）：表示贪婪又吝啬的一种方言说法。

②嗇：吝啬。《战国策·韩策一》："仲嗇于财，率曰散施。"

③悋（lìn）：同"吝"。吝啬。"吝"本指悔恨、遗憾的意思。《说文解
　　字·口部》："吝，恨惜也。"引申可指吝啬、贪恋。《论语·泰伯》：
　　"如有周公之才之美，使骄且吝，其余不足观也已。"是说即使有
　　周公那样美好的才能，如果骄傲而吝啬的话，那其他方面也就不
　　值得一提了。

【译文】

"乱"是贪婪又吝啬，"啬"是吝啬，它们都有贪婪的意思。荆州、汝水、长江、湘水周边地区形容贪婪不舍得给予的行为称作"乱"，也有的称作"啬"，还有的称作"悋"。"悋"有遗憾、悔恨的意思。

10.011　遥①、窕②，淫也。九嶷、荆、郢之鄙谓淫曰遥③，沅、湘之间谓之窕。

【注释】

①遥：通"媱"。淫逸，恣纵放荡。郭璞注："言心遥荡也。"《广雅·释诂一》："媱，婬也。"王念孙疏证："遥与媱通，淫与婬通……皆谓淫佚无度也。"

②窕：疑为"遥"的一种方言说法。

③郢（yǐng）：郢是古楚国重要的都邑，在今湖北江陵西北纪南城。公元前689年，楚文王自丹阳徙此。以后长期为楚都城，直到公元前278年顷襄王徙陈。

【译文】

"遥""窕"都有淫逸放纵的意思。九嶷山、荆州以及古郢都郊域表示淫逸放纵叫"遥"，沅水、湘水之间的地区称之为"窕"。

10.012　潜、涵①，沉也。楚郢以南曰涵，或曰潜。潜又游也。

【注释】

①涵：沉浸。《文选·左思〈吴都赋〉》："涵泳乎其中。"

【译文】

"潜"是没入水中，"涵"是沉浸，它们都有沉入的意思。古楚国郢都以南地区叫"涵",也有的叫"潜"。"潜"还有游渡的意思。

10.013　家<sup>①</sup>、安,静也。江、湘、九嶷之郊谓之家。

**【注释】**

①家(jì):同"寂"。寂静。《楚辞·远游》:"野家漠其无人。"朱熹
集注:"家,与寂同。"

**【译文】**

"家"是寂静,"安"是安静,它们都有静的意思。长江、湘水以及九
嶷山周围地区叫"家"。

10.014　拌<sup>①</sup>,弃也。楚凡挥弃物谓之拌,或谓之敲<sup>②</sup>。
淮、汝之间谓之投<sup>③</sup>。

**【注释】**

①拌(pàn):舍弃。"播"的一种方言说法。汉刘向《九叹·思古》:
"播规矩以背度兮,错权衡而任意。"王逸注:"播,弃。"句子大意
是放弃圆规直尺违背法度,丢开称物权衡任意估量。

②敲:丢弃。钱绎《方言笺疏》:"《说文》:'敲,横擿也。''擿,投
也。'《庄子·胠箧》篇:'擿玉毁珠。'崔譔注云:'擿,犹投弃
也。'"

③投:抛弃。《左传·文公十八年》:"投诸四裔,以御螭魅。"杜预注:
"投,弃也。"句子大意是把他们流放到四方,来防御妖魔鬼怪。

**【译文】**

"拌"是舍弃的意思。古楚国地区凡表示抛弃器物就称作"拌",也
有的称作"敲"。淮水、汝水之间的地区称作"投"。

10.015　诼①，愬也②。楚以南谓之诼。

**【注释】**

①诼（zhuó）：造谣毁谤。《楚辞·离骚》："众女嫉余之蛾眉兮，谣诼谓余以善淫。"是说那些女人妒忌我的丰姿，造谣诬蔑说我妖艳好淫。

②愬（sù）：进谗言。《说苑·臣术》："愬无罪者，国之贼也。"意思是造谣毁谤没有罪过的人，是残害国家的人。

**【译文】**

"诼"是造谣毁谤，它有进谗言的意思。古楚国以南地区称之为"诼"。

10.016　戏①、泄②，歇也。楚谓之戏泄。奄③，息也，楚、扬谓之泄。

**【注释】**

①戏：歇息。"歇"的一种方言说法。

②泄：歇息。"息"的一种方言说法。

③奄：休息。《汉书·司马相如传》："奄息葱极（葱岭山顶）泛滥（浮游于水上）水娭（xī，同"嬉"，嬉戏）兮，使灵娲（即女娲）鼓琴而舞冯夷（传说中的黄河之神，即河伯。泛指水神）。"意思是在葱岭山顶休息，漂流在水中嬉戏，让女娲弹奏美妙的琴声，跳起水神之舞。

**【译文】**

"戏""泄"都是歇息的意思。古楚国地区称之为"戏泄"。"奄"是休息，古楚国以及扬州地区称之为"泄"。

10.017    攓①,取也。楚谓之攓。

**【注释】**

① 攓（qiān）：同"攐"。后作"搴"。拔取。《说文解字·手部》："攐，拔取也。……《楚词》曰：'朝攐批之木兰。'"今本《离骚》作"搴阰"。《淮南子·俶真训》："今万物之来，擢拔吾悟，攓取吾情，有若泉源。"大意是说如今万事万物纷至沓来，拔扯抽拉我们的性情，有如泉水源头淌来的水流。

**【译文】**

"攓"是拔取的意思。古楚国地区称之为"攓"。

10.018    晞①、晒，干物也。扬、楚通语也。

**【注释】**

① 晞（fèi）：曝晒，晒干。《列子·周穆王》："视其前，则酒未清，肴未晞。"或作"曊"。《淮南子·地形训》："扶木在阳州，日之所曊。"高诱注："曊，犹照也。""日之所曊"的意思就是太阳从这里照耀天下。

**【译文】**

"晞""晒"都有使晒干的意思。在扬州和古楚国地区，它们都是通用的说法。

10.019    𩛿①，猝也。江、湘之间，凡卒相见谓之𩛿相见②，或曰突。

**【注释】**

①𩛿（fèi）：表示突然、意外的一种方言说法。

②卒：通"猝"。突然。

【译文】

"荜"是突然的意思。长江、湘水之间的地方，凡是突然相见就叫"荜相见"，也有的叫"突"。

10.020　迹迹、屑屑①，不安也。江、沅之间谓之迹迹，秦、晋谓之屑屑，或谓之塞塞，或谓之省省，不安之语也。

【注释】

①迹迹、屑屑：不安定。与"塞塞""省省"都是同一个词的不同方言说法。《后汉书·王艮传》："何其往来屑屑，不惮烦也。"是说为什么这样来回忙碌不安而不觉厌烦。

【译文】

"迹迹""屑屑"是不安定的意思。长江、沅水之间的地区称之为"迹迹"，古秦国、古晋国地区称之为"屑屑"，也有的称之为"塞塞"，还有的称之为"省省"，它们都是表示不安定的话。

10.021　澜沐①、伀伀②，遽遽也③。江、湘之间，凡窘猝怖遽谓之澜沐④，或谓之伀伀。

【注释】

①澜沐（xì shù）：表示不安貌的一种方言说法。

②伀伀（zhēng zhōng）：惊惧不安的样子。《文选·王褒〈四子讲德论〉》："百姓伀伀，无所措其手足。"李善注："伀伀，惧也。"

③遽遽：惶恐不安。《三国志·吴书·虞翻传》："权于是大怒，手剑欲击之，侍坐者莫不遽遽。"

④窘：急。《楚辞·离骚》："何桀纣之猖披兮，夫唯捷径以窘步。"王

逸注:"窘,急也。"句子大意是为何桀、纣结局惨淡,不得善终,皆因走急速便捷的不正之路。

**【译文】**

"潣沭""伀伀"都有惶恐不安的意思。长江、湘水之间的地区,凡是表示急切、感到恐惧称作"潣沭",也有的称作"伀伀"。

## 10.022　翥①,举也②。楚谓之翥。

**【注释】**

① 翥(zhù):高飞。《说文解字·羽部》:"翥,飞举也。"《楚辞·远游》:"雌蜺便娟以增挠兮,鸾鸟轩翥而翔飞。"意思是霓虹轻盈优美层层环绕,青鸾神鸟在高空展翅翱翔。

② 举:飞举。《吕氏春秋·论威》:"知其不可久处,则知所兔起凫举死惛(hūn,迷乱)之地矣。"高诱注:"举,飞也。"句子大意是知道那些是不可久留的地方,就会懂得在那些令人迷乱的绝地,就应像兔子奔跑和野鸭急飞一样迅速离开的道理。

**【译文】**

"翥"有飞举的意思。古楚国地区称之为"翥"。

## 10.023　忸怩①,惭迥也②。楚郢、江、湘之间谓之忸怩,或谓之慼咨③。

**【注释】**

① 忸怩(niǔ ní):羞惭的样子。《尚书·五子之歌》:"颜厚有忸怩。"孔安国传:"忸怩,心惭。"孔颖达疏:"忸怩,羞不能言,心惭之状。"这句话大意是脸皮厚的人有时候也会羞惭。

② 惭迥(sè):惭愧羞涩。迥,同"涩"。

③蹵(cù)咨：惭愧，局促不安的样子。王念孙《广雅疏证·释诂》：
　　"'忸怩''蹵咨'，皆局缩不伸之貌也。"

**【译文】**

"忸怩"是惭愧羞涩的意思。古楚国郢都地区以及长江、湘水之间
的地区称之为"忸怩"，也有的称之为"蹵咨"。

10.024　垤①、封②，场也③。楚郢以南蚁土谓之垤。
垤，中齐语也。

**【注释】**

①垤(dié)：蚂蚁做窝时堆在穴口的小土堆。《说文解字·土部》：
　　"垤，蚁封也。"

②封：土堆或形状像坟的堆积物。《管子·形势解》："所谓平原者，
　　下泽也。虽有小封，不得为高。"

③场(shāng)：松土聚成的小土堆。《文选·潘岳〈藉田赋〉》："坻场
　　染屦。"李善注："场，浮壤之名也。"句子大意是浮土沾上鞋印。

**【译文】**

"垤"是蚂蚁做窝时堆在穴口的小土堆，"封"是形状像坟的堆积物，
它们都可以用来指松土所聚成的小土堆。古楚国郢都以南地区表示蚂
蚁所起的小土堆称作"垤"。"垤"是古齐国中部地区使用的说法。

10.025　谪①，过也。南楚以南，凡相非议人谓之谪，
或谓之眦②。眦，又慧也③。

**【注释】**

①谪(zhé)：谴责，责备。《左传·成公十七年》："又告夫人曰：'国子
　　谪我。'"杜预注："谪，谴责也。"

②嘪（mài）：疑为"骂"的一种方言说法。责备。

③慧：狡黠。郭璞注："今名黠为鬼嘪。"因而此处"慧"应为狡黠义。《三国志·蜀书·董允传》："后主渐长大，爱宦人黄皓。皓便辟（谄媚逢迎）佞慧（善于阿谀奉承而又狡黠）。"

**【译文】**

"诮"是谴责、责备的意思。南部古楚国以南地区凡表示指责对方就称"诮"，也有的称"嘪"。"嘪"还有狡黠的意思。

　　10.026　膊①，兄也。荆、扬之鄙谓之膊，桂林之中谓之蘴②。

**【注释】**

①膊：疑为"伯"的一种方言说法。即长兄的意思。《字汇·人部》："伯，兄曰伯。"

②蘴：音义均未详。

**【译文】**

"膊"是长兄的意思。荆州、扬州郊域称之为"膊"，桂林郡称之为"蘴"。

　　10.027　讓①、极②，吃也。楚语也。或谓之轧③，或谓之涩④。

**【注释】**

①讓（jiǎn）：同"謇"。口吃。《世说新语·排调》："或謇吃无宫商，或尪（wāng）陋希言语。"意思是说（这些人）有的结结巴巴，语不成调，有的瘦弱丑陋，寡言少语。

②极：同"悁（jí）"。语急而口吃。《列子·力命》："狡悁（yà）、情露、谶悁、凌谇（suì），四人相与游于世，胥如志也。"张湛注："悁，急也。谓语急而吃也。"

③轧：疑为"吃"的一种方言说法。口吃。

④涩（sè）：口吃。《楚辞·东方朔〈七谏·初放〉》："言语讷涩兮，又无强辅。"意思是口吃不伶俐，又没有有势力的朋党辅助。

**【译文】**

"谶""极"都是口吃的意思。这些是古楚国地区使用的语言。有的称之为"轧"，也有的称之为"涩"。

　　10.028　龇①、矲②，短也。江、湘之会谓之龇。凡物生而不长大，亦谓之鮆③，又曰瘠④。桂林之中谓短矲。矲，通语也。东扬之间谓之府⑤。

**【注释】**

①龇（zǐ）：短弱。《汉书·地理志下》："楚有江汉川泽之饶……故龇窳偷生，而亡积聚。"颜师古注："龇，短也。窳，弱也。言短力弱材不能勤作，故朝夕取给而无储偫（zhì，储备）也。"

②矲（bà）：通"罢"。低，矮。《周礼·春官·典同》"陂声散"郑玄注："陂读为人短罢之罢。"句子大意是说钟体不均衡，发出的声音就会离散而不内敛。

③鮆（jì）："龇"的一种方言说法。《盐铁论·通有》："鮆窳偷生，好衣甘食。"大意是说（那些地方的人）短弱懒惰，穿好的吃好的。

④瘠（jì）：短小、瘦小的样子。当为"龇"的一种方言说法。章炳麟《岭外三州语》："三州谓人瘦小曰瘠。"

⑤府（fù）：表示低矮的一种方言说法。

【译文】

"龊"是短弱,"㒃"是低矮,它们都有短的意思。长江、湘水交汇地区叫"龊"。凡是事物生长却长不大,也有的称作"黉",还有的称作"瘏"。桂林郡表示短称作"㒃"。"㒃"是共同语的说法。东部扬州地区称之为"疖"。

10.029    钳<sup>①</sup>、疲<sup>②</sup>、憋<sup>③</sup>,恶也。南楚凡人残骂谓之钳<sup>④</sup>,又谓之疲。

【注释】

①钳:恶。《吕氏春秋·审时》:"后时者,小茎而麻长,短穗而厚糠,小米钳而不香。"

②疲(fàn):恶心呕吐。清范寅《越谚》:"心疲,恶心欲吐。"

③憋:通"弊"。恶,坏。

④残:凶残。

【译文】

"钳""疲""憋"都有恶的意思。南部古楚国地区凡表示凶狠地骂人就称之为"钳",也有的称之为"疲"。

10.030    痴,騃也<sup>①</sup>。扬、越之郊,凡人相侮以为无知谓之眱<sup>②</sup>。眱,耳目不相信也。或谓之斫<sup>③</sup>。

【注释】

①騃(ái):同"呆"。愚。《汉书·息夫躬传》:"外有直项之名,内实騃不晓政事。"颜师古注:"騃,愚也。"

②眱(nè):轻视。《集韵·陌韵》:"眱,轻视也。"《列子·黄帝》:

"（子华之门徒）顾见商丘开年老力弱，面目黎黑，衣冠不检，莫不眲之。"

③斫（chuò）：疑为"拙"的一种方言说法。愚笨。

**【译文】**

"痴"是呆笨的意思。扬州和古越国郊域，凡表示人侮辱对方无知称作"眲"。"眲"指所见所闻都不相信对方。也有的称之为"斫"。

10.031　惃①、愂②、顿愍③，惽也④。楚、扬谓之惃，或谓之愂。江、湘之间谓之顿愍，或谓之氐惆⑤。南楚饮药毒瘷谓之氐惆⑥，亦谓之顿愍，犹中齐言眠眩也⑦。愁恚愦愦⑧，毒而不发，谓之氐惆。

**【注释】**

①惃（gǔn）：不明白，糊涂。"惽"的一种方言说法。

②愂（bèi）：同"悖"。惑乱。《管子·度地》："桓公曰：寡人悖，不知四害之服，奈何？"大意是桓公说自己很迷惑，不知道治理其他四害的事情应该怎么办。

③顿愍（mǐn）：昏乱，不明白。郭璞注："顿愍，犹顿闵也。"顿，通"钝"。《宋书·范晔传》："枣膏昏钝，比羊玄保。"愍，通"忞"。《法言·问神》："著古昔之喝喝（hūn，同"昏昏"，不明了），传千里之忞忞（wěn，不明白）者，莫如书。"李轨注："忞忞，心所不了。"

④惽（mǐn）：同"惛"。昏乱不明。《战国策·秦策一》："今之嗣主，忽于至道，皆惽于教。"意思是今天的国君，忽视这一重要的道理，不明教化。

⑤氐惆（dī dǎo）：疑为"颠倒"的一种方言说法。言神志错乱。

⑥毒：苦痛。《广雅·释诂二》："毒，痛也。"《北史·献文六王

传·咸阳王禧》：“试作一谜，当思解之，以释毒闷。”

⑦眠眩：同“瞑眩”。指神志不清。《尚书·说命》：“启乃心沃朕心，若药弗瞑眩，厥疾弗瘳（chōu，病愈）。”孔颖达疏：“瞑眩者，令人愤闷之意也。”句子大意是如果用药后没有头晕目眩的强烈反应，疾病就不能痊愈。指为了治病，就不能顾忌药物的副作用。

⑧恚（huì）：愤怒，怨恨。《战国策·齐策六》：“故去忿恚之心，而成终身之名。”愦（kuì）：昏乱。《战国策·齐策四》：“文倦于事，愦于忧，而性忪愚，沉于国家之事，开罪于先生。”郭希汾注：“愦，昏乱也。”句子大意是（我）被琐事搞得精疲力竭，被忧虑搅得心烦意乱，加之我懦弱无能，整天埋在国家大事之中，以致怠慢了您。

【译文】

“悃”是不明白，“憋”是愤乱，“顿愍”是昏乱，它们都有昏乱不明的意思。古楚国及扬州地区称之为“悃”，也有的称之为“憋”。长江、湘水之间的地区称之为“顿愍”，也有的称之为“氐惆”。南部古楚国地区表示饮用药后感到痛苦烦闷称作“氐惆”，也有的称作“顿愍”，这就如同古齐国中部地区称“眠眩”所表示的一样。忧愁怨恨，痛苦却不能得到散发，称作“氐惆”。

## 10.032　悦①、舒②，苏也③。楚通语也。

【注释】

①悦：通“脱”。舒展。《淮南子·精神训》：“今夫臞者，揭钁（jué，镢头。用于刨地、垦荒、翻土的工具）臿（chā，铁锹），负笼土，盐汗交流，喘息薄喉，当此之时，得茠（xiū，同“休”。休息）越下，则脱然而喜矣。”高诱注：“脱，舒也。言臞人之得小休息，则气得舒，故喜也。”这段话大意是那些服劳役的人，举着镢头、铁锹，背着背篓，大汗淋漓，气喘吁吁，喉咙干得冒烟。在这时候，能够到

树荫下休息片刻,就如释重负,高兴极了。

②舒:缓解。

③苏:苏息,缓解。《尚书·仲虺之诰》:"徯予后,后来其苏。"孔安国传:"待我君来,其可苏息。"句子大意是等待我们的君主,君主来了我们将要死而复生了。

**【译文】**

"悦"是舒展,"舒"是缓解,它们都有舒缓的意思。这是古楚国地区的通用说法。

10.033　眠娗①、脉蜴②、赐施③、茭媞④、譠谩⑤、慯㤁⑥,皆欺谩之语也。楚郢以南,东扬之郊通语也。

**【注释】**

①眠娗(tǐng):欺慢戏弄。"谩譠"的一种方言说法。而"谩譠"当是"谩"的缓读。《说文解字·言部》:"谩,欺也。"

②脉蜴:与"眠娗"为同一个词的不同方言说法。

③赐施:在"脉蜴"基础上衍生的另一种方言说法。

④茭媞(qiǎo shì):狡诈欺慢。茭,通"狡"。狡诈。媞,亦有狡黠的意思。《说文解字·女部》:"媞,妍黠也。""茭媞"当属同义复合词。

⑤譠谩:同"谩譠"。详参考注释①。

⑥慯㤁(lí xī):欺侮。慯,通"詈"。有辱骂的意思。《说文解字·网部》:"詈,骂也。"而"㤁"通"訑",或作"詑"。《说文解字·言部》:"詑,沇州谓欺曰詑。""慯㤁"联言当有欺侮的意思。

**【译文】**

"眠娗""脉蜴""赐施""茭媞""譠谩""慯㤁"都是有关欺骗迷惑的词语。这些都是古楚国郢都以南以及东部扬州外围地区通用的说法。

10.034　颠①、頟②、颜③,颡也④。江、湘之间谓之颠,中夏之谓頟,东齐谓之颡,汝、颍、淮、泗之间谓之颜。

**【注释】**

①颠(zhān):疑为"端"的一种方言说法。额头。《说文解字·耑(duān)部》:"耑,物初生之题也。"徐锴《说文解字系传》:"题犹额也,端也。"

②頟(é):同"额"。

③颜:额头。《左传·僖公九年》:"天威不违颜咫尺。"孔颖达疏:"颜,谓额也。"句子大意是天子的威严不离开颜面咫尺之远。指臣下应时刻保持戒惧之心,就像在皇帝面前一样。

④颡(sǎng):额头。《周易·说卦》:"其于人也,为寡发,为广颡。"孔颖达疏:"额阔为广颡。"

**【译文】**

"颠""頟""颜"都可以指额头。长江、湘水之间的地区称之为"颠",中原地区称之为"頟",东部古齐国地区称之为"颡",汝水、颍水、淮水、泗水之间的地区称之为"颜"。

10.035　颔①、颐②,颌也③。南楚谓之颔,秦、晋谓之颐。颐,其通语也。

**【注释】**

①颔(hàn):下巴。

②颐:面颊。《庄子·渔父》:"左手据膝,右手持颐以听。"意思是左手抱着膝盖,右手托着腮颊听。

③颌(hé):构成口腔上下部的骨骼和肌肉组织。上部称上颌,下部

称下颌,俗称"下巴"。

**【译文】**

"颔"是下巴,"颐"是面颊,它们都可以称作"颔"。古楚国南部地区称之为"颔",古秦国、古晋国之间的地区称之为"颐"。"颐"是共同语的说法。

10.036　纷怡[1],喜也。湘、潭之间曰纷怡,或曰䣈巳[2]。

**【注释】**

①纷怡:喜乐。王念孙《广雅疏证·释诂一》:"《后汉书·延笃传》云:'纷纷欣欣兮其独乐也。'《尔雅》:'怡,乐也。'"

②䣈(yí)巳:喜悦。䣈,通"婗"。《说文解字·女部》:"婗,说乐也。"段玉裁注:"说者,今之悦字。"巳,通"怡"。《尔雅·释诂上》:"怡,乐也。"因而"䣈巳"为同义复合词。

**【译文】**

"纷怡"是喜乐的意思。湘水、潭水之间的地区叫"纷怡",也有的叫"䣈巳"。

10.037　㴉[1],或也。沅、澧之间,凡言或如此者曰㴉如是。

**【注释】**

①㴉(hán):也许。"或"的一种方言说法。

**【译文】**

"㴉"是也许的意思。沅水、澧水之间的地区,凡是表示也许像这样就叫"㴉如是"。

10.038 愮①、疗,治也。江、湘郊会谓医治之曰愮②,愮又忧也③。或曰疗。

**【注释】**

①愮(yào):医治。"疗"的一种方言说法。

②郊:要冲之处,亦指两江交汇地区。《汉书·汲黯传》:"上以为淮阳,楚地之郊也。乃召黯拜为淮阳太守。"颜师古注:"郊谓交道冲要之处也。"句子大意是皇上认为淮阳郡是通往楚地的交通要道,就征召汲黯任他为淮阳郡太守。

③愮(yáo):忧惧。《尔雅·释训》:"愮愮,无忧告也。"郭璞注:"贤者忧惧,无所诉也。"

**【译文】**

"愮""疗"都有医治的意思。长江、湘水交汇的地区把医治叫"愮","愮"还有忧惧的意思。也有的叫"疗"。

10.039 芔①、莽②,草也。东越、扬州之间曰芔③,南楚曰莽。

**【注释】**

①芔(huì):同"卉"。百草的总称。《说文解字·艸(cǎo)部》:"卉,艸(草)之总名也。"

②莽:密生的草,也用作草的泛称。

③东越:《史记·东越列传》:"闽越王闽中故地,都东冶。"以后闽越分裂为繇和东越两部分。东越指今浙江南部和福建北部。

**【译文】**

"芔"是百草的总称,"莽"是密生的草,它们都可以用来指草。东部古越国和扬州之间的地区叫"芔",南部古楚国地区叫"莽"。

10.040　悈鳃<sup>①</sup>、干都<sup>②</sup>、耇<sup>③</sup>、革<sup>④</sup>，老也。皆南楚、江、湘之间代语也<sup>⑤</sup>。

**【注释】**

①悈（jiè）鳃：表示老的一种方言说法。

②干都：表示老的一种方言说法。

③耇（gǒu）：年老。《诗经·小雅·南山有台》："遐不黄耇。"毛传："耇，老也。"诗句大意是君子很快乐，哪能不长寿。

④革：老。"耇"的一种方言说法。《隋书·裴蕴传》："帝悟曰：'老革多奸，将贼胁我。'""老革"指老人。明李实《蜀语》："老曰老革革。"

⑤代语：各方言之间的同义词。

**【译文】**

"悈鳃""干都""耇""革"都表示年老的意思。它们都是南部古楚国以及长江、湘水之间的地区使用的可以互相替代的同义词。

10.041　拯<sup>①</sup>、扰<sup>②</sup>，推也。南楚凡相推搏曰拯，或曰揔<sup>③</sup>。沅、涌<sup>④</sup>、澭<sup>⑤</sup>、幽之语或曰攩<sup>⑥</sup>。

**【注释】**

①拯（bì）：推击。《玉篇·手部》："拯，推击。"《列子·黄帝》："既而狎侮（戏弄）欺诒（dài，欺骗），攘（tǎng，捶打）拯挨（推）扰（击背），亡所不为。"意思是接着又戏弄、凌辱、欺骗他，推击捶打，无所不为。

②扰（dǎn）：推击。《说文解字·手部》："扰，深击也。"《淮南子·说林训》："故解捽（zuó）者，不在于捌格，在于批扰。"高诱注："扰，推击其要矣。"句子大意是解决冲突不在于参加战斗，而在于击

中要害（使争斗者被迫分开）。

③抳（hū）：表示推击的一种方言说法。今天部分方言中还有用"抳"表示击打的用法，比如说拿巴掌抳人脑袋。

④涌：古水名。此水为夏水支流，通长江，约在今湖北监利境，已湮。《左传·庄公十八年》："阎敖游涌而逸。"杨伯峻注："据《水经·江水三》注及《方舆纪要》，即今湖北省监利县东南俗名乾港湖者。"

⑤溾（fú）：《方言》郭璞注："溾水今在桂阳，音扶；涌水今在南郡华容县也。"桂阳郡为汉高帝置。治所在今湖南郴州，相当于今湖南东南以及广东北部韶关、英德一带。

⑥攍（tǎng）：表示推的一种方言说法。《列子·黄帝》："既而狎侮欺诒，攍拟挨抌，亡所不为。"张湛注："今江东人亦名推为攍。"今天方言还有这种用法，詹宪慈《广州语本字》"攍门"条："单扇之门其下贯以轮可以推移者，其名曰'攍门'，人以手推移之则曰攍。"

**【译文】**

"拟""抌"都有推的意思。南部古楚国地区凡是表示推操搏击就叫"拟"，也有的叫"抳"。沅水、涌水、溾水和幽州地区也有的叫"攍"。

10.042　食阎①、怂恿②，劝也。南楚凡己不欲喜而旁人说之，不欲怒而旁人怒之，谓之食阎，或谓之怂恿。

**【注释】**

①食阎：表示劝说、鼓励的一种方言说法。

②怂恿：劝说，鼓励。

**【译文】**

"食阎""怂恿"都是劝说、鼓励的意思。南部古楚国地区凡是表示自己不想也不喜欢而被旁人劝说，或本来不想发怒而被旁人激怒的情况，就称之为"食阎"，也有的称之为"怂恿"。

10.043　欸<sup>①</sup>、譩<sup>②</sup>，然也。南楚凡言然者曰欸，或曰譩。

**【注释】**

①欸（āi）：同"唉"。应答声，表示同意。《说文解字·口部》："唉，应也。"

②譩（yī）：应声。《广韵·齐韵》："譩，相言应辞。"

**【译文】**

"欸""譩"都是表示同意的应答声。南部古楚国地区凡是表示同意叫"欸"，也有的叫"譩"。

10.044　緤<sup>①</sup>、末<sup>②</sup>、纪<sup>③</sup>，绪也。南楚皆曰緤，或曰端，或曰纪，或曰末，皆楚转语也。

**【注释】**

①緤（xiè）：疑为"业"的一种方言说法。端绪。《尔雅·释诂上》："业，绪也。"

②末：端。《淮南子·地形训》："末有十日。"高诱注："末，端也。"

③纪：头绪。《说文解字·糸（mì）部》："纪，丝别也。"王筠句读："纪者，端绪之谓也。"

**【译文】**

"緤""末""纪"都有端绪的意思。南部古楚国地区都叫"緤"，也有的叫"端"，也有的叫"纪"，还有的叫"末"，这些都是楚方言中可以转换使用的不同表达。

10.045　瞲<sup>①</sup>、䂶<sup>②</sup>、窥<sup>③</sup>、眮<sup>④</sup>、占<sup>⑤</sup>、伺<sup>⑥</sup>，视也。凡相窃

视,南楚谓之窥,或谓䁝,或谓之觇,或谓之占,或谓之覭。覭,中夏语也。窥,其通语也。自江而北谓之觇,或谓之覗⑦。凡相候谓之占,占犹瞻也⑧。

**【注释】**

①䁝(zǒng):窃视。《古文苑·王延寿〈王孙赋〉》:"眙(chì,目不转睛地看)睕(wān,偷看)䁝而瞲睗(mì shì,斜视)。"章樵注:"䁝,伺视也。"

②覭(lì):探视。或作"覭"。《文选·郭璞〈江赋〉》:"尔乃觇雰祲(fēn jìn,日旁云气)于清旭,觇五两(用鸡毛五两结在高竿上,以作测风之用)之动静。"

③窥:暗中探看。

④觇(chàn):同"覗"。窥视。《说文解字·见部》:"觇,窥也。"

⑤占(zhān):窥察。《后汉书·段颎传》:"上占天心,不为灾伤。"

⑥伺:暗中探察。《韩非子·内储说上》:"吾闻数夜有乘辒(wēn,送葬的灵车)车至李史门者,谨为我伺之。"

⑦覗(sì):同"伺"。

⑧瞻:观察。《尔雅·释诂下》:"瞻,视也。"郭璞注:"谓察视也。"

**【译文】**

"䁝"是窃视,"覭"是探视,"窥"是暗中探看,"觇"是窥视,"占"是窥察,"伺"是暗中探察,它们都有看的意思。凡是表示暗中观察,南部古楚国地区称之为"窥",也有的称之为"䁝",也有的称之为"觇",也有的称之为"占",还有的称之为"覭"。"覭"是中原地区使用的说法。"窥"是共同语的说法。长江以北的地区称之为"觇",也有的称之为"覗"。凡是指守望称之为"占","占"表示的意义就如同叫"瞻"所表示的一样。

10.046　䆵①、䵜②、晠③,多也。南楚凡大而多谓之䆵,或谓之䵜。凡人语言过度及妄施行,亦谓之䵜。

【注释】

①䆵(yōng):多。与"拥"音近义通,有盛多聚集的意思。

②䵜(nóng):多。与"浓"音近义通,有盛多密集的意思。

③晠(shèng):同"盛"。众多。

【译文】

"䆵""䵜""晠"都有多的意思。南部古楚国地区凡是表示又大又多就称之为"䆵",也有的称之为"䵜"。凡是表示人说话过分以及胡乱行动,也有的称之为"䵜"。

10.047　抯①、摣②,取也。南楚之间,凡取物沟泥中谓之抯,或谓之摣。

【注释】

①抯(zhā):取。《说文解字·手部》:"抯,挹也。"《墨子·天志下》:"抯格人之子女者乎?"意思是抓取别人的子女。

②摣(zhā):同"抯"。取。《释名·释姿容》:"摣,叉也。五指俱往叉取也。"而《方言》本条中将二者并举,当是在南楚地区方言中读音有所差异。

【译文】

"抯""摣"都有取的意思。南部古楚国地区凡是表示从水沟、淤泥中取东西就称之为"抯",也有的称之为"摣"。

10.048　佻①、僄②,轻也。楚凡相轻薄谓之相佻,或谓之僄也。

**【注释】**

①仉（fàn）：轻微。晋左思《魏都赋》："过以仉剽之单慧。""仉剽之单慧"就是微末的小才智。也通作"凡"。《孟子·尽心上》："待文王而后兴者，凡民也。""凡民"即身份轻微的平民。

②僄（piào）：轻薄。《荀子·修身》："怠慢僄弃，则炤（zhào，同"照"）之以祸灾。"杨倞注："僄，轻也，谓自轻其身也。"

**【译文】**

"仉""僄"都有轻的意思。古楚国地区凡是指轻视对方就称之为"相仉"，也有的称之为"僄"。

# 卷十一

11.001　蛥蚗<sup>①</sup>，齐谓之螇螰<sup>②</sup>，楚谓之蟪蛄<sup>③</sup>，或谓之蛉蛄<sup>④</sup>，秦谓之蛥蚗。自关而东谓之虭蟟<sup>⑤</sup>，或谓之蜓蟟<sup>⑥</sup>，或谓之蜓蚞<sup>⑦</sup>，西楚与秦通名也。

**【注释】**

①蛥蚗（shé jué）：蟪蛄的一种方言说法。

②螇螰（xī lù）：蟪蛄的一种方言说法。"螇"也可单用。《盐铁论·散不足》："诸生独不见季夏之螇乎？"

③蟪蛄（huì gū）：蝉科的一些小蝉。既包括初夏鸣叫的夏蝉，也包括秋天鸣叫的寒蝉。

④蛉蛄：蟪蛄。"蛉"是小称。

⑤虭蟟（diāo liáo）：蟪蛄。虭，也可单用，同"蛁（diāo）"。扬雄《太玄·饰》："蛁名喁喁（yú，随声附和），血出其口。"

⑥蜓（dì）蟟：虭蟟的一种方言说法。

⑦蜓蚞（tíng mù）：疑为蛉蛄的一种方言说法。

**【译文】**

对于蟪蛄，古齐国地区称之为"螇螰"，古楚国地区称之为"蟪蛄"，也有的称之为"蛉蛄"，古秦国地区称之为"蛥蚗"。函谷关以东的地区称之为"蚏蟧",也有的称之为"蝭蟧",还有的称之为"蜓蚞",这些都是在西部古楚国地区与古秦国地区通用的名称。

11.002　蝉,楚谓之蜩①,宋、卫之间谓之螗蜩②,陈、郑之间谓之蜋蜩③,秦、晋之间谓之蝉,海、岱之间谓之崎④。其大者谓之蟧⑤,或谓之蝒马⑥。其小者谓之麦蚻⑦,有文者谓之蜻蜻⑧,其雌蜻谓之尐⑨,大而黑者谓之螿⑩,黑而赤者谓之蜺⑪。蜩蟧谓之蠚蜩⑫。蟧谓之寒蜩⑬,寒蜩,瘖蜩也⑭。

**【注释】**

① 蜩(tiáo):蝉。《说文解字·虫部》:"蜩,蝉也。"《诗经·大雅·荡》:"如蜩如螗,如沸如羹。"

②螗(táng)蜩:胡蝉。体型瘦小,背青绿色,头有斑纹。《尔雅·释虫》:"蜩,蜋蜩,螗蜩。"郭璞注:"俗呼为胡蝉。"

③蜋(láng)蜩:"螗蜩"的一种方言说法。

④崎(jì):小蝉。"蛣(jié)"的一种方言说法。《广雅·释虫》:"蛣,蝉也。"

⑤蟧(liáo):蚱蝉。一种体型较大的蝉。

⑥蝒(mián)马:蚱蝉。《尔雅·释虫》:"蝒,马蜩。"郭璞注:"蜩中最大者为马蝉。""马"为大称。章炳麟《新方言·释言》:"古人于大物辄冠马字,马蓝、马蓼、马蕛、马蜩、马蚿是也。"

⑦麦蚻(zhá):一种像蝉而较小的鸣虫。名"蚻"当是源自其叫声。《大戴礼记·夏小正》:"四月鸣札札者。"

⑧文:同"纹"。花纹。蜻蜻(qīng):一种绿色小蝉,即古书中的"蜻(qín)"。《诗经·卫风·硕人》:"蜻首蛾眉。"郑玄笺:"蜻谓蜻蜻也。"

⑨螏（cí）：同"雌"。仦（jí）：有花纹的雌蝉。名"仦"当是取其小
义。本书卷十二："仦、杪，小也。"

⑩螹（zhàn）："蝉"的一种方言说法。这里特指一种大而黑的蝉。

⑪蜺（ní）：寒蝉。一种体形较小的蝉。《说文解字·虫部》："蜺，寒
蜩也。"

⑫蜩螗："蚗螗"的一种方言说法。蘦（máo）蜩：一种青色的小蝉。
王逸《九思·怨上》："蟪蛄兮鸣东，蘦蠽（jié）兮号西。"《说文解
字·蚰部》："蠽，小蝉，蜩也。"

⑬蠷（yīng）：寒蝉。疑"蠷"犹言应，寒蝉鸣叫规律与天气转凉的物
候相应。《文选·曹植〈赠白马王彪〉》："秋风发微凉，寒蝉鸣我
侧。"李善注引蔡邕《月令章句》："寒蝉应阴而鸣，鸣则天凉，故谓
之寒蝉也。"寒蜩：寒蝉的一种别称。

⑭瘖（yīn）：哑。《说文解字·疒（nè）部》："瘖，不能言也。"

**【译文】**

对于蝉，古楚国地区称之为"蜩"，古宋国、古卫国之间的地区称之
为"螗蜩"，古陈国、古郑国之间的地区称之为"蜋蜩"，古秦国、古晋国之
间的地区称之为"蝉"，渤海、泰山之间的地区称之为"蟧"。其中较大的
一类称之为"螗"，也有的称作"蝒马"。其中较小的一类称作"麦蚻"，
身上有花纹的称作"蜻蜻"，其中雌性的称作"仦"，个头大且颜色黑的称
作"螹"，身体黑红色的称作"蜺"。"蜩螗"称作"蘦蜩"，"蠷"称作"寒
蜩"，"寒蜩"是一种不出声的蝉。

11.003 蛄诸谓之杜蛒①。蝼蟾谓之蝼蛄②，或谓之蟓
蛉③。南楚谓之杜狗④，或谓之蛞蝼⑤。

**【注释】**

①蛄（gū）诸："蛞蝼"的一种方言说法，即蝼蛄。"蛞蝼"倒言为"蝼

蛄",而"蝼蛄"可以转写为"蝼蛞"。杜蛒（gé）："蝼蛄"的一
种方言说法。也转写作"杜狗"，或作"土狗"。王念孙《广雅疏
证·释虫》："今人谓此虫为土狗，即杜狗也。"

②蝼蟟（lóu zhì）：蝼蛄的别称。

③蠾蛉（xiàng líng）：蝼蛄的别称。

④杜狗：蝼蛄。详参注释①。

⑤蛞（kuò）蝼：蝼蛄。详参注释①。

**【译文】**

"蛄诸"称作"杜蛒"。"蝼蟟"称作"蝼蛄"，也称作"蠾蛉"。南部
古楚国地区称之为"杜狗"，也有的称之为"蛞蝼"。


11.004　蜻蛚①，楚谓之蟋蟀，或谓之蛬②。南楚之间
谓之蚟孙③。


**【注释】**

①蜻蛚（qīng liè）：蟋蟀。明张载《七哀》诗："仰听离鸿鸣，俯闻蜻
　蛚吟。"

②蛬（qióng）：古同"蛩"。蟋蟀。《古今注》："蟋蟀，一名吟蛩，一名
　蛬。秋初生，得寒则鸣。"

③蚟（wáng）孙：蟋蟀。或作"王孙"。"孙"可指丝络。《素问·气
　穴论》："愿闻孙络溪谷（泛指经络穴位。溪，相当于三百六十五
　个经穴的部位；谷，相当于十二经脉循行的部位），亦有所应乎？"
　张隐菴集注："络之别者为孙。"引申又可指善于织丝的人，如"天
　孙"指巧于织造的仙女，亦可指织女星。《史记·天官书》："婺女
　（星宿名，即女宿），其北织女。织女，天女孙也。"司马贞索隐：
　"织女，天孙也。"柳宗元《乞巧文》："下土之臣，窃闻天孙，专巧于
　天。""帝孙"亦可指织女星。《红楼梦》第七六回："犯斗（登天

邀牛女,乘槎(chá,木筏)访帝孙。"而蟋蟀又名"促织""纺纱娘"
等,是因为其鸣叫声如织布机的声音。《古今注》:"谓其声如急织
也。"由此,称蟋蟀为"王孙"犹如称织女为"帝孙""天孙"等。
至于"蚟孙"一名则是因其作为虫类,而增加了虫旁。

**【译文】**

"蜻蚑"是蟋蟀。古楚国地区称之为"蟋蟀",也有的称之为"蜻"。
南部古楚国地区称之为"蚟孙"。

## 11.005　螳蜋谓之髦①,或谓之虰②,或谓之蚅蚅③。

**【注释】**

①髦(máo):"蚅"的一种方言说法。《尔雅·释虫》:"莫貈(hé),螳
　蜋、蚅。""螳蜋"也是螳螂。

②虰(dīng):此处认为"虰"可以指螳螂,是扬雄错引《尔雅》中的
　记述所导致,其实并非指螳螂。

③蚅蚅(mǐ):螳螂。疑"蚅蚅"即"莫貈"的一种方言说法。

**【译文】**

"螳蜋"称作"髦",也称作"虰",还有的称作"蚅蚅"。

## 11.006　姑螽谓之强蚅①。

**【注释】**

①姑螽(shī):米谷中生的小黑甲虫。《尔雅·释虫》:"蛄螽,强蚅。"
　郭璞注:"今米谷中蠹,小黑虫是也。"强蚅(qiǎng mǐ):米谷中生
　的小黑甲虫。"强"本来即指米中小黑虫。《尔雅·释虫》:"强,蚚
　(qí)。"《正字通·虫部》:"蚚,今广东呼米牛,绍兴呼米象。"而
　"蚅"犹言米,言其生于米谷中。

**【译文】**

"姑螜"是米谷中生的小黑甲虫,又称作"强蛘"。

11.007　蟒①,宋、魏之间谓之蚚②,南楚之外谓之蟅蟒③,或谓之蟒,或谓之螣④。

**【注释】**

①蟒:蚱蜢。"蜢"的一种方言说法。

②蚚(dài):蚱蜢。"蟘(tè)"的一种方言说法。《说文解字·虫部》:"蟘,虫食苗叶者。……《诗》曰:'去其螟蟘。'"

③蟅(zhè)蟒:"蚱蜢"的一种方言说法。

④螣(tè):同"蟘"。蚱蜢。详参注释②。

**【译文】**

对于蚱蜢,古宋国、古魏国之间的地区称之为"蚚",南部古楚国以外的地区称之为"蟅蟒",也有的称之为"蟒",还有的称之为"螣"。

11.008　蜻蛉谓之蛷蛉①。

**【注释】**

①蜻蛉(qīng líng):蜻蜓。"蜻蛉"犹言苍筤(láng)。《周易·说卦》:"为苍筤竹。"李鼎祚集解引《九家易》曰:"苍筤,青也。""蜻蛉"之名乃言其颜色。蛷(jí)蛉:"蜻蛉"的一种方言说法。

**【译文】**

"蜻蛉"是蜻蜓,又称作"蛷蛉"。

11.009　春黍谓之蟥蟖①。

**【注释】**

①舂黍（chōng shǔ）：一种蝗类，即蝈蝈。《诗经·豳风·七月》："斯螽（zhōng）动股。"陆玑《毛诗草木鸟兽虫鱼疏》："斯螽，幽州人谓之舂箕。舂箕即舂黍，蝗类也，长而青，长股，股鸣者也。"螆蝑（cóng xū）："舂黍"的一种方言说法。

**【译文】**

"舂黍"是蝈蝈，又称作"螆蝑"。

11.010　蠀螜谓之蚇蠖①。

**【注释】**

①蠀螜（jí zú）：尺蛾的幼虫。"蚼蠸"的一种方言说法。清李元《蠕范》卷三："尺蠖，步屈也，蚼蠸也……行则屈腰使首尾相就。"蚇蠖（chǐ huò）：尺蛾的幼虫。《说文解字·虫部》："蠖，尺蠖，屈申虫。"蚇，同"尺"。

**【译文】**

"蠀螜"是尺蛾的幼虫，又称作"蚇蠖"。

11.011　螽①，燕、赵之间谓之蠓螉②。其小者谓之蠮螉③，或谓之蚴蜕④。其大而蜜谓之壶蜂⑤。

**【注释】**

①螽（fēng）：同"蜂"。

②蠓螉（měng wēng）："蜂"是"蠓螉"的合声。

③蠮（yē）螉：一种腰细长的蜂，俗称"细腰蜂"，身体黑色，翅带黄色，在地下做巢。钱绎《方言笺疏》："'蠮螉'以其声言之。""蠮

蟓"之名当是源自其嗡鸣声。

④蚴蜕（yòu tuì）：细腰蜂。钱绎《方言笺疏》："'蚴蜕'以其形言之，并以小得名也。"

⑤壶蜂：即土蜂。"壶"是一种大称。所谓"大而蜜"，是说其能产蜜，这种蜂当是我们今天所说的土蜂。陈藏器《本草注》："土蜂，穴居作房，赤黑色，最大，能螫人，亦能酿蜜。"

**【译文】**

对于蜂，古燕国、古赵国之间的地区称之为"蠦蟓"。其中较小的一类称作"蠯蟓"，也有的地方称之为"蚴蜕"。其中个头大且能够产蜜的一类称作"壶蜂"。

11.012　蝇，东齐谓之羊①。陈、楚之间谓之蝇。自关而西，秦、晋之间谓之蝇。

**【注释】**

①羊：蝇类昆虫，一般指苍蝇。"羊"是"蝇"的一种方言说法。

**【译文】**

对于蝇，东部古齐国地区叫"羊"。古陈国、古楚国之间的地区称之为"蝇"。在函谷关以西，古秦国、古晋国之间的地区也有的称之为"蝇"。

11.013　蚍蜉①，齐、鲁之间谓之蚼蠪②，西南梁、益之间谓之玄蚼③，燕谓之蛾蛘④。其场谓之坻⑤，或谓之垤⑥。

**【注释】**

①蚍蜉（pí fú）：一种大蚂蚁。《尔雅·释虫》："蚍蜉，大螘。"陆德明

《经典释文》："螘，俗作蚁。"

② 蚼蠰（qú xiàng）：蚂蚁。蚼，通"驹"。《大戴礼记·夏小正》："玄驹贲。玄驹也者，螘也。"蠰，通"蛘（yáng）"。《广雅·释虫》："蛘，螘也。"•

③ 玄蚼：同"玄驹"。蚂蚁。《古今注·问答释义》："牛亨问曰：'蚁名玄驹者何也？'答曰：'河内人并河而见人马数千万，皆如黍米，游动往来，从旦至暮，家人以火烧之，人皆是蚁蚋，马皆是大蚁，故今人呼蚁蚋曰黍民，名蚁曰玄驹也。'""玄"是赤黑色，蚂蚁的身体颜色。

④ 蛾蛘（yǐ yáng）：蚂蚁。蛾，同"蚁"。蛘，同"蛘"。《广雅·释虫》："蛘，螘也。"

⑤ 场（shāng）：松土所聚成的小土堆。本书卷六："梁、宋之间蚍蜉、犁鼠之场谓之坻。"义同"场"。《文选·潘岳〈藉田赋〉》："坻场染屦。"李善注："场，浮壤之名也。"此句意思是浮土沾上鞋印。坻（chí）：蚂蚁巢外的松土。《文选·潘岳〈藉田赋〉》："坻场染屦。"

⑥ 垤（dié）：蚂蚁做窝时堆在穴口的小土堆。《说文解字·土部》："垤，蚁封也。"

**【译文】**

对于蚂蚁，古齐国、古鲁国之间的地区称之为"蚼蠰"，西南部梁州、益州之间的地区称之为"玄蚼"，古燕国地区称之为"蛾蛘"。蚂蚁做窝时松土聚成的小土堆称作"坻"，也有的称作"垤"。

11.014　蟒螬谓之蟥①。自关而东谓之蝤蛴②，或谓之蚕蟝③，或谓之蝖螬④。梁、益之间谓之蛒⑤，或谓之蝎⑥，或谓之蛭蛒⑦。秦、晋之间谓之蠹⑧，或谓之天蝼⑨。四方异语而通者也。

**【注释】**

①蛴螬（cī cáo）：金龟子的幼虫。"蛴（qí）螬"的一种方言说法。《列子·天瑞》："乌足之根为蛴螬，其叶为胡蝶。"蟦（féi）：金龟子的幼虫。"蟦"犹言肥，蛴螬个体肥大，因而得名。

②蝤（qiú）蛴：金龟子的幼虫。"蛴蝤"的一种方言说法。《庄子·至乐》："乌足之根为蛴螬。"司马彪本作"蛴蝤"。

③蚕蠋（juàn zhú）：金龟子的幼虫。也可指蜘蛛。《广韵·线韵》："蚕，蚕蠋，蜘蛛别名。"王念孙《广雅疏证·释虫》："土中之蟦，木中之蠹，同类而通名。"

④蝖蝚（xuān hú）：表示金龟子幼虫的一种方言说法。

⑤蛒（gé）：这里指金龟子的幼虫。"蝎"的一种方言说法。"蝎"是木中蛀虫。参见注释⑥。

⑥蝎（hé）：木中蛀虫，这里特指蛴螬。《尔雅·释虫》："蝎，蛣蜎。"郭璞注："木中蠹虫。""蝎"作为泛称，也可以指金龟子这种蠹虫。

⑦蛭（zhì）蛒：表示金龟子幼虫的一种方言说法。

⑧蠹（dù）：蛀虫。《说文解字·蚰部》："蠹，木中虫。"

⑨天蝼：本指蝼蛄。《方言》中指金龟子的幼虫，当是时人不清楚其分类所致。

**【译文】**

"蛴螬"称作"蟦"，即金龟子的幼虫。函谷关以东的地区称之为"蛴蝤"，也有的称之为"蚕蠋"，还有的称之为"蝖蝚"。梁州、益州之间的地区称之为"蛒"，也有的称之为"蝎"，还有的称之为"蛭蛒"。古秦国、古晋国之间的地区称之为"蠹"，也有的称之为"天蝼"。这些都是各地对同一事物的不同称名。


11.015　蚰蜒①，自关而东谓之螾䖤②，或谓之入耳③，或谓之蜄蠖④。赵、魏之间或谓之蚨虶⑤。北燕谓之蚰蜒⑥。

**【注释】**

①蚰蜒（yóu yán）：俗称草鞋虫。像蜈蚣而略小，体色黄褐，有十五
　对细长的脚，生活在阴湿地方，捕食小虫。王逸《九思·哀岁》：
　"巷有兮蚰蜒，邑多兮螳螂。"意思是小巷里面有蚰蜒，村邑之中
　多螳螂。

②蟓蚭（yǐn yán）：草鞋虫。"蚭蜋"的一种方言说法。"蚭蜋"犹言
　忸怩，"忸怩"有踌躇、退缩的样子。"蚭蜋"之名是揭示该虫可以
　两头行的特点。因而蚰蜒还可以称作"却行"，《考工记》郑玄注：
　"却行，蟓衍之属。"陆德明《经典释文》："此虫能两头行，是却行
　也。"

③入耳：草鞋虫。"蚭蜋"的一种方言说法。

④蝣蠷（cháng lí）：表示草鞋虫的一种方言说法。

⑤蚨虶（fú yú）：蚰蜒。"蚰蜒"又有钱串子的俗称，乃是因其体貌得
　名。"蚨"作为钱的别称。《篇海类编》："蚨，青蚨。《说文》：'水虫
　也，可还钱。'故人谓钱为青蚨。"而"虶"犹言纡，纡可指绳索。
　《广雅·释诂三》："纡，索也。"因此，蚰蜒称作"蚨虶"，正犹如称
　其为钱串子。

⑥蚭蜋（nù ní）：草鞋虫。

**【译文】**

　　对于蚰蜒，函谷关以东的地区称之为"蟓蚭"，也有的称之为"入
耳"，还有的称之为"蝣蠷"。古赵国、古魏国之间的地区有的称之为"蚨
虶"。北部古燕国地区称之为"蚭蜋"。


　　11.016　鼅鼄①，鼄蝥也②。自关而西，秦、晋之间谓之
鼄蝥。自关而东，赵、魏之郊谓之鼅鼄，或谓之蠾蝓③。蠾蝓
者，侏儒语之转也。北燕、朝鲜、洌水之间谓之蝳蜍④。

**【注释】**

①鼅鼄（zhī zhū）：同"蜘蛛"。

②鼅蝥（wú）：蜘蛛的别称。或作"蛛蝥"。《吕氏春秋·异用》："昔蛛蝥作网罟（gǔ，网），今之人学纾（通"杼"，本指织布梭，这里是纺织的意思）。"

③蠾蝓（zhú yú）：蜘蛛的别名。与"侏儒"音近义通，是短小之义，形容蜘蛛的体貌特征。

④蝳蜍（dú yú）：蜘蛛的别名。与"侏儒"音近义通，和"蠾蝓"属于同一词的不同转写形式。

**【译文】**

"鼅鼄"即蜘蛛。在函谷关以西，古秦国、古晋国之间的地区称之为"鼅蝥"。在函谷关以东，古赵国、古魏国的外围地区称之为"鼅鼄"，也有的称之为"蠾蝓"。"蠾蝓"是"侏儒"的音近转写形式。北部古燕国、朝鲜、洌水之间的地区称之为"蝳蜍"。

11.017　蜉蝣①，秦、晋之间谓之蝶蟛②。

**【注释】**

①蜉蝣（fú yóu）：即"蜉蝣"。一种昆虫。幼虫生活在水中，成虫褐绿色，有四翅，生存期极短。"蜉蝣"犹言浮游，因其习性而得名。

②蝶蟛（qú lüè）：表示蜉蝣的一种方言说法。或作"渠略"。李海霞《汉语动物命名考释》："渠略，果蠃（luǒ）族词。""蝶蟛"与"果蠃"音近义通，揭示的是这种昆虫细腰垂腹的特征。

**【译文】**

对于蜉蝣，古秦国、古晋国之间的地区称之为"蝶蟛"。

11.018　马蚿①，北燕谓之蛆蝶②。其大者谓之马蚰③。

**【注释】**

①马蚿（xián）：即马陆，又称百足虫。"马"是一种大称，而"蚿"可单用。《庄子·秋水》："夔怜蚿，蚿怜蛇。"司马彪注："蚿，马蚿虫也。"句子大意是一只脚的夔羡慕多脚的蚿，因为夔行走困难，多脚的蚿却羡慕无脚的蛇，因为无脚却能爬行得更快。

②蛆蟝（qū qú）：表示马陆的一种方言说法。

③马蚰（zhú）：表示马陆的一种方言说法。也作"马蠋（zhú）"。《广雅·释虫》："马蠋，马蚿也。"

**【译文】**

马陆指百足虫，北部古燕国地区称之为"蛆蟝"。其中较大的一类称作"马蚰"。

# 卷十二

12.001　爰<sup>①</sup>、嗳<sup>②</sup>,哀也。

**【注释】**

①爰(yuán):悲哀。《楚辞·九章·怀沙》:"曾伤(深沉的悲伤)爰
　哀,永叹喟兮。"

②嗳(huàn):悲哀。"爰"的一种方言说法。

**【译文】**

"爰""嗳"都能表示悲哀的意思。

12.002　儒输<sup>①</sup>,愚也。

**【注释】**

①儒输:迟钝,笨拙。"儒输"为叠韵联绵词,合音则与"鲁"音近。
　"鲁"有迟钝、笨拙义。《论语·先进》:"参也鲁。"何晏集解:"孔
　(安国)曰:'鲁,钝也。'"

**【译文】**

"儒输"有笨拙的意思。

## 12.003　愋①、谅②,知也③。

**【注释】**

①愋(xuān):聪慧。"儇(xuān)"的一种方言说法。《说文解字·人部》:"儇,慧也。"

②谅:明晓。《文选·陆机〈五等诸侯论〉》:"原法(执法恭谨)期于必谅。"刘良注:"谅,明也。"

③知(zhì):同"智"。智慧,明智。

**【译文】**

"愋"是聪慧,"谅"是明晓,它们都有明智的意思。

## 12.004　拊抚①,疾也。

**【注释】**

①拊(fǔ)抚:急速。"拊"是"駙"的一种方言说法。《说文解字·马部》:"駙,疾也。"而"抚"是"麤(fù)"的一种方言说法。《说文解字·兔部》:"麤,疾也。""拊抚"当属同义复合词。

**【译文】**

"拊抚"是急速的意思。

## 12.005　菲①、愵②,怅也。

**【注释】**

①菲:抑郁。"怫"的一种方言说法。《说文解字·心部》:"怫,郁也。"

②愵(nì):忧郁伤痛。《说文解字·心部》:"愵,忧也。"

【译文】

"菲"是抑郁,"愸"是忧郁伤痛,它们都有惆怅的意思。

## 12.006　郁<sup>①</sup>、熙<sup>②</sup>,长也<sup>③</sup>。

【注释】

①郁:高大。《文选·司马相如〈长门赋〉》:"正殿块以造天兮,郁并起而穹崇。"李善注:"郁,壮大也。"句子大意是雄伟的官殿像上苍的神工,高耸着与天堂为邻。

②熙:广大。《诗经·周颂·昊天有成命》:"于缉熙。"毛传:"熙,广也。""缉熙"就是光明正大。

③长:大。《荀子·劝学》:"神莫大于化道,福莫长于无祸。"

【译文】

"郁"是高大,"熙"是广大,它们都有大的意思。

## 12.007　娋<sup>①</sup>、孟<sup>②</sup>,姊也<sup>③</sup>。

【注释】

①娋(shāo):姐姐。"婹"的一种方言说法。《说文解字·女部》:"贾侍中说:楚人谓姊为婹。"

②孟:姐姐。"孟"指排行最大的。《左传·隐公元年》:"惠公元妃孟子。"孔颖达疏:"孟、仲、叔、季,兄弟姊妹长幼之别字也。孟、伯俱长也。"

③姊(zǐ):同"姊"。姐姐。《龙龛手鉴·女部》:"姊,女兄也。"

【译文】

"娋""孟"都是对姐姐的称呼。

12.008　筑娌①,匹也②。娌,耦也③。

**【注释】**

①筑娌(zhóu lǐ):即妯娌。筑,通"妯"。是兄弟妻相呼之称。

②匹:同类,同辈。《广雅·释诂一》:"匹,辈也。"

③耦(ǒu):同"偶"。

**【译文】**

"筑娌"是兄弟之妻相互称呼的名称,表示同辈的意思。单言"娌",也含有成对的意思。

12.009　礦①、裔②,习也③。

**【注释】**

①礦(yíng):表示累积的一种方言说法。

②裔:习惯,惯于。"忕(yì)"的一种方言说法。《说文解字·心部》:"忕,习也。"

③习:重复,积累。《荀子·劝学》:"方其人之习君子之说。"王先谦集解:"习有积贯之义。"句子大意是仿效良师学习君子学问。

**【译文】**

"礦"是累积,"裔"是习惯,它们都有重复的意思。

12.010　躔①、逡②,循也。

**【注释】**

①躔(chán):践履。《说文解字·足部》:"躔,践也。"《文选·左思〈吴都赋〉》:"未知英雄之所躔也。"践履与遵循意义相近,如我们今天所说的履行、践行等。

②逡（qūn）：遵照次序。《汉书·公孙弘传》："有功者上，无功者下，则群臣逡。"颜师古注引李奇曰："逡，言有次第也。"

【译文】

"蹲"是践履，"逡"是遵照次序，它们都有遵循的意思。

12.011　躔①、历②，行也。日运为躔，月运为逡。

【注释】

①躔（chán）：践行。《说文解字·足部》："躔，践也。"还可专指日月星辰在黄道上运行。《汉书·律历志上》："日月初躔，星之纪也。"颜师古注引孟康曰："躔，舍也。二十八舍列在四方，日月行焉，起于星纪，而又周之。"

②历：行历。

【译文】

"躔"是践行，"历"是行历，它们都有行的意思。太阳运行叫"躔"，月亮运行叫"逡"。

12.012　逭①、遹②，转也。逭、遹，步也。

【注释】

①逭（huàn）：转行。王念孙《广雅疏证·释诂四》："逭，犹斡也。"《楚辞·天问》："斡维（指运转的枢纽）焉系？"王逸注："斡，转也。"转行与行走之间意义相通。《方言》郭璞注："转相训耳。"徐复补释："今亦谓斥人走开曰滚，皆即逭字。"

②遹（yù）：疑为"游"的一种方言说法。《尚书·五子之歌》："乃盘游无度，畋于有洛之表，十旬弗反。"意思是竟至盘乐游猎没有节制，到洛水的南面打猎，百天还不回来。此处"游"即游荡、转行。

后世亦常见"游转"之类的搭配,如宋沈括《梦溪笔谈》:"不能容极星游转,乃稍稍展窥管候之。"而《礼记·曲礼上》:"游毋倨(傲慢),立毋跛(bì,站立时重心放在一只脚上,在古人看来是对人很不恭敬的一种站姿)。"此处"游"为行走义。

**【译文】**

"迻""迿"都有转行的意思。"迻""迿"也有行走的意思。

## 12.013　熢①、虞②,望也。

**【注释】**

①熢(fēng):古代边防报警的烟火。《说文解字·火部》:"熢,燧,候表也。边有警则举火。"也作"烽"。

②虞:候望。《左传·桓公十一年》:"且日虞四邑之至也。"王引之《经义述闻》:"言四望四邑之至也。"

**【译文】**

古代边防报警的烟火叫"熢",候望叫"虞",它们都有观望的意思。

## 12.014　揄①、揢②,脱也。

**【注释】**

①揄(yú):通"输"。抛弃。汉枚乘《七发》:"揄弃恬怠,输写淟浊。"意思是使人去掉安逸怠惰,排除污浊之气。

②揢(duò):通"堕"。脱落。《新序·杂事》:"夫士亦华发堕颠(秃顶)而后可用耳。"

**【译文】**

"揄"是抛弃,"揢"是脱落,它们都有脱离的意思。

## 12.015　解<sup>①</sup>、输<sup>②</sup>，挩也<sup>③</sup>。

**【注释】**

①解：脱落。《逸周书·时训》："夏至之日，鹿角解。"

②输：抛洒。汉枚乘《七发》："揄弃恬息，输写淟浊。"意思是使人去
　掉安逸怠惰，排除污浊之气。

③挩（tuō）：解脱。后作"脱"。《说文解字·手部》："挩，解挩也。"

**【译文】**

"解"是脱落，"输"是抛洒，它们都有解脱的意思。

## 12.016　赋<sup>①</sup>、与<sup>②</sup>，操也。

**【注释】**

①赋：疑为"抚"的一种方言说法。握持。《广雅·释诂三》："抚，持
　也。"王念孙疏证："抚，亦把也。"

②与：疑为"举"的一种方言说法。执持。《周礼·考工记·庐人》：
　"毄（jī，击打，攻击）兵同强，举围欲细。"郑玄注："举，谓手所
　操。"

**【译文】**

"赋"是握持，"与"是执持，它们都有操持的意思。

## 12.017　盝<sup>①</sup>、歇<sup>②</sup>，涸也。

**【注释】**

①盝（lù）：通"漉"。使干涸、枯竭。《礼记·月令》："毋竭川泽，毋
　漉（使干涸）陂池，毋焚山林。"

②歇：完尽。《左传·宣公十二年》："得臣犹在，忧未歇也。"杜预注：

"歇,尽也。"

**【译文】**

"滥"是使枯竭,"歇"是完尽,它们都有竭尽的意思。

12.018 潎①、澄②,清也。

**【注释】**

①潎(pì):水清。汉司马相如《上林赋》:"横流逆折,转腾潎洌。"潎、洌都有水清的意思。《说文解字·水部》:"洌,水清也。"

②澄(chéng):同"澄"。水清而静止。

**【译文】**

"潎""澄"都是水清的意思。

12.019 逯①、遡②,行也。

**【注释】**

①逯(lù):随意行走。《淮南子·精神训》:"浑然而往,逯然而来。"高诱注:"逯,谓无所为,忽然往来也。"句子大意是转着圈子去,忽然又能归来。

②遡(sù):逆水而行。《诗经·秦风·蒹葭》:"遡洄从之,道阻且长。"

**【译文】**

"逯"是随意行走,"遡"是逆水而行,它们都有行进的意思。

12.020 垦①、牧②,司也③。垦,力也。

**【注释】**

①垦:开发,开垦。开垦即治理土地,因而与治理义相通。

②牧:治理,主管。本义指放养牲畜,后引申指治理人民。《国
　语·鲁语上》:"且夫君也者,将牧民而正其邪者也。"

③司:掌管,治理。

【译文】

"垦"是治理土地,"牧"是治理牲畜或人民,它们都有治理的意思。
"垦"有用力耕垦的意思。

12.021　牧,饲也。

【译文】

"牧"的意思是饲养。

12.022　监①、牧②,察也。

【注释】

①监:监视,督察。

②牧:监察。《鬼谷子·反应》:"见其情,随而牧之。"意思是使之透
　露真情,进而监察对方。

【译文】

"监""牧"都有监察的意思。

12.023　萑①,始也。萑,化也。

【注释】

①萑(huān):开始,萌芽。"权"的一种方言说法。《文选·李康〈运
　命论〉》:"权乎祸福之门,终乎荣辱之筭(suàn,同"算")。""权"

与"终"相对,表示开始。或缓读为"权舆",可以表示萌芽义,这与化育、产生义相通。《大戴礼记·诰志》:"冰泮发蛰,百草权舆。"意思是水边冬眠的动物开始活动,花草也开始萌芽。

**【译文】**

"奙"有开始的意思。"奙"还有化育的意思。

## 12.024　铺①、膊②,止也。

**【注释】**

①铺:疑为"蟠"的一种方言说法。停止。《汉书·天文志》:"奢为扶。"颜师古注:"郑氏曰:扶,当为蟠。蟠,止不行也。"

②膊:停止。"铺"的一种方言说法。

**【译文】**

"铺""膊"都有停止的意思。

## 12.025　攘①、掩②,止也。

**【注释】**

①攘(rǎng):阻止。《汉书·五行志下之上》:"否则为下相攘善。"颜师古注:"攘,却也,言不进达之也。"

②掩:止息。汉班昭《女诫》:"是故室人(古人称丈夫家的平辈妇女)和则谤掩。"

**【译文】**

"攘"是阻止,"掩"是止息,它们都有止的意思。

## 12.026　幕①,覆也。

**【注释】**

①幕：覆盖，笼罩。《庄子·则阳》："解朝服而幕之。"陆德明《经典
　释文》引司马彪云："幕，覆也。"

**【译文】**

"幕"有覆盖的意思。


12.027　侗胴①，状也②。


**【注释】**

①侗胴（tǒng dòng）：高大的样子。疑为"潼潼"的一种转写形式。
　《文选·宋玉〈高唐赋〉》："巨石溺溺（淹没）之瀺灂（chán zhuó，
　小水声，此谓水流触石作声）兮，沫潼潼而高厉（高高腾起）。"李
　善注："潼潼，高貌。"
②状：疑通"壮"。指高大。《周礼·考工记》："凡铸金之状。"郑玄
　注："故书状作壮。"

**【译文】**

"侗胴"是高大的样子。


12.028　尐①、杪②，小也。


**【注释】**

①尐（jié）：小。《说文解字·小部》："尐，少也。"
②杪：树梢，引申泛指细微、微小。郭璞注："言杪梢也。"《说文解
　字·木部》："杪，木标末也。"

**【译文】**

"尐""杪"都有小的意思。

## 12.029　屑[①]、往[②],劳也。

**【注释】**

①屑:勤劳。郭璞注:"屑屑、往来,皆劬劳也。"《汉书·王莽传上》:"晨夜屑屑,寒暑勤勤,无时休息。"

②往:勤劳。王念孙《广雅疏证·释诂一》:"《孟子·万章》篇:'舜往于田。'往者,劳也。"

**【译文】**

"屑""往"都有勤劳的意思。

## 12.030　屑[①]、惟[②],狯也[③]。

**【注释】**

①屑:疑为"切"的一种方言说法。指夸大不实。《广雅·释训》:"夸夸,切切也。""夸夸"指夸大不实。葛洪《抱朴子内篇·勤求》:"名过其实,由于夸诳,内抱贪浊,惟利是图。"

②惟(kuáng):同"诳"。欺骗。《礼记·曲礼上》:"幼子常视(通"示",教育)毋诳。"陆德明《经典释文》:"诳,欺也。"

③狯(kuài):狡诈。《说文解字·犬部》:"狯,狡狯也。"

**【译文】**

"屑""惟"都有狡诈的意思。

## 12.031　效[①]、烓[②],明也。

**【注释】**

①效:光明。"皎"的一种方言说法。

②娃（wēi）：光明。"效"的一种方言说法。《楚辞·离骚》："跪敷衽
以陈辞兮，耿吾即得此中正。"王逸注："耿，明也。"大意是铺开衣
襟跪着慢慢细讲，我已获得正道心里亮堂。

**【译文】**

"效""娃"都是光明的意思。


## 12.032  凑①、将②，威也③。

**【注释】**

①凑：表示威势的一种方言说法。

②将：疑为"强"的一种方言说法。强势。《史记·老子韩非列传》：
"国治兵强，无侵韩者。"

③威：威势。《商君书·去强》："刑生力，力生强，强生威。"

**【译文】**

"凑""将"都有威势的意思。


## 12.033  妫①、娗②，僈也③。

**【注释】**

①妫（guì）：通"诡"。欺诈，虚伪。

②娗（tǐng）：通"誔"。欺诈。《玉篇·言部》："誔，诡言也。"

③僈（màn）：通"漫"。欺骗，相瞒。《荀子·儒效》："行不免于污
漫，而冀人之以己为修也。"杨倞注："漫，欺诳也。"句子大意是行
为没有脱离污秽肮脏，却希望别人认为自己品行美好。

**【译文】**

"妫""娗"都有欺瞒的意思。

## 12.034 儇①、虔②,谩也③。

【注释】

①儇（xuān）：聪明而狡猾。《说文解字·人部》："儇,慧也。"徐锴《说文解字系传》："谓轻薄、察慧、小才也。"

②虔："儇"的一种方言说法。

③谩：欺骗。本书卷一有"虔、儇,慧也。秦谓之谩"条,钱绎《方言笺疏》："盖人用慧黠以欺谩人,故慧亦谓之谩也。"

【译文】

"儇""虔"都有欺骗的意思。

## 12.035 佻①,疾也。

【注释】

①佻（tiào）：轻快。《文选·左思〈吴都赋〉》："儇佻坌（bèn）并,衔枚无声。"李善注："儇佻,疾也。"所谓"儇佻坌并"是指集合急行。

【译文】

"佻"是轻快的意思。

## 12.036 鞅①、侼②,强也。

【注释】

①鞅（yàng）：通"怏"。不服气。郭璞注："强,谓强戾也。"钱绎《方言笺疏》："鞅,《说文》作'怏',云:'不服也。''不服',是'强'之义也。"

②侼（bó）：通"悖"。粗恶。《淮南子·说林训》："行者为之悖戾。"

高诱注："悖,粗恶也。"

**【译文】**

"鞅"是不服气,"悖"是粗恶,它们都有强横的意思。


12.037  鞅<sup>①</sup>、悖<sup>②</sup>,怼也<sup>③</sup>。

**【注释】**

①鞅:通"怏"。不满意。《说文解字·心部》:"怏,不服怼也。"《汉书·高帝纪》:"诸将故与帝为编户民,北面为臣,心常鞅鞅。"

②悖(bó):通"勃"。怨怒。《庄子·天地》:"谓己道人,则勃然作色。"成玄英疏:"勃,嗔貌也。""嗔貌"即怨恨生气的样子。

③怼:怨恨。《说文解字·心部》:"怼,怨也。"《后汉书·杨震传》:"深用怨怼。"李贤注:"怼,怨怒也。"

**【译文】**

"鞅""悖"都有怨恨的意思。


12.038  追、末<sup>①</sup>,随也。

**【注释】**

①末:跟随。"尾"的一种方言说法。今天仍然有"尾随"的用法。

**【译文】**

"追""末"都有跟随的意思。


12.039  佥<sup>①</sup>、怚<sup>②</sup>,剧也。

**【注释】**

①佥(qiān):多,过分。"佥"本义为皆、都。《说文解字·亼(jí)

部》："佥，皆也。"引申可指众人。《楚辞·天问》："佥曰：'何
忧？'"王逸注："佥，众也。"继而可引申出多、过分的意思。本书
卷一："秦、晋之间凡人语而过谓之遇，或曰佥。"

②怚（zū）：疑为"剧"的一种方言说法。过分。

**【译文】**

"佥""怚"都有过甚的意思。

## 12.040　佥①，夥也②。

**【注释】**

①佥（qiān）：多。"佥"本义为皆、都。《说文解字·人部》："佥，皆
也。"引申可指众人。《楚辞·天问》："佥曰：'何忧？'"王逸注：
"佥，众也。"继而可引申出多的意思。

②夥（huǒ）：多。汉司马相如《上林赋》："鱼鳖讙（huān，同"欢"）
声，万物众夥。"

**【译文】**

"佥"有多的意思。

## 12.041　夸①、烝②，婬也③。

**【注释】**

①夸：淫佚奢侈。《荀子·仲尼》："贵而不为夸（奢侈），信而不处谦
（通"嫌"，疑惑）。"杨倞注："夸，奢侈也。"句子大意是虽然富贵
而不骄奢淫逸，得信于上而不招惹嫌疑。

②烝（zhēng）：下淫上，指和母辈通奸。《左传·桓公十六年》："卫宣
公烝于夷姜。"杜预注："夷姜，宣公之庶母也。上淫曰烝。"

③婬（yín）：同"淫"。放纵恣肆。

**【译文】**

"夸"是淫佚奢侈，"烝"是和母辈通奸，它们都有放纵恣肆的意思。

12.042    毗<sup>①</sup>、颟<sup>②</sup>，懑也<sup>③</sup>。

**【注释】**

①毗（pí）：疑为"愊（bì）"的一种方言说法。愤懑。《广雅·释诂一》："愊，满也。"王念孙疏证："腹满曰愊。"《汉书·陈汤传》："策虑愊亿。"颜师古注："愊亿，愤怒之貌也。"

②颟（bīn）：愤懑。"毗"的一种方言说法。

③懑（mèn）：愤慨。《楚辞·严忌〈哀时命〉》："惟烦懑而盈匈（同"胸"）。"王逸注："懑，愤也。"

**【译文】**

"毗""颟"都有愤慨的意思。

12.043    荧<sup>①</sup>、激<sup>②</sup>，清也。

**【注释】**

①荧（qióng）：表示清的一种方言说法。

②激：鲜明，清亮。《庄子·盗跖》："唇如激丹，齿如齐贝。"成玄英疏："激，明也。"

**【译文】**

"荧""激"都有清的意思。

12.044    纾<sup>①</sup>、退<sup>②</sup>，缓也。

**【注释】**

①纾(shū):缓和。《左传·庄公三十年》:“以纾楚国之难。”杜预注:“纾,缓也。”

②退:迟缓。《论语·先进》:“求也退,故进之。”意思是冉有做事迟缓畏缩,所以要鼓励他。

**【译文】**

“纾”是缓和,“退”是迟缓,它们都有宽缓的意思。

## 12.045 清[①]、蹑[②],急也。

**【注释】**

①清:琴声急。《淮南子·俶真训》:“耳听白雪清角之声。”叶德辉《淮南鸿烈间诂》:“清角,弦急,其声清也。”《春秋繁露·保位权》:“自令清浊昭然殊体。”凌曙注:“凡弦以缓急为清浊。琴紧其弦则清,缓其弦则浊。清浊者,言琴之声也。”

②蹑:急。《文选·曹植〈七启〉》:“忽蹑景而轻骛,逸奔骥而超遗风。”李善注:“蹑之言疾也。”句子大意是追逐日影而轻捷疾驰,策厉骏马而超越遗风。

**【译文】**

“清”“蹑”都有急速的意思。

## 12.046 抒[①]、瘛[②],解也。

**【注释】**

①抒:解除。《左传·文公六年》:“有此四德者,难必抒也。”杜预注:“抒,除也。”

②瘛(chì):牵引。“瘳(chè)”的一种方言说法。《说文解字·手

部》："瘅,引纵曰瘅。"段玉裁注："引纵者,谓宜远而引之使近,宜近而纵之使远,皆为牵掣也。"也就是说"瘅"包含了引拉和松解两个方面的意义。

**【译文】**

"抒"是解除,"瘅"是牵引,它们都有松解的意思。

## 12.047　蒇①、逞②,解也。

**【注释】**

①蒇（chǎn）:通"展"。舒解。

②逞:舒解。《论语·乡党》："出,降一等,逞颜色,怡怡如也。"邢昺疏："下阶一级则舒气,故解其颜色。"

**【译文】**

"蒇""逞"都有舒解的意思。

## 12.048　柢①、柲②,刺也③。

**【注释】**

①柢（dǐ）:矛戟柄。郭璞注："皆矛、戟之䂂（qín,矛柄）,所以刺物者也。"

②柲（bì）:矛戟柄。《说文解字·木部》："柲,欑（cuán）也。"徐锴《说文解字系传》："欑即矛戟柄。"

③刺:柄。《周礼·考工记·庐人》："凡为酋矛……三分其晋围,去一以为刺围。"孙诒让《周礼正义》引程瑶田云："矛之用在刺,故即以刺名其内刺之一端。"

**【译文】**

"柢""柲"都是指矛戟柄。

12.049　倩<sup>①</sup>、荼<sup>②</sup>,借也。

**【注释】**

①倩（qìng）:借,借助。《史记·滑稽列传》:"某所有公田,愿得假倩
之。"

②荼（tú）:"赊"的一种方言说法。借贷。

**【译文】**

"倩"是借助,"荼"是借贷,它们都有借的意思。

12.050　慸朴<sup>①</sup>,猝也。

**【注释】**

①慸（pī）朴:急速。"慸朴"属于双声联绵词。王念孙《广雅疏
证·释诂二》:"今俗语状声响之急速者曰'慸朴',是其义也。"

**【译文】**

"慸朴"是急速的意思。

12.051　麋<sup>①</sup>、梨<sup>②</sup>,老也。

**【注释】**

①麋（mí）:年老之称。"麋"又作"眉"。王引之《经义述闻》卷二
二《春秋名字解诂》:"眉寿犹言耆寿。"

②梨:年老。"耆"的一种方言说法。

**【译文】**

"麋""梨"都可以指年老。

12.052　萃<sup>①</sup>、离<sup>②</sup>,时也<sup>③</sup>。

**【注释】**

①萃:止息。《诗经·陈风·墓门》:"墓门有梅,有鸮萃止。"意思是墓门前长着梅树,猫头鹰停息在树上。

②离(lì):通"丽"。附着,包含停止的意思。王念孙《广雅疏证·释诂二》:"离读为丽。宣十二年《左传》注云:'丽,著也。'著亦止也。"

③时:通"待"。止。《国语·晋语》:"未知其待于曲沃也。"王引之《经义述闻》按:"待,止也。"这是栾共子面对晋武公劝降的回应,大意是说您不知我若不死而在曲沃事奉您便是怀有二心。

**【译文】**

"萃"是止息,"离"是附着,它们都有止的意思。

12.053　汉①、赤②,怒也。赤③,发也④。

**【注释】**

①汉:疑为"赫"的一种方言说法。怒。《诗经·大雅·皇矣》:"王赫斯怒,爰整其旅。"郑玄笺:"赫,怒意。"

②赤(hè):同"赫"。怒。

③赤:明亮。《荀子·天论》:"故日月不高,则光辉不赫。"

④发:明。《诗经·小雅·小宛》:"明发不寐,有怀二人。"意思是直到天明还没入睡,想着父母在世之情。

**【译文】**

"汉""赤"都是怒的意思。"赤"还有明亮的意思。

12.054　謰①、吁②,然也③。

## 【注释】

①譁（huá）：应声。"吁"的一种方言说法。《集韵·遇韵》："吁，应声。"

②吁（yù）：应声。详参注释①。

③然：应允。《玉篇·火部》："然，许也。"

## 【译文】

"譁""吁"都是表示应允的声音。

### 12.055 猜①、忦②，恨也。

## 【注释】

①猜：嫉恨。《左传·昭公七年》："吾子亦有猜焉。"洪亮吉《春秋左传诂》："猜，恨也。"

②忦（jiá）：通"齘（xiè）"。怨恨。《说文解字·齿部》："齘，齿相切也。"本书卷二又有："齘，怒也。小怒曰齘。"牙齿相摩切表示愤怒，犹如我们今天仍然用咬牙切齿来形容愤怒。

## 【译文】

"猜"是嫉恨，"忦"是怨恨，它们都有恨的意思。

### 12.056 艮①、磈②，坚也。

## 【注释】

①艮（gèn）：坚固。钱绎《方言笺疏》："《说卦传》：'艮为山，为小石。'今人犹物之坚而不弊者为艮固，是其义也。"

②磈（wèi）：坚固。戴震《方言疏证》："张衡《思玄赋》：'行积冰之磈磈兮。'李善注皆引《方言》：'磈，坚也。'"

【译文】

"艮""砲"都有坚固的意思。


12.057　炗①、朖②,明也。

【注释】

①炗(yín):光照。"炎"的一种方言说法。本指火苗升腾。《说文解字·炎部》:"炎,火光上也。"引申可指光照。《文选·班固〈答宾戏〉》:"炎之如日。"李善注:"炎,火也,谓光照也。"

②朖(lǎng):同"朗"。明亮。

【译文】

"炗"是光照,"朖"是明亮,它们都有明的意思。


12.058　怤愉①,悦也。

【注释】

①怤(fū)愉:和悦。戴震《方言疏证》:"'怤'亦作'敷'。汉瑟调曲《陇西行》:'好妇出迎客,颜色正敷愉。'敷愉,双声形容之词。"

【译文】

"怤愉"是和悦的意思。


12.059　即①、围②,就也③。即④,半也⑤。

【注释】

①即:接近,靠近。《论语·子张》:"即之也温。"邢昺疏:"就近之则颜色温和。"

②围:围绕,围近。围绕包含接近义。

③就：就近，凑近。

④即：疑通"节"。量词，表示一部分。《淮南子·说林训》："见象牙
乃知其大于牛，见虎尾乃知其大于狸，一节见而百节知也。"

⑤半（pàn）：片。《汉书·李陵传》："令军士人持二升糒（bèi，干
粮），一半冰。"颜师古注："半，读曰判。判，大片也。"

【译文】

"即"是接近，"围"是围绕，它们都有凑近的意思。"即"和"半"一
样，都可以表示一部分。


## 12.060　悒①、怵②，中也③。

【注释】

①悒（chuò）：忧愁。《说文解字·心部》："悒，忧也。"《诗经·召
南·草虫》："未见君子，忧心悒悒。"

②怵（chù）：忧愁，忧怖。"悒"的一种方言说法。《敦煌变文集·父
母恩重经讲经文》："慈母自从怀任，忧怵千般，或坐或行，如擎重
担。"

③中：通"忡（chōng）"。忧愁。郭璞注："中宜为忡。忡，恼怖意
也。"《说文解字·心部》："忡，忧也。"

【译文】

"悒""怵"都有忧愁的意思。


## 12.061　帱①、蒙，覆也。帱，戴也②。

【注释】

①帱（dào）：通"帱"。覆盖。《左传·襄公二十九年》："如天之无不
帱也，如地之无不载也。"杜预注："帱，覆也。"

②戴也：戴义与覆盖义相通，覆盖即加于物上，加于物上则为戴。《小尔雅·广诂》："戴，覆也。"

**【译文】**

"菁""蒙"都有覆盖的意思。"菁"还有戴的意思。

## 12.062　堪①、韄②，载也。

**【注释】**

①堪：通"龛"。盛受。《广雅·释诂三》："堪、龛、受，盛也。"王念孙疏证："凡言堪受者，即是容盛之义。龛与堪声义亦同。"

②韄（jú）：通"輂"。负载。《礼记·曾子问》："下殇（指人年龄在八至十一岁间去世）土周（烧土为砖，绕于棺之四周以葬）葬于园（烧土为砖，绕于棺之四周以葬）葬于园，遂舆机而往。"意思是对八岁到十一岁去世的孩子，用砖砌墓穴葬在园圃里，用活动的床抬着死者前往。

**【译文】**

"堪"是盛受，"韄"是负载，它们都有承载的意思。

## 12.063　摇①、祖②，上也。祖，摇也。祖，转也③。

**【注释】**

①摇：向上。汉班固《西都赋》："遂乃风举云摇，浮游溥览。"

②祖：盘旋向上。钱绎《方言笺疏》："祖训为上，又训为摇，亦训为转，是自下而上皆旋转之义也。"

③转：摇转，飘荡。《楚辞·招魂》："光风转蕙，泛崇兰些。"王逸注："转，摇也。"可译为阳光中微风摇动蕙草，丛丛香兰播散芳馨。

**【译文】**

"摇""祖"都有向上的意思。"祖"也有摇动的意思。"祖"还有飘荡的意思。

12.064　括<sup>①</sup>、关，闭也。

**【注释】**

①括：捆扎。《周易·坤卦》："括囊，无咎无誉。"孔颖达疏："括，结也。"句子大意是像捆扎住口袋一样沉默不发言，便没有过错也没有荣誉。

**【译文】**

"括"是捆扎，"关"是关闭，它们都有闭合的意思。

12.065　冲<sup>①</sup>、俶<sup>②</sup>，动也。

**【注释】**

①冲：动。"动"的一种方言说法。

②俶（chù）：通"俶"。气出动。《说文解字·土部》："俶，气出土也。"

**【译文】**

"冲""俶"都有动的意思。

12.066　羞<sup>①</sup>、厉<sup>②</sup>，熟也。

**【注释】**

①羞：通"餐（xiū）"。成熟。《尔雅·释言》："饙（fēn）、馏，稔（rěn，蒸熟）也。"郭璞注："今呼餐（xiū）饭为饙，饙熟为馏。""餐饭"为"饙"，即蒸熟的饭，则"餐"为成熟之义。

②厉：烂熟。"烈"的一种方言说法。《诗经·大雅·生民》："取羝

（dī，公羊）以軷（bá，祭路神），载燔（fán，烤）载烈。"郑笺："烈之
言烂也。"本书卷七："烂，熟也。"今天仍用烂熟表示熟的程度高。

**【译文】**

"羞"是成熟，"厉"是烂熟，它们都有熟的意思。

### 12.067　厉①，合也。

**【注释】**

①厉：连接。"连"的一种方言说法。

**【译文】**

"厉"有连接的意思。

### 12.068　备①、该②，咸也③。

**【注释】**

①备：尽，皆。

②该：全，都。《楚辞·离骚》："齐桓闻以该辅。"王逸注："该，备也。"

③咸：全，都。《说文解字·口部》："咸，皆也，悉也。"

**【译文】**

"备""该"都是全部的意思。

### 12.069　噬①，食也。

**【注释】**

①噬（shì）：吃。

**【译文】**

"噬"是吃的意思。

12.070 噬①,忧也。

【注释】

① 噬：疑为"㥅（dì）"的一种方言说法。担忧，心里不安。《玉篇·心部》："㥅，不自安也。"

【译文】

"噬"是担忧的意思。

12.071 愦①,悸也。

【注释】

① 愦（kuí）：同"悸"。惊恐，惧怕。《楚辞·王逸〈九思·悼乱〉》："惶悸兮失气，踊跃兮距跳。"王延寿注："悸，惧也。"大意是心中惊恐气欲断绝，挣扎跳跃急忙逃出。

【译文】

"愦"是惊惧的意思。

12.072 虏①、钞②,强也。

【注释】

① 虏：抢劫，掠夺。《史记·韩长孺列传》："匈奴虏略千余人及畜产而去。"

② 钞：同"抄"。掠取，抢掠。《后汉书·郭伋传》："时匈奴数抄郡界，边境苦之。"

【译文】

"虏""钞"都有强取的意思。

12.073　卤<sup>①</sup>,夺也。

**【注释】**

①卤:通"虏"。掳掠。《史记·吴王濞列传》:"烧宗庙,卤御物。"裴骃集解引如淳注:"卤,抄掠也。"

**【译文】**

"卤"是掠夺的意思。

12.074　鑈<sup>①</sup>,正也<sup>②</sup>。

**【注释】**

①鑈(niè):疑为"摄"的一种方言说法。整饬。《说文解字·手部》:"摄,引持也。"段玉裁注:"凡云摄者皆整饬之意。"《后汉书·铫期传》:"(期)被创中额,摄帻(zé,古代的一种头巾)复战,遂大破之。"李贤注:"摄,犹正也。"

②正:整饬,使端正。《论语·尧曰》:"君子正其衣冠,尊其瞻视。"

**【译文】**

"鑈"有整饬的意思。

12.075　莳<sup>①</sup>、殖<sup>②</sup>,立也。莳<sup>③</sup>,更也。

**【注释】**

①莳(shì):植立,栽种。晋左思《魏都赋》:"水澍(shù,滋润)粳稌(jīng tú,粳稻和糯稻,这里泛指水稻),陆莳稷黍(泛指五谷)。"

②殖:种植。《尚书·吕刑》:"稷降播种,农殖嘉谷(古以粟为嘉谷,后为五谷的总称)。"也可引申指树立。《国语·周语》:"上得

民心，以殖义方（指行事应遵守的规矩法度）。"韦昭注："殖，立也。"

③莳：变更别种。《说文解字·艸部》："莳，更别种也。"

【译文】

"莳"是栽种，"殖"是树立，它们都有立的意思。"莳"还含有变更别种的意思。

## 12.076 鬌①、尾②、稍③，尽也。尾，梢也。

【注释】

①鬌（chuí）：毛发脱秃。《说文解字·髟（biāo）部》："鬌，发隋（堕）也。"

②尾：终尽。《战国策·秦策五》："王若能为此尾。"吴师道注："尾，终也。"

③稍：尽头。《广雅·释诂一》："稍，尽也。"王念孙疏证："稍者，尾之尽也。"

【译文】

"鬌"是毛发脱秃，"尾"是终尽，"稍"是尽头，它们都包含完尽的意思。"尾"还有末梢的意思。

## 12.077 瘝①、勶②，俙也③。

【注释】

①瘝（huì）：通"喙"。疲困。《诗经·大雅·绵》："维其喙矣。"毛传："喙，困也。"

②勶（jué）：同"劂"。疲劳，倦息。《史记·司马相如列传》："穷极倦劂，惊惮慴（shè，恐惧，害怕）伏。"

③倦（juàn）：同“倦”。

**【译文】**

“殇”是疲困，“倲”是疲劳，它们都有疲倦的意思。

## 12.078　鼃[①]、律[②]，始也。

**【注释】**

①鼃（wā）：表示起始的一种方言说法。

②律：起始。《太玄·玄莹》：“六始为律。”

**【译文】**

“鼃”和“律”都有起始的意思。

## 12.079　蓐[①]、臧[②]，厚也。

**【注释】**

①蓐（rù）：厚，繁密。《左传·文公七年》：“训卒利兵，秣马蓐食，潜师夜起。”王引之《经义述闻》：“食之丰厚于常，因谓之蓐食。”

②臧（zāng）：大。“将”的一种方言说法。《尔雅·释诂上》：“将，大也。”《尚书·盘庚下》：“古我先王，将多于前功。”所谓“将多于前功”意思是光大前人的功业。王念孙《广雅疏证·释诂》：“凡厚与大义相近。厚谓之敦，犹大谓之敦也……厚谓之臧，犹大谓之将也。”

**【译文】**

“蓐”是繁密，“臧”是大，它们都有厚的意思。

## 12.080　遵[①]、遳[②]，行也[③]。

**【注释】**

①遵：循行。《尔雅·释诂上》："遵，行也。"《尚书·洪范》："无偏无陂（bēi，邪曲），遵王之义。"孔安国传："言当循先王之正义以治民。"

②遹（yǎn）：疑为"宪"的一种方言说法。效法。晋潘岳《寡妇赋》："遵义方之明训兮，宪女史之典戒。"意思是遵照家教的训导去做，效法古代贤女的德行。

③行：用，施行。

**【译文】**

"遵"是循行，"遹"是效法，它们都有施行的意思。

12.081　饎①、餟②，餽也③。

**【注释】**

①饎（shuì）：同"悦"。祭祀。卷子本《玉篇·食部》："悦，《说文》：'小餟也。'《仓颉篇》：'门祭名也。'"

②餟（zhuì）：祭祀时用酒祭奠土地。《说文解字·食部》："餟，祭酹也。"《史记·孝武本纪》："其下四方地，为餟食群神从者及北斗云。"

③餽（kuì）：祭祀鬼神。《说文解字·食部》："餽，吴人谓祭曰餽。"

**【译文】**

"饎""餟"都是祭祀的意思。

12.082　饩①、餍②，饱也。

**【注释】**

②饩（xì）：吃饱。钱绎《方言笺疏》："食饱谓之饩。"

②餦（yǐng）：吃饱。餦饐，通"黫黤（èn èn）"。本书卷一："秦、晋之
际，河阴之间曰黫黤。"郭璞注："今关西人呼食饱为黫黤。"

【译文】

"饩""餦"都有吃饱的意思。

12.083　慄①、耇②，赢也③。

【注释】

①慄（dié）：通"揲（dié）"。积聚。《广雅·释诂一》："揲，积也。"
《淮南子·俶真训》："横廓六合，揲贯万物。"积聚义与多义可通。

②耇（gǒu）：通"够"。多。钱绎《方言笺疏》："左思《魏都赋》：'繁
富夥够。'李善注引《广雅》：'够，多也。'……'够'与'耇'，声义
并通。"

③赢：满，充盈。《太玄·数》："推三为赢赞。"范望注："赢，满也。"

【译文】

"慄"是积聚，"耇"是多，它们都有充盈的意思。

12.084　赵①、肖②，小也。

【注释】

①赵：小。"肖"的一种方言说法。《庄子·列御寇》："达生之情者傀
（guī，大），达于知者肖。"意思是通达生命实情的就心胸广大，精
通智巧的就心境狭小。

②肖：小。详参注释①。

【译文】

"赵""肖"都有小的意思。

12.085　蚩①、愮②,悖也③。

**【注释】**

①蚩(chī):纷乱。《文选·刘峻〈广绝交论〉》:"天下蚩蚩。"李善注引《广雅》:"蚩,乱也。"

②愮(yáo):惑乱。王念孙《广雅疏证·释诂三》:"皆惑乱之义也。"又云:"《王风·黍离》篇:'中心摇摇。'《楚策》云:'心摇摇如悬旌而无所终薄。''摇'与'愮'通。"

③悖(bèi):乱。《说文解字·言部》:"誖,乱也。或从心。"

**【译文】**

"蚩"是纷乱,"愮"是惑乱,它们都有乱的意思。

12.086　吹、扇,助也①。

**【注释】**

①助:助长。郭璞注:"吹嘘、扇拂,相佐助也。"丁惟汾《方言音释》:"'助'为助长,吹、扇皆所以助长,故谓之助。"

**【译文】**

"吹""扇"都有助长的意思。

12.087　焜①、曅②,晠也③。

**【注释】**

①焜(kūn):光辉明盛的样子。《说文解字·火部》:"焜,煌也。"

②曅(yè):同"晔"。繁盛的样子。《文选·宋玉〈神女赋序〉》:"晔兮如华,温乎如莹。"李善注:"晔,盛貌。""晔兮如华"意思是繁盛啊如光彩美丽的花朵。

③睰（shèng）：同"盛"。盛大。

**【译文】**

"焜"是光辉明盛貌，"暈"是繁盛貌，它们都有盛大的意思。

12.088　苦①、翕②，炽也。

**【注释】**

①苦：表示火气猛的一种方言说法。

②翕（xī）：炽热。《文选·张衡〈思玄赋〉》："温风翕其增热兮。"旧
　　注引《说文解字》曰："翕，炽也。"

**【译文】**

"苦"是火气猛，"翕"是炽热，它们都有炽盛的意思。

12.089　蕴①，崇也。蕴②、啬③，积也。

**【注释】**

①蕴：尊崇。《文选·任昉〈百辟劝进笺〉》："近以朝命蕴策，冒奏丹
　　诚。"李善注："谓尊崇而加策命也。"

②蕴：积蓄，蕴藏。

③啬（sè）：通"穑"。收获，敛获。《尚书·洪范》："土爰稼穑。"孔
　　安国传："种曰稼，敛曰穑。"这句是说五行中土具有载物、生化、
　　收成的特性。

**【译文】**

"蕴"有尊崇的意思。"蕴"是积蓄，"啬"是敛获，它们都有积聚的意思。

12.090　啬①、弥②，合也。

**【注释】**

①啬：通"繬（sè）"。缝合。《广雅·释诂二》："繬，缝也。"又与"韢（sè）"音义相通，"韢"有积合义。汉枚乘《七发》："邪气袭逆，中若结韢。"

②弥：缝合。《广雅·释诂二》："弥，缝也。"又："弥，合也。"《左传·昭公二年》："敢拜子之弥缝敝邑。"杜预注："弥缝，犹补合。"

**【译文】**

"啬""弥"都有缝合的意思。

12.091　翚①、翻②，飞也。

**【注释】**

①翚（huī）：飞翔。《说文解字·羽部》："翚，大飞也。"

②翻（qiáo）：通"矫"。飞。《文选·孙绰〈游天台山赋〉》："整轻翻（hé，鸟的翅膀）而思矫。"李善注引《方言》："矫，飞也。"

**【译文】**

"翚""翻"都有飞翔的意思。

12.092　愤①、自②，盈也。

**【注释】**

①愤：怒气充实。《礼记·乐记》："奋末、广贲之音作。"郑玄注："贲读为愤。愤，怒气充实也。"

②自：通"詯（huì）"。胆气满，声在人上。《说文解字·言部》："詯，胆气满，声在人上。"

**【译文】**

"愤"是怒气充实，"自"是胆气满，它们都有充盈的意思。

12.093　噪①、諻②，音也。

**【注释】**

①噪（zào）：同"譟"。喧哗。

②諻（huáng）：说话大声。或作"喤"。晋左思《吴都赋》："喧哗喤呷（形容声音洪亮，大声呼喊）。"

**【译文】**

"噪"是喧哗，"諻"是说话大声，它们都指的是声音。

12.094　攎①、遫②，张也。

**【注释】**

①攎（lú）：张布。"摅（shū，舒展）"的一种方言说法。《楚辞·九章·悲回风》："据青冥而摅虹兮，遂倏忽（迅疾貌）而扪（mén，抚摸）天。"

②遫（chì）：张开。《集韵·职韵》："遫，开也。"

**【译文】**

"攎""遫"都有张开的意思。

12.095　岑①、贲②，大也。岑，高也。

**【注释】**

①岑（cén）：高大。《孟子·告子下》："方寸之木，可使高于岑楼。"高与大意义相通。

②贲（yín）：远大。王念孙《广雅疏证·释诂一》："《淮南子·地形训》：'九州之外，乃有八贲。'高诱注：'贲，犹远也。'远，亦大也。"

## 【译文】

"岑""崟"都有大的意思。"岑"还有高的意思。


### 12.096　效<sup>①</sup>、旿<sup>②</sup>，文也。

【注释】

①效:当为"爻"的记音字,表示交错的花纹。《说文解字·爻部》:"爻,交也。"徐灏注笺:"交者交错之义。"

②旿(hù):花纹。郭璞注:"旿旿,文采貌。"《文选·张衡〈西京赋〉》:"渐台(台名,在太液池中,高二十余丈)立于中央,赫(赤色鲜明的样子)旿旿以弘敞(高大宽敞)。"李善注引《埤苍》云:"旿,赤文也。"

【注释】

"效""旿"都表示交错的花纹。


### 12.097　鈵<sup>①</sup>、董<sup>②</sup>,锢也<sup>③</sup>。

【注释】

①鈵(bǐng):疑为"屏"的一种方言说法。封闭。章太炎《新方言·释言》:"今人谓锢使不泄为鈵住。"徐复《方言补释》:"《论语·乡党》:'屏气似不息者。'义亦相近。"

②董:疑为"充"的一种方言说法。堵塞,封闭。《诗经·邶风·旄丘》:"叔兮伯兮,褎如充耳。"郑玄笺:"充耳,塞耳也。"

③锢(gù):封闭。本指用金属熔液填塞空隙。《说文解字·金部》:"锢,铸塞也。"引申指封闭的意思。《管子·度地》:"食器两具,人有之;锢藏里中,以给丧器。"

**【译文】**

"鍘""董"都有封闭的意思。

12.098　扝<sup>①</sup>、搷<sup>②</sup>，扬也。

**【注释】**

①扝（yū）：张。《淮南子·原道训》："射者扝乌号之弓。"高诱注："扝，张也。"

②搷（tián）：张。与"瞋"音近义通。《汉书·张耳传》："将军瞋目张胆。"

**【译文】**

"扝""搷"都有张大的意思。

12.099　水中可居为洲<sup>①</sup>。三辅谓之淤<sup>②</sup>，蜀、汉谓之壁<sup>③</sup>。

**【注释】**

①洲：河流中由沙石、泥土淤积而成的陆地。

②三辅：西汉时于京畿之地所设京兆尹、左冯翊、右扶风三个相当于郡的地区的合称。治所在京城长安。三辅当包括在秦或关西之中，相当于今陕西关中地区。淤（yū）：水中陆地。汉司马相如《上林赋》："出乎椒丘之阙，行乎洲淤之浦。"

③壁（pì）：表示水中陆地的一种方言说法。

**【译文】**

在河流中可以居住的地方称作"洲"。长安附近地区称之为"淤"，古蜀国、古楚国地区称之为"壁"。

12.100　殴<sup>①</sup>,幕也。

**【注释】**

①殴(yì):指遮盖或隐藏用的蒙幕。"翳"的一种方言说法。《礼记·月令》:"田猎、罝罘(jū fú,捕捉鸟兽的网子)、罗网、毕翳,餧(wèi,同"喂")兽之药。"郑玄注:"翳,射者所以自隐也。"

**【译文】**

"殴"是蒙幕。

12.101　刳<sup>①</sup>,狄也<sup>②</sup>。

**【注释】**

①刳(kū):剔除。《庄子·天地》:"君子不可以不刳心焉。"成玄英疏:"刳,去也。"

②狄:"籹(tī)"字的省写,同"剔"。剔除。

**【译文】**

"刳"是剔除的意思。

12.102　度高为揣<sup>①</sup>。

**【注释】**

①揣:量度(高低)。《说文解字·手部》:"揣,量也。"《左传·昭公三十二年》:"计丈数,揣高卑,度厚薄。"

**【译文】**

量度高低称作"揣"。

12.103　半步为跬<sup>①</sup>。

【注释】

①跬（kuǐ）：半步。《大戴礼记·劝学》："故不积跬步，无以致千里。"

【译文】

半步称作"跬"。

## 12.104　半盲为睺①。

【注释】

①睺（hóu）：半盲。《玉篇·目部》："半盲为睺。"

【译文】

半盲称作"睺"。

## 12.105　未升天龙谓之蟠龙①。

【注释】

①蟠（pán）龙：盘伏的龙。"蟠"有盘曲的意思。《淮南子·兵略训》："龙蛇蟠，簦笠（dēng lì，斗笠。这里指山形如斗笠）居。"

【译文】

没有腾飞上天的龙称作"蟠龙"。

## 12.106　裔①，夷狄之总名。

【注释】

①裔：边远地区的民族。《左传·定公十年》："裔不谋夏，夷不乱华。"

【译文】

"裔"是边远少数民族的总称。

12.107　考<sup>①</sup>,引也<sup>②</sup>。

**【注释】**

①考:延长。戴震《方言疏证》:"《玉篇》云:'考,寿考,延年也。'《广韵》:'考,引也。'义本此。"

②引:延长。

**【译文】**

"考"有延长的意思。

12.108　弼<sup>①</sup>,高也。

**【注释】**

①弼:通"奰(fú)"。大。《说文解字·大部》:"奰,大也。从大,弗声。读若'予违汝弼。'"高与大意义可通。

**【译文】**

"弼"是高大的意思。

12.109　上<sup>①</sup>,重也。

**【注释】**

①上:重,分量大。《孟子·离娄上》:"故善战者服上刑。"赵岐注:"上刑,重刑也。"句子大意是好战的人应该受最重的刑罚。

**【译文】**

"上"有重的意思。

12.110　个<sup>①</sup>,枚也。

## 【注释】

①个：量词。繁体字形为箇。起初用于计算长条形的东西。《说文解字·竹部》："箇，竹枚。"《史记·货殖列传》："竹竿万箇。"司马贞索隐引《释名》："竹曰箇，木曰枚。"后泛用来计数。

## 【译文】

"个"是量词，和"枚"一样。

## 12.111　蜀①，一也。南楚谓之独②。

## 【注释】

①蜀：一。《管子·形势》："抱蜀不言。""抱蜀"犹如《老子》中的"抱一"。后世还保留了这个用法。章太炎《新方言·释言》："福州谓一为蜀，一尺、一丈、一百、一千，则云蜀尺、蜀丈、蜀百、蜀千，音皆如束。苏宋嘉兴一十诸名皆无所改，独谓十五为蜀五，音亦如束。"

②独："蜀"的一种方言说法。

## 【译文】

"蜀"是一。南部古楚国地区称之为"独"。

# 卷十三

13.001　乂①、历②,相也③。

**【注释】**

①乂:通"乂"。治理。《尔雅·释诂下》:"乂,治也。"《汉书·武五子传》:"保国乂民,可不敬与?"

②历:察视。《尔雅·释诂下》:"历,相也。"《礼记·郊特牲》:"简(检查,察阅)其车赋(战车),而历其卒伍。"王引之《经义述闻》:"历其卒伍,历,谓阅视也。"察视与治理意义可通。

③相:治。《尚书·立政》:"相我受民。"孔安国传:"能治我所受天民。"

**【译文】**

"乂"是治理,"历"是察视,它们都有治的意思。

13.002　乂①、旅②,末也③。

**【注释】**

①乂:延续剩余下来的后代。戴震《方言疏证》:"《广雅》:'乂,末也。'《晋语》:'延及寡君之绍续昆乂。'韦昭注:'乂,末也。'"后

裔与遗余意义相通。

②旅：表示余留的一种方言说法。

③末：遗余，留传。《广雅·释言》："末，垂也。"《越绝书·外传记范
伯传》："[范伯]谓大夫种曰：'三王则三皇之苗裔也，五伯乃五帝
之末世也。'"晋陆机《吊魏武帝文》："接汉皇之末绪。"

**【译文】**

"裔"是延续剩余下来的后代，"旅"是余留，它们都有遗余的意思。

## 13.003　毗①、缘②，废也。

**【注释】**

①毗（pí）：同"毗"。损坏，败坏。《庄子·在宥》："人大喜邪？毗于
阳；大怒邪？毗于阴。"意思是人过于欢乐，就会伤害阳气；过于
愤怒，就会伤害阴气。

②缘：通"捐"。废弃。《说文解字》："捐，弃也。"

**【译文】**

"毗"是损坏，"缘"是废弃，它们都有废的意思。

## 13.004　纯①、翼②，好也。

**【注释】**

①纯：美好。《吕氏春秋·士容》："故君子之容，纯乎其若钟山之
玉。"高诱注："纯，美。"

②翼（mù）：美好。"藐"的一种方言说法。《文选·张衡〈西京赋〉》：
"眽（míng，眉睫之间）藐流眄，一顾倾城。"李善注引薛综："藐，
好视容也。"《方言》本条郭璞注："翼翼，小好貌也。"《尔雅·释
诂》："藐藐，美也。"

**【译文】**

"纯""叀"都有美好的意思。

## 13.005 蔼①、素②,广也。

**【注释】**

①蔼:通"邈"。广阔。《楚辞·九章·悲回风》:"蔼蔓蔓之不可量兮,缥绵绵之不可纡。"洪兴祖补注:"蔼,音邈,远也。"此句可译为思绪邈远不可测量,愁思不断缥缈绵长。

②素:疑为"疏"的一种方言说法。远阔。《汉书·晁错传》:"劲弩长戟,射疏及远。"颜师古注:"疏亦远阔也。"

**【译文】**

"蔼"是广阔,"素"是远阔,它们都有范围广的意思。

## 13.006 蔼①,渐也②。

**【注释】**

①蔼:小。

②渐:细微。《管子·明法》:"奸臣之败其主也,积渐积微。"

**【译文】**

"蔼"有微小的意思。

## 13.007 躍①、扨②,拔也③。出休为扨④,出火为躍也。

**【注释】**

①躍(yuè):同"躍"。上出。王念孙《广雅疏证·释诂三》:"躍之言跃,上出之义。"

②拯（zhěng）：同"拯"。升出。《淮南子·氾论训》："至其溺也，则
    捽（zuó，抓住）其发而拯。"高诱注："拯，升也，出溺曰拯也。"

③拔：超出。《孟子·公孙丑上》："出于其类，拔乎其萃。"

④沵（nì）：沉没。后作"溺"。《说文解字·水部》："沵，没也。"段玉
    裁注："此沉溺之本字也。"

【译文】

"躋"是上出，"拯"是升出，它们都有超出的意思。从沉没状态中向
上出称作"拯"，从火中向上出称作"躋"。

### 13.008  炖①、烀②、煓③，赫貌也。

【注释】

①炖（tún）：风吹火盛的样子。本作"庉"。《尔雅·释天》："庉，风
    与火为庉。"郭璞注："庉庉，火炽盛貌。"后作"炖"。唐柳宗元
    《解崇赋》："炖堪舆为甒甗兮，蒸云汉而成霞。"

②烀（hè）：同"赫"。火红的样子。《集韵·陌韵》："赫，《说文》：'火
    赤貌。'或从火，亦作烀。"

③煓（tuān）：火炽盛的样子。《玉篇·火部》："煓，火炽也。"疑"煓"
    为"炖"的一种方言说法。

【译文】

"炖""烀""煓"都是指火炽盛的样子。

### 13.009  愤①、窐②，厄也③。

【注释】

①愤：心情困厄，郁结于心。《论语·述而》："不愤不启，不悱不发。"
    朱熹注："愤者，心求通而未得之意。"

②窍：疑为"硗（qiāo）"的一种方言说法。表示穷困。《后汉书·窦
武传》李贤注引《续汉志》："桓帝末，京师童谣曰：'……嚼复嚼，
今年尚可后年硗。'硗，犹恶也。"此处之"恶"犹言凶厄，说的是
灾荒穷困。

③厄：困厄。《孟子·万章上》："是时孔子当厄。"

**【译文】**

"愤"是心情困厄，"窍"是穷困，它们都有困厄的意思。

　13.010　　抄①、眇②，小也。

**【注释】**

①抄：细微，微小。本指树梢。《说文解字·木部》："抄，木标末也。"
引申泛指细微、微小。《后汉书·冯衍传》："阔略（不讲究）抄小
之礼，荡佚（不受约束）人间之事。"

②眇：小。《庄子·德充符》："眇乎小哉！"

**【译文】**

"抄""眇"都有小的意思。

　13.011　　讟①、咎②，谤也③。

**【注释】**

①讟（dú）：诽谤。《左传·宣公十二年》："今兹入郑，民不罢（通
"疲"）劳，君无怨讟。"杜预注："讟，谤也。"

②咎：责备，追究罪过。《诗经·小雅·北山》："或惨惨（忧闷，忧
愁）畏咎。"

③谤：指责别人的过失、罪恶。《国语·周语上》："厉王虐，国人谤
王。"

**【译文】**

"讇"是诽谤，"咎"是责备，它们都有指责别人过失的意思。

13.012　葳<sup>①</sup>、敕<sup>②</sup>、戒<sup>③</sup>，备也<sup>④</sup>。

**【注释】**

①葳（chǎn）：谨饬，言行谨慎。"敕"的一种方言说法。《汉书·王莽传》："事母及寡嫂，养孤兄子，行甚敕备。"

②敕（chì）：谨饬，言行谨慎。详参注释①。

③戒：谨慎。《孟子·滕文公下》："往之女家，必敬必戒，无违夫子（丈夫）。"

④备：谨慎。《说文解字·人部》："备，慎也。"《汉书·史丹传》："貌若傥荡（疏放无拘检）不备，然心甚谨密。"

**【译文】**

"葳""敕""戒"都有谨慎的意思。

13.013　摵<sup>①</sup>、掔<sup>②</sup>，到也。

**【注释】**

①摵（sù）：通"造"。到。《尚书·盘庚中》："其有众咸造，勿亵在王庭。"孔安国传："造，至也。"句子大意是他（盘庚）的臣民都来了，恭敬地来到了王庭。

②掔（zhì）：到，直达。《汉书·扬雄传》："洪台掔其独出兮，掔北极之嶟嶟（zūn，高峻陡峭貌）。"应劭注："掔，至也。"颜师古注："言高台特出乃至北极。"

**【译文】**

"摵""掔"都有到的意思。

## 13.014　声<sup>①</sup>、腆<sup>②</sup>，忘也<sup>③</sup>。

**【注释】**

①声（qìng）：同"磬"，或作"磬"。空，无。《淮南子·览冥训》："磬
龟无腹，著策日施。"高诱注："磬，空也。""磬龟无腹"是说频繁
地灼龟甲占卜，以致龟甲为之稀烂穿空。

②腆（tiǎn）：通"殄"。尽，无。《左传·宣公二年》："败国殄民。"杜
预注："殄，尽也。"

③忘：无。《史记·孟尝君列传》："日暮之后，过市朝者掉臂（挥手打
招呼）而不顾。非好朝而恶暮，所期物忘其中。"司马贞索隐："忘
者，无也。""物忘"即"物尽"。所谓"所期物忘其中"是说市场
中没有了要买的物品。

**【译文】**

"声"是空，"腆"是尽，它们都包含无的意思。

## 13.015　黮<sup>①</sup>、黢<sup>②</sup>，私也<sup>③</sup>。

**【注释】**

①黮（dǎn）：幽暗。《楚辞·九辩》："彼日月之照明兮，尚黯黮而有
瑕。"幽暗与私下意义相通，犹如可以用暗地来形容私下行为。

②黢（máng）：暗。当是"朦"的一种方言说法。《素问·气交变大
论》："大雨至，埃雾朦郁。"

③私：暗地，私下。

**【译文】**

"黮"是幽暗，"黢"是"暗"，它们都有暗地的意思。

## 13.016　龛<sup>①</sup>、喊<sup>②</sup>、哦<sup>③</sup>、唏<sup>④</sup>，声也。

**【注释】**

①龛(kān)：肯定之声。胡文英《吴下方言考》卷一二："《乐府·读曲歌》：'茱萸持捻泥，龛有杀子像。'按：龛，发语辞，可也。"

②喊：大声呼叫。

③喅(huò)：通"嘊"。惊讶之声。《类篇·口部》："嘊，又惊悇(dá)声。"

④唏(xǐ)：哀叹声。《说文解字·口部》："唏，哀痛不泣曰唏。"

**【译文】**

"龛"是肯定之声，"喊"是大声呼叫，"喅"是惊讶之声，"唏"是哀叹声，它们都是人发出的声音。

### 13.017　箖①、箄②，析也。析竹谓之箖。

**【注释】**

①箖(tú)：剖取竹篾。《说文解字·竹部》："析竹筤(mǐn，竹篾)也。"

②箄(bǐ)：剖开。与"捭(bǎi)"音近义通。钱绎《方言笺疏》："'箄'之言捭也。《广雅》：'捭，开也。'《鬼谷子·捭阖》篇云：'捭之者开也。'"

**【译文】**

"箖"是剖取竹篾，"箄"是剖开，它们都有剖开的意思。剖开竹子称作"箖"。

### 13.018　𫍢①、宵②，使也③。

**【注释】**

①𫍢(guì)：疑为"规"的一种方言说法。规劝，教令。《抱朴子外

篇·君道》："经典规戒,弗闻弗览,玩弄亵宴,是耽是务。"意思是经典和规劝告诫,都没听过没看过,而玩物、戏耍、轻漫、闲适,都是他们沉迷和追求的。

②宵:通"哨"。嗾使狗。本书卷七:"秦晋之西鄙,自冀、陇而西,使犬曰哨。"朱骏声《说文通训定声》:"哨,犹嗾也。嗾、哨双声。"《左传·宣公三年》:"公嗾夫獒焉。"

③使:令使。《论语·学而》:"使民以时。"意思是执政者要按照农时使用民力。

【译文】

"䚘"是教令,"宵"是嗾使,它们都有令使的意思。

## 13.019　蠢<sup>①</sup>,作也。

【注释】

①蠢:动。《庄子·天地》:"蠢动而相使,不以为赐。"大意是说百姓如同虫子蠢动一样,相濡以沫,互相滋养,而不知道已经帮助了对方,并不以此为莫大的恩赐。

【译文】

"蠢"是动的意思。

## 13.020　忽<sup>①</sup>、达<sup>②</sup>,芒也<sup>③</sup>。

【注释】

①忽:极小的长度和重量。《汉书·律历志》:"无有忽微。"颜师古注引孟康:"忽微,若有若无,细于发者也。"

②达:刚出土的幼苗。《诗经·周颂·载芟(shān)》:"驿驿(苗出土的样子)其达,有厌(饱满)其杰(先长出的苗)。厌厌(茂盛的

样子）其苗,绵绵其麃（biāo,谷物的穗）。”

③芒:细小。《鹖冠子·王铁》:“绾大而不芒。”陆佃注:“芒之为言小
也。”

**【译文】**

“忽”是极小的长度和重量,“达”是刚出土的幼苗,它们都有细小
的意思。

## 13.021　芒①、济②,灭也。

**【注释】**

①芒:灭亡。“亡”的一种方言说法。

②济（jǐ）:废弃。《管子·大匡》:“受君令而不改,奉所立而不济,是
吾义也。”郭沫若等《管子集校》引孙蜀丞曰:“《方言》:‘济,灭
也。’灭、废义近。”

**【译文】**

“芒”是灭亡,“济”是废弃,它们都有消除的意思。

## 13.022　劀①、劙②,解也。

**【注释】**

①劀（kuò）:同“刳”。解开,裂开。《集韵·陌韵》:“劀,解也,裂也。
或作刳。”文献中或记作“霍”。《荀子·议兵篇》:“霍焉离耳。”

②劙（lí）:用刀、斧等利器切割或剖分开。《荀子·强国》:“剥脱之,
砥厉之,则劙盘盂、刿牛马忽然耳。”意思是除去粗糙的表面,磨
光它,那么削割盘盂、宰杀牛马就可一挥而就。

**【译文】**

“劀”是解开,“劙”是剖分开,它们都有分解的意思。

13.023　魏<sup>①</sup>,能也。

**【注释】**

①魏:表示能够的一种方言说法。章炳麟《新方言·释言》:"今谓不能曰不魏,声小变如会,通以会为之。"

**【译文】**

"魏"有能够的意思。

13.024　㓼<sup>①</sup>,刻也。

**【注释】**

①㓼(chì):疑为"契"的一种方言说法。灭亡。《淮南子·说林训》:"遽契其舟楫。"高诱注:"契,刻也。"

**【译文】**

"㓼"有刻的意思。

13.025　耸<sup>①</sup>,悚也。

**【注释】**

①耸:惊惧。《左传·襄公四年》:"边鄙不耸,民狎其野。"杜预注:"耸,惧。"句子大意是和戎后边疆地区就不再害怕,人民就可以习惯于在那里的土地生活。

**【译文】**

"耸"是惊惧的意思。

13.026　跌<sup>①</sup>,䥕也<sup>②</sup>。

**【注释】**

①跌：失足摔倒。

②蹙（jué）：同"蹶"。倾倒。《荀子·富国》："夫是之谓国蹶。"杨倞注："蹶，倾倒也。"

**【译文】**

"跌"有倾倒的意思。

13.027　蘪①，芜也②。

**【注释】**

①蘪（méi）：野草蔓延、丛生的样子。"靡"的一种方言说法。《楚辞·天问》："靡蓱（píng，同"萍"）九衢，枲（xǐ）华安居?"王逸注："乃蔓延于九交之道。"句子大意是萍草蔓延根茎盘错，枲麻长在哪儿开花。

②芜：田地荒废。

**【译文】**

"蘪"是野草蔓延、丛生的样子，可以指田地荒废。

13.028　漫①、淹②，败也。湿敝为漫，水敝为淹。

**【注释】**

①漫：浸坏。文献中或记作"僈"。《荀子·荣辱篇》："污僈突盗。"杨倞注："僈，当为漫。漫亦污也，水冒物谓之漫。"

②淹：浸渍导致腐败。汉刘向《九叹·离世》："淹芳芷于腐井兮，弃鸡骇于筐簏（lù）。"王逸注："淹，渍也。"可译为芬芳的白芷泡在臭水井啊，骇鸡犀被丢进草筐竹器。

**【译文】**

"漫"是浸坏，"淹"是浸渍导致腐败，它们都有毁坏的意思。因潮湿导致毁坏称作"漫"，因水泡导致毁坏称作"淹"。

### 13.029　厓①、㾄②，贪也。

**【注释】**

①厓：疑为"利"的一种方言说法。贪。《广雅·释诂二》："利，贪也。"《礼记·坊记》："先财而后礼，则民利。"郑玄注："利，犹贪也。"

②㾄（měi）：贪。文献中或记作"每"。汉贾谊《鵩鸟赋》："品庶每生。"意思是一般百姓贪生而怕死。

**【译文】**

"厓""㾄"都有贪的意思。

### 13.030　擤①、挻②，竟也。

**【注释】**

①擤（qǐng）：表示穷尽的一种方言说法。

②挻（shān）：表示穷尽的一种方言说法。疑后世文献中的"揿"正是"挻"的一种转写形式。《史通·自叙》："夫其书虽以史为主，而余波所及，上穷王道，下揿人伦，总括万殊，包吞千有。"

**【译文】**

"擤""挻"都有穷尽的意思。

### 13.031　谴喘①，转也。

**【注释】**

①遣踹：当为"圈"的缓读，指慢步转来转去。《礼记·玉藻》："圈豚行，不举足，齐如流，席上亦然。"郑玄注："圈，转也。"孔颖达疏："圈，转也。豚，循也。言徐趋法曳转足循地而行也。"

**【译文】**

"遣踹"是转来转去的样子。

13.032　困①、胎②、健③，逃也。

**【注释】**

①困：疑为"逊"的一种方言说法。逃避。《文选·扬雄〈剧秦美新〉》："抱其书而远逊。"刘良注："逊，逃也。"

②胎：逃避。"逃"的一种方言说法。

③健（tà）：逃避。"逃"的一种方言说法。

**【译文】**

"困""胎""健"都有逃避的意思。

13.033　隋①、毻②，易也。

**【注释】**

①隋（duò）：变更。"毻（tuò）"的一种方言说法。鸟兽换毛称作毻毛。《文选·郭璞〈江赋〉》："产毻积羽（古地名，传说中群鸟产卵脱毛的地方），往来勃碣（渤海郡以东碣石山）。"

②毻（tuò）：变更。详参注释①。

**【译文】**

"隋""毻"都有变更的意思。

13.034　姚娧①,好也。

【注释】

①姚娧(tuì):美好。"姚娧"为同义复合词。"姚"和"娧"都有美好的意思。《荀子·非相》:"莫不美丽姚冶,奇衣妇饰。"杨倞注:"《说文》曰:姚,美好貌。"又《说文解字·女部》:"娧,好也。"

【译文】

"姚娧"有美好的意思。

13.035　惮①、怛②,恶也③。

【注释】

①惮:畏惧,害怕。

②怛(dá):畏惧,害怕。《列子·周穆王》:"知其所由然,则无所怛。"张湛注:"心无所骇也。"

③恶:畏惧,害怕。《韩非子·八说》:"使人不衣不食而不饥不寒,又不恶死,则无事上之意。"意思是假使人们不吃不穿而不饿不冷,又不怕死,就没有侍奉君主的愿望了。

【译文】

"惮""怛"都有畏惧、害怕的意思。

13.036　吴①,大也。

【注释】

①吴:大。《楚辞·九章·涉江》:"齐吴榜以击汰。"王逸注:"士卒齐举大棹而击水波。""吴榜"就是大的船棹。

**【译文】**

"吴"有大的意思。


13.037　灼①,惊也。

**【注释】**

①灼:惊恐。《后汉书·光武十王传·楚王英》:"既知审实,怀用悼灼。"

**【译文】**

"灼"有惊恐的意思。


13.038　赋①,动也②。

**【注释】**

①赋:征取。《战国策·魏策》:"出入者赋之。"鲍彪注:"赋,征取。"
②动:动用。《管子·任法》:"不事心,不劳意,不动力。"

**【译文】**

"赋"是征取,它有动用的意思。


13.039　瘣①,极也。

**【注释】**

① 瘣(huì):疲倦到极点。文献中也记作"喙"。《诗经·大雅·绵》:"混夷駾(tuì,奔突)矣,维其喙矣。"毛传:"喙,困也。"诗句大意是昆夷奔逃不敢来,疲弊困乏势不振。

**【译文】**

"瘣"的意思是疲倦到极点。

13.040　煎<sup>①</sup>,尽也。

**【注释】**

①煎:消熔。《庄子·人间世》:"山木自寇也,膏火自煎也。"意思是
山上的树木皆因其自身的用处而招致砍伐,油脂因其可燃而被消
熔掉。

**【译文】**

"煎"是消熔,它有尽的意思。

13.041　爽<sup>①</sup>,过也<sup>②</sup>。

**【注释】**

①爽:差错。《诗经·卫风·氓》:"女也不爽,士贰其行。"意思是女
子我没有什么差错,男子行为却前后不一致了。

②过:过错。

**【译文】**

"爽"有差错的意思。

13.042　蝉<sup>①</sup>,毒也。

**【注释】**

①蝉:狠毒。"惨"的一种方言说法。《荀子·议兵》:"惨如蜂虿
(chài,蝎子一类的有毒的虫)。"杨倞注:"言其中人之惨毒也。"

**【译文】**

"蝉"有狠毒的意思。

13.043　惨<sup>①</sup>,恼也<sup>②</sup>。恼,恶也。

**【注释】**

①惨:凶恶。上一条言"惨"有狠毒义,而狠毒与丑恶意义相通。

②惆(qiú):疑为"丑"的一种方言说法。表示丑恶。《诗经·小雅·十月之交》:"日有食之,亦孔之丑。"毛传:"丑,恶也。"诗句大意是天上日食忽然发生,这真是件丑恶之事。

**【译文】**

"惨"的意思是"惆"。"惆"的意思是丑恶。

13.044　还①,积也。

**【注释】**

①还:环绕。钱绎《方言笺疏》:"古人环作还,环绕即积聚之义。"

**【译文】**

"还"有积聚的意思。

13.045　宛①,蓄也。

**【注释】**

①宛:通"蕴"。积聚。《荀子·富国》:"使民夏不宛暍(伤暑气。宛音yǔn,通"蕴",暑气。暍音yē,中暑),冬不冻寒。"杨倞注:"宛,读为蕴。"

**【译文】**

"宛"有积聚的意思。

13.046　类①,法也。

**【注释】**

①类：法则。《楚辞·九章·怀沙》："明告君子，吾将以为类兮。"王逸注："类，法也。"大意为明白地告诉大人君子，我将以此作为法则啊。

**【译文】**

"类"是法则的意思。

### 13.047　鍭①，本也②。

**【注释】**

①鍭（hóu）：羽根，即茎状部分。《说文解字·羽部》："鍭，羽本也。"《仪礼·既夕礼记》："鍭矢一乘。""鍭矢"就是羽箭。

②本：根端。《尔雅·释器》："羽本谓之翮（hé，鸟羽的茎状部分）。"邢昺疏："本，根也。"

**【译文】**

"鍭"是羽根，它有根端的意思。

### 13.048　惧①，病也。惧，惊也②。

**【注释】**

①惧：病。《汉书·张汤传附张安世》："安世瘦惧，形于颜色。"

②惊：恐惧，惶恐。《文选·张衡〈西京赋〉》："惊蝄蜽（wǎng liǎng，同'魍魉'，传说中的精怪），惮蛟蛇。"

**【译文】**

"惧"有病的意思。"惧"还有恐惧的意思。

### 13.049　葯①，薄也②。

**【注释】**

①药：通"约"。缠绕。《文选·潘岳〈射雉赋〉》："首药绿素，身挖（tuō，同"拖"）黼绘（色彩绚丽的花纹。黼音 fǔ）。"李善注："犹缠裹也。"

②薄：通"缚"。缠缚。《潜夫论·交际》："此处子之羁薄、贫贱之苦酷也。"意思是这是平民百姓的枷锁，是由贫穷招来的窘境。

**【译文】**

"药"有缠缚的意思。


13.050　朒①，短也。


**【注释】**

①朒（xuán）：通"旋"。短小。郭璞注："便旋，庳（bì，矮小）小貌也。"颜师古《匡谬正俗》卷六："今谓小羊未成为旋子。"

**【译文】**

"朒"有短小的意思。


13.051　掊①，深也②。


**【注释】**

①掊（póu）：用手扒土或用工具掘土。《汉书·郊祀志》："见地如钩状，掊视得鼎。"

②深：深挖。《史记·项羽本纪》："深堑而自守。"

**【译文】**

"掊"有深挖的意思。


13.052　涅①，伏也②。

**【注释】**

①涅:通"泥"。滞陷。《论语·子张》:"致远恐泥,是以君子不为也。"刘宝楠《论语正义》引包咸曰:"泥,泥难不通。"

②伿(nì):同"溺"。滞陷。戴震《方言疏证》:"古溺字。"

**【译文】**

"涅"有滞陷的意思。

### 13.053  捞①,取也。

**【注释】**

①捞:通"略"。夺取。本书卷二:"略,强取也。"《左传·宣公十五年》:"晋侯治兵于稷,以略狄土。"

**【译文】**

"捞"是夺取的意思。

### 13.054  摸①,抚也。

**【注释】**

①摸:用手接触或轻轻抚摸。

**【译文】**

"摸"是抚摸的意思。

### 13.055  由①,式也。

**【注释】**

①由:法式。《诗经·小雅·宾之初筵》:"匪言勿言,匪由勿语。"马瑞辰《诗经传笺通释》:"式犹法也。'匪由勿语',犹《孝经》'非

法不道'也。"诗句大意是不该发问别开言,不合法道别出声。

**【译文】**

"由"是法式的意思。

13.056　猷<sup>①</sup>,诈也。

**【注释】**

①猷(yóu):谋划。《大戴礼记·虞戴德》:"猷德保。"王聘珍《大戴礼记解诂》:"猷,谋也。"而暗中谋划则为"诈"。"猷德保"意思是谋求用德政保平安。

**【译文】**

"猷"可以指暗中谋划。

13.057　誆<sup>①</sup>,随也<sup>②</sup>。

**【注释】**

①誆(kuāng):通"诓"。欺骗。《史记·郑世家》:"乃求壮士,得霍人解扬,字子虎,诓楚。"

②随:疑通"謕"。欺骗。《广雅·释诂一》:"謕,慧也。"王念孙疏证:"謕,字或作訑。""訑"即为欺骗的意思。《说文解字·言部》:"訑,沇州谓欺为訑。"

**【译文】**

"誆"是欺骗的意思。

13.058　揣<sup>①</sup>,试也。

**【注释】**

①揣:试探。《汉书·翟方进传》:"子夏既过方进,揣知其指,不敢发言。"颜师古注:"揣,谓探求之。"

**【译文】**

"揣"是试探的意思。

13.059  颡①,怒也。

**【注释】**

①颡(jìn):发怒时咬牙切齿。唐卢肇《海潮赋》:"始盱衡(扬眉举目。盱音xū)而抵掌(击掌,表示高兴),俄颡龀而愕眙(è yí,惊视)。"《广韵·寝韵》:"颡龀,切齿怒也。"

**【译文】**

"颡"是发怒时咬牙切齿。

13.060  埝①,下也。

**【注释】**

①埝(diàn):同"垫"。下陷。《说文解字·土部》:"垫,下也。"《汉书·王莽传下》:"武功中水乡民三舍垫为池。"颜师古注:"垫,陷也。"

**【译文】**

"埝"有下陷的意思。

13.061  讃①,解也。

【注释】

①讚(zàn)：同"赞"。解释，使明白。《周易·说卦》："昔者圣人之作《易》也，幽赞于神明而生蓍（创立用蓍草占卜求卦爻之法。蓍音 shī）。"韩康伯注："赞，明也。"孔颖达疏："令微者得著，故训为明也。"

【译文】

"讚"有解释的意思。

13.062　赖①，取也。

【注释】

①赖：获取。《庄子·让王》："其于富贵也，苟可得已，则必不赖。"意思是他们对于富贵，假如真有机会得到，那也决不会去获取。

【译文】

"赖"有获取的意思。

13.063　扲①，业也。

【注释】

①扲(qián)：表示基业的一种方言说法。

【译文】

"扲"有基业的意思。

13.064　带①，行也。

【注释】

①带：随身携带而行。郭璞注："随人行也。"

【译文】

"带"是随身携带而行的意思。


13.065　康<sup>①</sup>,空也。

【注释】

①康(kāng):空虚。本指房屋空阔。《说文解字·宀(mián)部》:
"康,屋康良也。"徐锴《说文解字系传》:"屋虚大也。"引申指空虚,
文献中或记作"康"。《诗经·小雅·宾之初筵》:"酌彼康爵,以奏
尔时。"郑玄笺:"康,虚也。""酌彼康爵"意思是斟酒装满空杯。

【译文】

"康"是空虚的意思。


13.066　湛<sup>①</sup>,安也。

【注释】

①湛:安静。《老子》第四章:"湛兮似若存。"河上公注:"言当湛然
安静。"

【译文】

"湛"有安静的意思。


13.067　嬽<sup>①</sup>,乐也。

【注释】

①嬽(qiān):通"嗘"。欢乐的样子。《广雅·释训》:"嗘嗘,喜也。"
《楚辞·大招》:"宜笑嗘只。"王逸注:"嗘,笑貌也。"

**【译文】**

"嗖"是欢乐的样子。


13.068　惋①,欢也。

**【注释】**

①惋(wǎn):欢爱。文献中或作"婉"。三国魏嵇康《酒会诗七首》之二:"婉彼鸳鸯,戢(jí,收敛)翼而游。"

**【译文】**

"惋"有欢爱的意思。


13.069　衎①,定也。

**【注释】**

①衎(kàn):安定自得的样子。《礼记·檀弓上》:"居处言语饮食衎尔。"郑玄注:"衎尔,自得貌。"句子大意是日常的住处、言谈、饮食,都按照以往的来办。

**【译文】**

"衎"是安定自得的样子。


13.070　膹①,膖也②。

**【注释】**

①膹(pì):息肉。"膹"从鼻声,从鼻声者多含有盛大的意思,如"澋"从水指水势盛大。而"膹"从月即指肉肥大,息肉即肿大之肉。

②膖(xī):同"瘜"。息肉。《说文解字·疒(nè)部》:"瘜,寄肉也。"

【译文】

"膡"是息肉。


13.071　讟①，痛也②。

【注释】

①讟（dú）：怨恨。《说文解字·詰（jìng）部》："讟，通怨也。"汉张衡
　《四玄赋》："旦获讟于群弟兮。"

②痛：恨。《国语·楚语下》："使神无有怨痛于楚国。"

【译文】

"讟"有怨恨的意思。


13.072　鼻①，始也。兽之初生谓之鼻，人之初生谓之
首②。梁、益之间谓鼻为初，或谓之祖③。祖④，居也⑤。


【注释】

①鼻：初始。《汉书·扬雄传上》："或鼻祖于汾隅。"

②首：初始，开端。

③祖：开始。《庄子·山木》："浮游乎万物之祖。"

④祖：疑为"藉"的一种方言说法。坐。《文选·成公绥〈啸赋〉》：
　"藉皋兰之猗靡（yǐ mí，随风飘拂貌）。"李周翰注："藉，坐也。"

⑤居：坐。《国语·鲁语下》："居，吾语女。"韦昭注："居，坐也。"

【译文】

"鼻"是初始的意思。兽类刚刚出生称作"鼻"，人刚刚出生称作
"首"。梁州、益州之间的地区表示初始称作"初"，也有的称作"祖"。
"祖"还有坐的意思。

## 13.073　充①,养也。

**【注释】**

①充:供应,供养。《春秋公羊传·桓公四年》:"诸侯曷为必田狩? 一曰干豆,二曰宾客,三曰充君之庖(páo)。"意思是诸侯为什么一定要狩猎呢? 一是为了祭祀,二是为了招待宾客,三是为了补充国君的庖厨。

**【译文】**

"充"是供应的意思。

## 13.074　翳①,掩也。

**【注释】**

①翳(yì):遮蔽。汉刘向《九叹·远逝》:"石嵾嵯(cēn cī,山石不整齐的样子)以翳日。"

**【译文】**

"翳"是遮蔽的意思。

## 13.075　台①,支也。

**【注释】**

①台:支持,维持。《淮南子·俶真训》:"其所居神者,台简以游太清。"高诱注:"台,犹持也。"句子大意是他能把握持守自己的精神,维持道的原则在虚无缥缈的太空中遨游。

**【译文】**

"台"有维持的意思。

## 13.076　纯①,文也②。

**【注释】**

①纯:美善。《礼记·郊特牲》:"贵纯之道也。"郑玄注:"纯谓中外皆善。"

②文:美善。《礼记·乐记》:"礼主其减,乐主其盈。礼减而进,以进为文;乐盈而反,以反为文。"郑玄注:"文,犹美也、善也。"句子大意是礼主张消减欲望,乐主张盈满情怀。礼消减而前进,以前进为美善;乐盈满而返回,以返回为美善。

**【译文】**

"纯"有美善的意思。

## 13.077　佑①,乱也②。

**【注释】**

①佑:辅佐。《汉书·萧何传》:"高祖为亭长,常佑之。"颜师古注:"佑,助也。"

②乱:治理。《尔雅·释诂下》:"乱,治也。"《尚书·盘庚下》:"兹予有乱政同位。"孔安国传:"乱,治也。此我有治政之臣,同位于父祖。"辅佐、治理意义相通。

**【译文】**

"佑"有治理的意思。

## 13.078　恌①,理也。

**【注释】**

①恌(yáo):疑为"调"的一种方言说法。调理。《新语·道基》:"调

气养性,仁者寿长。"

**【译文】**

"恌"是调理的意思。

13.079　蕰①,晠也。

**【注释】**

①蕰:通"郁"。茂盛。《诗经·秦风·晨风》:"郁彼北林。"

**【译文】**

"蕰"有茂盛的意思。

13.080　搪①,张也。

**【注释】**

①搪(táng):疑为"张"的一种方言说法。撑开。徐复《方言补释》:"韩愈《月蚀诗效玉川子作》:'赤龙黑乌烧口热,翎鬣(líng liè,上冲的羽毛)倒侧相搪撑。'是'搪'有撑开义。撑开即'张'也。"

**【译文】**

"搪"有撑开的意思。

13.081　恽①,谋也。

**【注释】**

①恽(yùn):通"运"。谋划,谋用。《史记·项羽本纪》:"夫被坚执锐,义不如公;坐而运策,公不如义。"

**【译文】**

"恽"有谋划的意思。

13.082　陶①,养也。

**【注释】**

①陶:培育,培养。扬雄《太玄·玄摛》:"资陶虚无而生乎规。"范望

　　注:"陶,养也。"是说玄凭借着虚空培育出天体及运行的轨道。

**【译文】**

"陶"有培育的意思。

13.083　檕①,格也。

**【注释】**

①檕(jìn):竹木格。郭璞注:"今之竹木格是也。"

**【译文】**

"檕"是竹木格。

13.084　毗①、晓②,明也。

**【注释】**

①毗(pí):疑为"辟"的一种方言说法。彰明。《汉书·扬雄传上》:

　　"惟天轨之不辟兮,何纯絜(jié,同"洁")而离纷(遭难)。"王念

　　孙《读书杂志》:"天轨犹天道。辟,明也。言天道不明,故使纯洁

　　之人遭此难也。"

②晓:明亮。《说文解字·日部》:"晓,明也。"

**【译文】**

"毗"是彰明,"晓"是明亮,他们都有明的意思。

### 13.085　扱<sup>①</sup>,攫也<sup>②</sup>。

**【注释】**

①扱(xī):收取。《礼记·曲礼上》:"以箕自乡而扱之。"孔颖达疏:"扱,敛取也。"是说敛取垃圾时要使畚箕朝向自己。

②攫(wò):捕取。《广韵·陌韵》:"攫,手取也。"汉张衡《西京赋》:"杪木末,攫玃猢(chán hú,兽名,猿属)。"

**【译文】**

"扱"是收取,"攫"是捕取,它们的意思相同。

### 13.086　挟<sup>①</sup>,护也。

**【注释】**

①挟:护,辅。《荀子·正论》:"诸侯持轮挟舆。"杨倞注:"挟舆,在车之左右也。"

**【译文】**

"挟"有辅护的意思。

### 13.087　淬<sup>①</sup>,寒也。

**【注释】**

①淬(cuì):淬火,将工件加热到一定温度,浸入水中急速冷却,使之硬化。"寒"有冷的意思,因而本条以寒来解释"淬"。

**【译文】**

"淬"有冷却的意思。

## 13.088　瀄<sup>①</sup>,净也<sup>②</sup>。

**【注释】**

①瀄(shuǎng):通"凔"。寒,凉。《说文解字·仌(bīng)部》:"凔,寒也。"《汉书·枚乘传》:"欲汤之凔,一人炊之,百人扬之,无益也。不如绝薪止火而已。"

②净(jìng):通"清"。寒,凉。《说文解字·仌部》:"清,寒也。"《礼记·曲礼》:"凡为人子之礼,冬温而夏清。"意思是大凡为人子女的规矩是:冬天要留意父母亲穿的是否温暖,居处是否暖和,夏天要考虑父母是否感到凉爽。

**【译文】**

"瀄"有凉的意思。

## 13.089　漉<sup>①</sup>,极也<sup>②</sup>。

**【注释】**

①漉(lù):使竭尽。《尸子·明堂》:"竭泽漉鱼,则神龙不下焉。"

②极:穷尽。《玉篇·木部》:"极,尽也。"《楚辞·天问》:"冥昭瞢(méng)暗,谁能极之?"是说天地没有形成之前的事情,要如何才能探究清楚?

**【译文】**

"漉"有穷尽的意思。

## 13.090　枚<sup>①</sup>,凡也<sup>②</sup>。

**【注释】**

①枚:逐个。古代用占卜法选官,逐一占卜,称为"枚卜"。《尚书·大禹谟》:"禹曰:'枚卜功臣,惟吉之从。'"孔颖达疏:"枚卜,谓人人以次历申卜之。"

②凡:全部,一切。

**【译文】**

"枚"是逐个,有全部的意思。

13.091　易①,始也②。

**【注释】**

①易:更新。曹操《度关山》:"嗟哉后世,改制易律。"

②始:更始。郭璞注:"易代更始也。"

**【译文】**

"易"有更始的意思。

13.092　逭①,周也。

**【注释】**

①逭(huàn):通"斡"。周转。《楚辞·天问》:"斡维焉系?"王逸注:"斡,转也。"句子大意是使天体围绕轴心旋转的绳索系在天轴什么地方?

**【译文】**

"逭"有周转的意思。

13.093　黸①,色也。

**【注释】**

①黶（xì）：赤黑色。《玉篇·黑部》："黶，赤黑色。"

**【译文】**

"黶"是赤黑色的意思。

13.094　恬①，静也。

**【注释】**

①恬：安静。

**【译文】**

"恬"是安静的意思。

13.095　禔①，福也。禔②，喜也。

**【注释】**

①禔（zhī）：平安幸福。《说文解字·示部》："禔，安福也。"

②禔：喜庆。郭璞注："有福即喜。"福和喜意义相通。

**【译文】**

"禔"有平安幸福的意思。"禔"还可以指喜庆。

13.096　攋①、隓②，坏也。

**【注释】**

①攋（là）：毁坏。扬雄《太玄·度》："小度（小节）差差（多有差失
之貌），大攋之阶。"司马光注："攋，毁裂也。"句子大意是小节方
面不谨慎，大的方面便会一步步走向倾毁。

②隓（huī）：古同"隳"。毁坏。《吕氏春秋·顺说》："隳人之城郭。"

高诱注:"隳,坏也。"

【译文】

"㩓""隆"都是毁坏的意思。

13.097　息①,归也。

【注释】

①息:疑为"缩"的一种方言说法。退。"缩"有退的意思。《国语·越语下》:"嬴缩转化,后将悔之。"韦昭注:"嬴缩,进退也。"退和归返意义相承。

【译文】

"息"有归返的意思。

13.098　抑①,安也②。

【注释】

①抑:遏止。《史记·魏公子列传》:"抑秦兵,秦兵不敢出。"
②安:止。《战国策·秦策》:"必绝其谋而安其兵。"高诱注:"安,止也。"

【译文】

"抑"有止的意思。

13.099　潜①,亡也。

【注释】

①潜:隐藏。《说文解字·水部》:"潜,一曰藏也。"隐藏与逃亡义相通,今犹使用"潜逃"一词。

## 【译文】

"潜"有逃亡的意思。

13.100　晓①,过也。晓,赢也②。

## 【注释】

①晓:疑为"超"的一种方言说法。超过。《玉篇·走部》:"超,出前也。"

②赢(yíng):通"赢"。胜过。《广雅·释诂三》:"晓、赢,过也。"王念孙疏证:"项岱注《幽通赋》亦云:'赢,过也。缩,不及也。'……'赢'与'赢'通。"

## 【译文】

"晓"有超过的意思。"晓"还有胜过的意思。

13.101　𣯛①,短也。

## 【注释】

①𣯛(zhuō):短的样子。文献中或作"叕"。《淮南子·人间训》:"圣人之思修(长),愚人之思叕。"高诱注:"叕,短也。"

## 【译文】

"𣯛"是短的样子。

13.102　隑①,碕也②。

## 【注释】

①隑(gài):长。"碕"一种方言说法。

②碕(yǐ):通"碕"。绵长的样子。《文选·左思〈吴都赋〉》"碕

岸",李周翰注:"碕岸,长岸也。"

**【译文】**

"隑"是绵长的样子。

## 13.103　远①,长也。

**【注释】**

① 远(háng):长道。《玉篇·辵(chuò)部》:"远,长道也。"《文选·张衡〈西京赋〉》:"远杜蹊塞。"薛综注:"远,道也。"句子大意是大路小路都堵塞了。

**【译文】**

"远"是长道,它有长的意思。

## 13.104　远①,迹也。

**【注释】**

①远(háng):兽类的脚印。《说文解字·辵部》:"远,兽迹也。"

**【译文】**

"远"是兽类的脚印,它有足迹的意思。

## 13.105　赋①,臧也②。

**【注释】**

①赋:敛取。《说文解字·贝部》:"赋,敛也。"《春秋公羊传·哀公十二年》:"讥始用田赋也。"何休注:"赋者,敛取其财物也。"

②臧(cáng):同"藏"。收存。敛、藏意义相通。《周礼·夏官·缮人》:"既射则敛之。"郑玄注:"敛,藏之也。"

**【译文】**

"赋"是敛取,它有收藏的意思。

13.106　　蕴<sup>①</sup>,饶也。

**【注释】**

①蕴(wēn):丰饶。文献中或作"媪"。《汉书·礼乐志·郊祀歌》:
"后土(司土之神)富媪(这里指地神。媪音ǎo),昭明三光(指
日、月、星)。""富媪"即富饶的意思。

**【译文】**

"蕴"有丰饶的意思。

13.107　　芬<sup>①</sup>,和也。

**【注释】**

①芬:和睦友好。《荀子·议兵篇》:"其民之亲我欢若父母,其好我
芬若椒兰。"

**【译文】**

"芬"有和睦友好的意思。

13.108　　擣<sup>①</sup>,依也。

**【注释】**

①擣(chóu):同"稠"。稠密。《史记·龟策列传》:"上有擣蓍(丛
生的蓍草),下有神龟。"司马贞索隐:"擣,即稠也。……擣是古
'稠'字也。"稠密即物相偎依相倚靠。

**【译文】**

"搊"是稠密,它有相依靠的意思。


**13.109　依<sup>①</sup>,禄也。**

**【注释】**

①依:疑为"殷"的一种方言说法。富足。《法言·孝至》:"君人者,
　务在殷民阜财(厚积财物)。"李轨注:"殷,富也。"禄亦即福也。
　《说文解字·示部》:"禄,福也。"富足与福运意义相承。

**【译文】**

"依"有富足的意思。


**13.110　睸<sup>①</sup>,腯也<sup>②</sup>。**


**【注释】**

①睸(shèng):同"盛"。充盛。《素问·上古天真论》:"女子七岁,
　肾气盛,齿更发长。"

②腯(tú):充盛。《礼记·曲礼下》:"豚曰腯肥。"孔颖达疏:"腯,即
　充满貌也。"

**【译文】**

"睸"有充盛的意思。


**13.111　鹽<sup>①</sup>、杂<sup>②</sup>,猝也。**


**【注释】**

①鹽(gǔ):疑为"遽"的一种方言说法。匆忙,仓猝。《晏子春
　秋·内篇谏上》:"夫子何为遽? 国家得无有故乎?"张纯一校注:

"遽,卒也。"

②杂:仓猝。"卒"的一种方言说法。《史记·仲尼弟子列传》:"虑不
先定,不可以应卒。"司马贞索隐:"卒,谓急卒也。"

【译文】

"遽""杂"都有仓猝的意思。

13.112　蹻①,行也。

【注释】

①蹻(yuè):通"跃"。行进。《文选·王褒〈四子讲德论〉》:"今夫
子闭门距跃(停止行进,意思是闭门不出。距,通"拒")。"刘良
注:"跃,行也。"

【译文】

"蹻"有行进的意思。

13.113　盬①,且也。

【注释】

①盬(gǔ):通"姑"。姑且,暂且。

【译文】

"盬"是暂且的意思。

13.114　抽①,读也。

【注释】

①抽:说出,宣扬。《诗经·鄘风·墙有茨》:"中冓(gòu,宫室的深
幽处)之言,不可读也。"毛传:"读,抽也。"郑玄注:"抽,犹出

也。"马瑞辰《诗经传笺通释》:"不可读,正当训为不可说。"诗句
大意是官中的秘密话,不可讲述。

**【译文】**

"抽"有说出的意思。

13.115　媵①,托也。

**【注释】**

①媵(yìng):致送,寄托。《仪礼•燕礼》:"媵觚(gū,一种酒器)于
宾。"郑玄注:"媵,送也。"句子大意是向宾客进酒。

**【译文】**

"媵"有致、寄托的意思。

13.116　适①,牾也②。

**【注释】**

①适:分歧。"枝"的一种方言说法。也通"歧"。段玉裁《说文解字
注•木部》:"枝,枝必歧出也,故古枝、歧通用。"

②牾(wǔ):悖逆,抵触。《说文解字•午部》:"牾,逆也。"

**【译文】**

"适"是分歧,有抵触的意思。

13.117　埤①,予也。

**【注释】**

①埤(pí):增加。《说文解字•土部》:"埤,增也。"《诗经•邶
风•北门》:"政事一埤益我。"增加与给予义相通。

**【译文】**

"埤"是增加,它含有给予的意思。

13.118　弥①,缝也。

**【注释】**

①弥:缝合。《左传·昭公二年》:"敢拜子之弥缝敝邑。"杜预注:"弥缝,犹补合也。"句子大意是冒昧请求可以得到您对敝国的相助。

**【译文】**

"弥"有缝合的意思。

13.119　译①,传也。译②,见也③。

**【注释】**

①译:传译。《礼记·王制》:"五方之民,言语不通,嗜欲不同。达其志,通其欲,东方曰寄,南方曰象,西方曰狄鞮,北方曰译。"孔颖达疏:"通传北方语官,谓之曰译者。"句子大意是五方(中国、夷、蛮、戎、狄)的人民,彼此之间言语不通,衣食住行等方面的追求也相异。我们应该与他们互通风俗,尽量实现他们的生活愿望。关于翻译人员的称呼,东方的叫寄,南方的叫象,西方的叫狄鞮,北方的叫译。

②译:解释、阐述,使人了解。《潜夫论·考绩》:"夫圣人为天口,贤者为圣译。"意思是圣人是上天的代言人,贤者是圣人的翻译者。

③见:了解,知道。《淮南子·修务训》:"今使六子者易事,而明弗能见者何?"高诱注:"见,犹知也。"句子大意是现在如果使六个人改变他们所从事的工作,那么他们的聪明才智就不能使人了解,这是为什么?

**【译文】**

"译"是传译。它还有使人了解、知道的意思。

### 13.120　梗①,略也。

**【注释】**

①梗:大略,大概。《文选·张衡〈东京赋〉》:"故粗为宾言其梗概如此。"李善注引薛综曰:"梗概,不织密,言粗举大纲如此之言也。"

**【译文】**

"梗"有大概的意思。

### 13.121　臆①,满也。

**【注释】**

①臆(yì):烦闷,气塞。《释名·释形体》:"臆,犹抑也,抑气所塞也。"

**【译文】**

"臆"是气满郁结。

### 13.122　䢜①,益也②。

**【注释】**

①䢜(mà):疑为"孟"的一种方言说法。努力进取。班固《幽通赋》:"盍孟晋以迨(dài)群兮。"意思是何不努力进取赶上大家。

②益:进取。《广韵·昔韵》:"益,进也。"《论语·宪问》:"非求益者也,欲速成者也。"邢昺疏:"此言童子非求进益者也。"

**【译文】**

"䢜"有进取的意思。

## 13.123　空①,待也②。

**【注释】**

①空:通"控"。操纵,控制。《诗经·郑风·大叔于田》:"抑(助词,于句首补足音节)磬控忌,抑纵送忌(语气词,表示赞美)。"毛传:"止马曰控。"诗句大意是时而勒住狂奔马,时而纵马任驰骋。

②待:通"持"。掌管。《论衡·骨相》:"君后三岁而入将相,持国秉(同"柄",权力)。"

**【译文】**

"空"有管控的意思。

## 13.124　珇①,好也。珇,美也。

**【注释】**

①珇(zǔ):通"组"。美好。《荀子·乐论》:"乱世之征,其服组,其容妇,其俗淫。"大意是说混乱社会的迹象有:那里的服装华丽,男人的容貌打扮得像妇女一样妖媚,那里的风俗淫荡。

**【译文】**

"珇"有好的意思。也有华美的意思。

## 13.125　妪①,色也。

**【注释】**

①妪(yǔ):和悦之色。《逸周书·官人》:"欲色妪然以愉。"大意是说心存私欲脸色就显得和悦服从。

**【译文】**

"妪"是和悦之色。

13.126　阍<sup>①</sup>,关也。

**【注释】**

①阍:表示关闭的一种方言说法。

**【译文】**

"阍"有关闭的意思。

13.127　靡<sup>①</sup>,灭也。

**【注释】**

①靡:消灭。汉刘向《九叹·怨思》:"名靡散而不彰。"王逸注:"靡散,犹消灭也。"

**【译文】**

"靡"有消灭的意思。

13.128　菲<sup>①</sup>,薄也。

**【注释】**

①菲(fěi):微薄。《论语·泰伯》:"菲饮食而致孝乎鬼神。"何晏集解引马融:"菲,薄也。""菲饮食"指吃饭很节俭简单。

**【译文】**

"菲"有微薄的意思。

13.129　腆<sup>①</sup>,厚也。

【注释】

①腆（tiǎn）：丰厚。《左传·僖公三十三年》："不腆敝邑，为从者之淹，居则具一日之积，行则备一夕之卫。"杜预注："腆，厚也。"大意是我们这里条件虽不丰厚，但是为了贵军在此歇息逗留（我们已经做好了准备）。您如果要住下，就为您备好一天的粮草；您如果要出发，就给您安排一夜的警卫。

【译文】

"腆"有丰厚的意思。

13.130　媟①，狎也②。

【注释】

①媟（xiè）：轻侮，不恭敬。《说文解字·女部》："媟，嬻（dú）也。""媟嬻"即"亵渎"。《新书·道术》："接遇慎容谓之恭，反恭为媟。"

②狎（xiá）：轻忽，侮慢。《尚书·泰誓》："狎侮五常，荒怠弗敬。"孔安国传："轻狎五常之教，侮慢不行。"

【译文】

"媟"是不恭敬的意思。

13.131　芋①，大也。

【注释】

①芋（xū）：通"讦"。大。《诗经·大雅·抑》："讦谟定命，远犹辰告。"毛传："讦，大；谟，谋。""讦谟定命"意思是宏大的谋划政令安定国家的命运。

**【译文】**

"芌"有大的意思。

13.132    炀①、翕②,炙也。炀③、烈④,暴也⑤。

**【注释】**

① 炀（yáng）：烘烤。《说文解字·火部》："炀,炙燥也。"《淮南子·齐俗训》："冬则羊裘解札,短褐不掩形而炀灶口。"

② 翕（xī）：通"熻"。燃烧。《吴越春秋·勾践归国外传》："熻干之火,不复其炽。"意思是烧尽的火炭,不能恢复它的炽烈。

③ 炀：疑通"旸"。曝干。《玉篇·日部》："旸,日干物也。"《尚书·洪范》："曰雨,曰旸。"孔安国传："雨以润物,旸以干物。"

④ 烈：疑为"炦"的一种方言说法。曝干。《礼记·祭义》："风炦以食之。"孔颖达疏："炦,干也。"

⑤ 暴：同"曝"。晾晒干。《广韵·屋韵》："暴,日干也。"《周礼·天官·染人》："凡染,春暴练。"贾公彦疏："春暴练者,以春阳时阳气燥达,故暴晒其练。"

**【译文】**

"炀"是烘烤,"翕"是燃烧,它们都有烧灼的意思。"炀""烈"都有晾晒干的意思。

13.133    馺①,马驰也。

**【注释】**

① 馺（sà）：马奔驰。扬雄《甘泉赋》："声骈（pēng）隐以陆离兮,轻先疾雷而馺遗风。"

**【译文】**

"馺"是马奔驰。

### 13.134 选①、延②,遍也③。

**【注释】**

①选:周遍。"宣"的一种方言说法。《汉书·律历志》:"广延宣问,以考星度。"意思是广泛延揽、遍访人才,来考察星命。

②延:蔓延。

③遍:周遍。

**【译文】**

"选"是周遍,"延"是蔓延,它们都有周遍的意思。

### 13.135 澌①,索也②。

**【注释】**

①澌(sī):尽。本指水尽。《说文解字·水部》:"澌,水索也。"引申为凡物竭尽之称。《广雅·释诂一》:"澌,尽也。"王念孙疏证:"郑注《曲礼》云:'死之言澌也,精神澌尽也。'正义云:'今俗呼尽为澌。'"

②索:尽,空。《尚书·牧誓》:"牝鸡司晨,惟家之索。"孔安国传:"索,尽也。"句子大意是母鸡在清晨打鸣,这个家庭就要破败。比喻女性掌权,颠倒阴阳,会导致家破国亡。

**【译文】**

"澌"有尽的意思。

### 13.136 晞①,燥也。

**【注释】**

①晞（xī）：干燥。《诗经·秦风·蒹葭》：“白露未晞。”毛传：“晞，干也。”

**【译文】**

“晞”有干燥的意思。

13.137　梗①，觉也②。

**【注释】**

①梗：正直。“觉”的一种方言说法。王念孙《广雅疏证·释诂四》：“梗为觉然正直之觉……梗、觉一声之转，今俗语犹云梗直矣。”

②觉：正直。《诗经·大雅·抑》：“有觉德行，四国顺之。”毛传：“觉，直也。”诗句大意是拥有正直的道德和品行，四方之国就会来顺承他。

**【译文】**

“梗”有正直的意思。

13.138　萃①，集也。

**【注释】**

①萃：聚集。《左传·宣公十二年》：“楚师方壮，若萃于我，吾师必尽。”杜预注：“萃，集也。”

**【译文】**

“萃”有聚集的意思。

13.139　睕①、暉②，明也。

**【注释】**

①睨（nì）：光明的样子。"曤"的一种方言说法。

②曤（yì）：通"焎"。光明的样子。《文选·王延寿〈鲁灵光殿赋〉》："汩（yù，光洁貌）硊硊（同"皅皅"，洁白光亮）以璀璨,赫焎焎而烛坤（照耀大地）。"李善注："焎,光明貌。"

**【译文】**

"睨""曤"都是光明的样子。

13.140　暟①、临②,照也③。暟④,美也。

**【注释】**

①暟（kǎi）：通"开"。照耀,明亮。扬雄《甘泉赋》："帅尔（同"率尔",疾遽貌）阴闭,霅然（迅疾。霅音zhà）阳开。"

②临：照耀,明亮。《诗经·邶风·日月》："日居（语助词）月诸（语助词）,照临下土。"

③照：照耀,明亮。《说文解字·火部》："照,明也。"《周易·恒卦》："日月得天而能久照。"

④暟：美德,德行明耀。郭璞注："暟暟,美德也。"文献中或作"恺"。扬雄《剧秦美新》："夫不勤勤则前人不当,不恳恳则觉德（正大之德）不恺。"意思是若不勤勤,则合于先王正道,若不恳恳,则大德不明。

**【译文】**

"暟""临"都有明亮的意思。"暟"还有美德的意思。

13.141　箪①、篓②、篯③、筥④,篓也⑤。江、沔之间谓之篯,赵、代之间谓之筥,淇⑥、卫之间谓之牛筐⑦。篓,其通语也。篓小者,南楚谓之篓,自关而西,秦、晋之间谓之箪。

## 【注释】

① 箄（bǐ）：小型的笼篓之类的竹器。戴震《方言疏证》：“江东呼小
　笼为箄。”

② 篓：小型的竹笼篓。《说文解字·竹部》：“篓，竹笼也。”

③ 箕（yú）：筐子。“箕”当是得名于其承载物的功能。王念孙《广雅
　疏证·释器》：“箕之言舆也。卷二云：‘舆，载也。’”

④ 篙（tāo）：筐子。“篙”犹言舀，当是得名于其盛取物的功能。

⑤ 簏（jǔ）：圆筐。《说文解字·竹部》：“簏，饮牛筐也。方曰筐，圆曰
　簏。”

⑥ 淇：水名。淇水在今河南北部，源出河南林州临淇镇，东北流经淇
　阳与淅河汇合，折东南流，经汤阴至淇县，入卫河。《方言》中淇与
　卫的地域相当。

⑦ 牛筐：喂牛的筐子。《说文解字·竹部》：“簏，饮牛筐也。”

## 【译文】

“箄”“篓”是小型的竹笼篓，“箕”“篙”是筐子，它们都可以用来表
示圆筐。长江、沔水之间的地区称之为“箕”，古赵国、古代国之间的地
区称之为“篙”，淇水和古卫国之间的地区称之为“牛筐”。“簏”是它们
之间通用的称名。表示小的圆筐，南部古楚国地区称之为“篓”，在函谷
关以西，古秦国与古晋国之间的地区称之为“箄”。

## 13.142　笼①，南楚江、沔之间谓之篣②，或谓之笯③。

## 【注释】

① 笼：一种盛土的器具。《说文解字·竹部》：“笼，举土器也。”

② 篣（péng）：竹簸箕。《广韵·唐韵》：“篣，竹箕。”

③ 笯（nú）：用来盛东西的竹笼。《玉篇·竹部》：“笯，笼笿。”《说文
　解字·竹部》：“笿，杯笿也。”段玉裁注：“《方言》：‘杯落……自关

东西谓之杯落。'郭云：'盛杯器，筦也。'"

**【译文】**

对于"筦"这种盛土器具，南部古楚国长江、沔水之间的地区称之为"筹"，也有的称之为"籹"。

13.143　簏①，南楚谓之筲②，赵、魏之郊谓之筌簏③。

**【注释】**

①簏（lǔ）：同"管"。一种圆形竹筐，可以盛米饭等食物。《急就篇》"管"字颜师古注："竹器之盛饭者，大曰簋（biān），小曰管。"

②筲（shāo）：畚箕一类的竹筐，可以用来盛饭。《汉书·叙传上》："斗筲之子（比喻才学短浅的人）不秉帝王之重。"萧该音义引《字林》云："筲，饭莒（管）也。"今广东话、客家话、四川话以及江南地区无锡等地土话犹有"筲子""筲箕"的称谓，是一种用细竹篾丝编织的圆形（或扁形）竹筐，可用来盛米淘米，往往配有相同材料的盖子用以遮灰。

③筌簏（qū lú）：同"凵（qū）卢"。盛饭的竹器。《说文解字·凵部》："凵，凵卢，饭器。"

**【译文】**

对于"簏"这种圆形竹筐，南部古楚国地区称之为"筲"，古赵国、古魏国的郊域称之为"筌簏"。

13.144　锥谓之鍣①。

**【注释】**

①锥：锥子，一种钻孔的工具。鍣（zhāo）：锥子。"鍣"与"芀（tiáo）"音近义通。"芀"是芦苇穗，芦苇穗是芦苇中最突出的部

分,"錔"也是强调锥子尖端突出的特点。《说文解字·艸部》:
"芀,苇花也。"段玉裁注:"颜注《汉书》云:'兼锥者'是也,取其
脱颖秀出故曰'芀'。"

**【译文】**

锥子这种工具可以称之为"錔"。

## 13.145　无升谓之刁斗[①]。

**【注释】**

①无升:古代刁斗的别名。有观点认为"无(無)升"是"鐎(jiāo)
斗"的讹写。王国维《书〈郭注方言〉后》三:"汉尉斗之状与刁
斗同。今传世汉器,其铭皆作鐎斗。无(無)升、热升、鐎斗,字形
皆相近,当云鐎斗谓之刁斗。"而"鐎斗"则是一种温器,三足有
柄,用以煮物。《急就篇》"鐎"字颜师古注:"鐎谓鐎斗,温器也。"
刁斗:一种古代行军用具。有柄,铜质,白天用作炊具,晚上可以
敲击用来巡逻打更。《史记·李将军列传》:"人人自便,不击刁斗
以自卫。"裴骃集解引孟康曰:"以铜作鐎器,受一斗,昼炊饭食,
夜击持行,名曰刁斗。"

**【译文】**

"无升"这种白天可作炊具、晚上可敲击用来巡逻打更的行军用具,
也可以称作"刁斗"。

## 13.146　匕谓之匙[①]。

**【注释】**

①匕:古代一种取食的器具,长柄浅斗,形状像汤勺。《说文解
字·匕部》:"匕,亦所以用比取饭。一名柶。"段玉裁注:"匕即今

之饭匙也。"《诗经·小雅·大东》:"有饛(méng,食物盛满器皿的样子)簋飧(sūn,熟饭),有捄(qiú,长而弯曲的样子)棘匕(用酸枣木制的饭匙)。"匙:小勺。《说文解字·匕部》:"匙,匕也。"

**【译文】**

"匕"这种取食的器具可以称作"匙"。

13.147　盂谓之㮂①。河、济之间谓之盌盞②。碗谓之盉③。盂谓之铫锐④。碗谓之桸枈⑤。

**【注释】**

①盂:一种盛液体的敞口器皿。《说文解字·皿部》:"盂,饮器也。"㮂(jǐn):一种盛液体的敞口器皿。《广雅·释器》:"㮂,盂也。"

②盌盞(ān cán):一种盛液体的大型敞口器皿。王念孙《广雅疏证·释器》:"《玉篇》:'盌盞,大盂也。'字亦作'安残'。《太平御览》引李尤《安残铭》云:'安残令名,甘旨是盛。'"

③盉(qiáo):古代碗、盂一类的器皿。《广雅·释器》:"盉,盂也。"《红楼梦》第四十一回:"那一只形似钵而小,也有三个垂珠篆字,镌着'点犀盉'。妙玉斟了一盉与黛玉。"

④铫(diào)锐:一种敞口器皿。

⑤桸枈(xuān jué):古代碗、盂一类的器皿。

**【译文】**

"盂"这种盛液体的敞口器皿称作"㮂"。黄河、济水之间的地区称之为"盌盞"。"碗"这种小型盛液体的敞口器皿称作"盉"。"盂"这种盛液体的敞口器皿称作"铫锐"。"碗"这种小型盛液体的敞口器皿称作"桸枈"。

13.148　饵谓之糕①,或谓之餈②,或谓之䬧③,或谓之餩④,或谓之䬵⑤。

**【注释】**

①饵:用蜜和米面制成的糕饼。《楚辞·招魂》:"粔籹(jù nǔ,以蜜和米面,油煎而成的一种食品)蜜饵,有餦餭(zhāng huáng,干的饴糖)些。"

②粢(cí):用糯米粉、黍米粉制成的糕饼。《周礼·天官·笾(biān)人》:"羞笾(古代祭祀宴享时进献食物的竹制盛器)之实,糗饵、粉粢。"郑玄注:"皆粉稻米、黍米所为也。合蒸曰饵,饼之曰粢。"

③䬲(líng):糕饼。《玉篇·食部》:"䬲,饵也。"文献用例不详。

④餩(yè):糕饼。王念孙《广雅疏证·释器》:"程氏《易畴》云:'今吾歙犹呼社粢为社餩。'"

⑤䬵(yuán):一种圆形的糕点。王念孙《广雅疏证·释器》:"䬵之言圜,今人通呼饵之圜者为䬵。"

**【译文】**

"饵"这种用蜜和米面制成的糕饼称作"糕",也称作"粢",还有的称作"䬲",还有的称作"餩",还有的称作"䬵"。

### 13.149　饼谓之饦①,或谓之餦馄②。

**【注释】**

①饦(tuō):饼。《齐民要术·大小麦》:"(青稞麦)堪作麨(chǎo,炒的米粉或面粉)及饼饦,甚美。"

②餦馄(zhāng hún):饼。

**【译文】**

"饼"这种面食称作"饦",也有的称作"餦馄"。

13.150　饧谓之䬷餭[①]。饴谓之餩[②]。䬧谓之餚[③]。饧谓之糖[④]。凡饴谓之饧，自关而东，陈、楚、宋、卫之通语也。

**【注释】**

①饧（xíng）：饴糖加上糯米粉熬成的糖。《说文解字·食部》："饧，饴和馓（sǎn）也。"段玉裁注："不和馓谓之饴，和馓谓之饧。"䬷餭（zhāng huáng）：干的饴糖。郭璞注："即干饴也。"《楚辞·招魂》："粔籹蜜饵，有䬷餭些。"王逸注："䬷餭，饧也。"

②饴：饴糖。汉王充《论衡·本性》："诙谐剧谈，甘如饴蜜。"餩（gāi）：饴糖。

③䬧（yuē）：糖与豆屑合成的食品，即豆沙。郭璞注："䬧，以豆屑杂饧也。"王筠《说文解字句读·豆部》："（䬧）即今之豆沙也。"餚（suǐ）：糖与豆屑合成的食品，即豆沙。清梁同书《直语补证》："（餚）正今时所云餚沙也。"

④糖：原指饴糖，后来泛用作糖的通称。

**【译文】**

"饧"是饴糖加上糯米粉熬成的糖，称作"䬷餭"。饴糖称作"餩"。"䬧"是糖豆沙，称作"餚"。"饧"称作"糖"。凡是饴糖都可称作"饧"，这是在函谷关以东，古陈国、古楚国、古宋国、古卫国等地区的通用名称。

13.151　麹[①]、𪍿[②]、麲[③]、𪍟[④]、𪍾[⑤]、𪏲[⑥]、𪐗[⑦]，麹也[⑧]。自关而西，秦、豳之间曰麹，晋之旧都曰𪍿，齐右河、济曰麲，或曰𪍟，北鄙曰𪍾。麹，其通语也。

**【注释】**

①麹（kū）：成饼状的酒曲。《说文解字·麦部》："麹，饼麹也。"麹

（qū），同"麹"。《玉篇·米部》："麹，酒母也。今作麹。"

②麸（cái）：曲，即酒母。有的呈饼状，故又叫饼曲。《玉篇·麦部》："麸，麹别名。"

③麧（huá）：成饼状的酒曲。《说文解字·麦部》："麧，饼麹也。"

④麰（móu）：大麦制作而成的酒曲。"麰"本义指大麦。《说文解字·麦部》："麰，来麰，麦也。"继而引申可指大麦制成的酒曲。钱绎《方言笺疏》："大麦谓之麰，大麦之麹即谓之麰，义相因也。"

⑤麳（pí）：成小饼状的酒曲。王念孙《广雅疏证·释器》："麳之言卑小也。"

⑥䵼（méng）：同"䤛"。培养出了霉菌的酒曲。《说文解字·酉部》："䤛，麹生衣也。"所谓"生衣"就是培养出了霉菌，桂馥《说文解字义证》："《齐民要术》造笨麹饼法，麹成打破，看饼内干燥，五色衣成，便出曝之。"

⑦䴡（hún）：以整颗小麦制作的酒曲。郭璞注："小麦麹为䴡。"《集韵·魂韵》："䴡，麦不破也。"

⑧麹（qū）：酒曲。《列子·杨朱》："朝之室也聚酒千钟，积麹成封，望门百步，糟浆之气逆于人鼻。"

**【译文】**

"麷"是成饼状的酒曲，"麸"是酒母，"麧"是成饼状的酒曲，"麰"是大麦制作而成的酒曲，"麳"是成小饼状的酒曲，"䵼"是培养出了霉菌的酒曲，"䴡"以整颗小麦制作的酒曲，它们都是指酒曲。在函谷关以西，古秦国、古豳国之间的地区叫"麷"，古晋国旧都城地区叫"麸"，古齐国以西，黄河、济水流域叫"麧"，也有的叫"麰"，北部边境地区叫"麳"。"麹"是各种各样称名中的通用名称。

# 13.152　屋梠谓之梠①。

【注释】

①屋栺（lǚ）：屋檐。郭璞注："雀栺，即屋檐也。"《说文解字·木部》："栺，楣也。"棂（líng）：同"櫺"。屋檐。宋李诫《营造法式·大木作制度二·檐》："檐，其名有十四……七曰櫺。"

【译文】

"屋栺"是屋檐，也可以叫"棂"。

13.153　甍谓之霤①。

【注释】

①甍（méng）：同"甍"。屋脊。郭璞注："今字作甍。"《左传·襄公二十八年》："犹援庙桷（jué，方形的椽子），动于甍。"孔颖达疏："此是屋上之长材，椽所以冯依者也。今俗谓之屋脊。"霤（liù）：屋脊。王念孙《广雅疏证·释器》："霤之言霤（liù）也。《说文》：'霤，屋水流也。'"屋脊可起到引导雨水下流的作用，因而得此名。

【译文】

"甍"是屋脊，它还可以叫"霤"。

13.154　冢①，秦、晋之间谓之坟，或谓之培②，或谓之埌③，或谓之采④，或谓之埌⑤，或谓之垄⑥。自关而东谓之丘⑦，小者谓之塿⑧，大者谓之丘。凡葬而无坟谓之墓，所以安墓谓之墲⑨。

【注释】

①冢：高大的坟墓。《说文解字·勹（bāo）部》："冢，高坟也。"

②培（pǒu）：小土丘，代指坟墓。《洛阳伽蓝记·景宁寺》："如登泰
　山者卑培塿。"

③堬（yú）：坟。《广博物志》卷七："于云阳得少昊之堬。"

④采：坟墓。"宰"的一种方言说法。《春秋公羊传·僖公三十三
　年》："宰上之木拱（两手合围，用来表达树木的粗细）矣。"何休
　注："宰，冢也。"

⑤埌（làng）：坟墓。文献中或作"良"。《庄子·列御寇》："阖胡（何
　不）尝视其良。"陆德明《经典释文》："良或作埌，冢也。"

⑥垄：坟墓。《管子·侈靡》："美垄墓所以文明也。"

⑦丘：坟墓。《吕氏春秋·孟冬》："审棺椁之厚薄，营丘垄之小大高
　卑薄厚之度。"高诱注："丘，坟。"

⑧塿（lǒu）：小土丘，代指坟墓。《洛阳伽蓝记·景宁寺》："如登泰山
　者卑培塿。"

⑨墲（mú）：规划墓地。文献中或作"橅"。《汉书·刘向传》："初陵
　之橅，宜从公卿大臣之议。"颜师古注："规度墓地。"

## 【译文】

　　冢，古秦国、古晋国之间的地区称之为"坟"，也有的称之为"培"，
有的称之为"堬"，有的称之为"采"，有的称之为"埌"，还有的称之为
"垄"。函谷关以东的地区称之为"丘"，其中小的称作"塿"，大的称作
"丘"。凡是下葬后没有筑起土堆的称作"墓"，规划墓地称作"墲"。

# 《方言》地名信息对照表

## B

**瀑**

即瀑带水。《清一统志》说瀑带水在湖南永州府永明县南,发源于神光遇廖山。永明县就是今天的湖南江永。

**北燕**

周代诸侯国名。在今天津蓟州区一带。《史记·燕召公世家》:"周武王灭纣,封召公于北燕。"

**邠**

同"豳"。古邑名。在今陕西彬州、旬邑一带,在《方言》中属于秦。

## C

**朝鲜**

朝鲜建国于西周初年。战国时期,朝鲜属于燕国;秦时,朝鲜"属辽东外徼(jiào)",是秦朝领土的一部分;西汉初年,燕人卫满入据朝鲜。公元前109年,汉武帝灭卫氏政权,置乐浪、玄菟、临屯、真番四郡。《方言》中的朝鲜大致相当于今辽宁、吉林的部分地区以及朝鲜北部一带。

陈

《汉书·地理志》："陈国,今淮阳之地。陈本太昊之虚,周武王封舜后妫满于陈。"陈都宛丘(今河南周口淮阳区),公元前478年被楚所灭。陈的疆域包括以今河南周口淮阳区为中心的河南东部、安徽北部的部分地区。

楚

楚立国于殷商时期,西周初年受封于荆山。都城屡徙,自楚文王迁郢(今湖北江陵之纪南城),楚国绝大部分时间都以此为都城。至楚庄王时,楚国的疆域西起武关(今陕西丹凤东武关河的北岸),东到昭关(今安徽含山县城北),北起今河南南阳,南到洞庭以南;战国时楚国的领土进一步扩大到今山东南部和江苏、浙江一带。《方言》中的楚比战国时的楚范围要狭小得多,它主要指以郢都为中心的江汉平原及其周围地区。

# D

大野

即大野泽。《尔雅·释地》："鲁有大野。"郭璞注:"今高平巨鹿县东北大泽是也。"又名巨野泽、巨泽,在山东巨野北五里,今已涸为平地。

代

本是戎族建立的国家。公元前476年为赵襄子所灭,赵武灵王置代郡。秦、西汉时,代郡的治所在代县,即今河北蔚(yù)县东北。《方言》中的代除了包括代郡外,还包括汉代的云中郡、雁门郡以及太原郡的部分地区。

岱

指泰山,在今山东中部。

丹阳

即丹阳郡。汉武帝改鄣郡置。治所在宛陵,即今安徽宣城。所辖包括今安徽南部、江苏西部及浙江、江西的部分地区。

东翟县

《方言》郭璞注："今上党潞县即古翟国。"潞本春秋赤狄潞氏之国，西汉置县。治所在今山西黎城西南。

东海

即东海郡。治所在郯，今山东郯城北。所辖包括今山东东南、江苏东北沿海地区。

东瓯

《方言》郭璞注："东瓯亦越地，今临海、永宁是也。"临海，三国吴分会稽东部置，故城在今浙江临海东南115里。永宁，汉时设置，即今浙江永嘉。

东齐

关于"东齐"所指，历来争议较大。我们认为《方言》中的"东齐"在地理范围上与"齐"大致相当，二者在《方言》中并存，反映的正是该书作为未定稿，材料来源多元，继而导致地名不统一的问题。这点我们可以从同见于《方言》和他书记载的材料对应中窥得一些痕迹。如《方言》卷十："𩕊、额、颜，颡也。……东齐谓之颡。"而《史记·高祖本纪》："高祖为人，隆准而龙颜。"裴骃集解引应劭："颜、额，颡也。齐人谓之颡。"东齐正对应于齐。又如《方言》卷三："氾、浼、𤁋、洼，洿也。……东齐海、岱之间或曰浼，或曰𤁋。"而许慎《说文解字·水部》则有："𤁋，海、岱之间谓相污曰𤁋。"再如《方言》卷三："萃、杂，集也。东齐曰聚。"而玄应《一切经音义》卷四引《方言》："东齐海、岱之间谓萃为聚。"因此我们推断东齐只是作为海、岱之间的同位语。海、岱之间指的是今天的渤海至泰山之间的地带，而古代齐国的范围与之基本一致。至于"东齐"的称谓，则因齐国地处周朝之东，故称。汉焦赣《易林·离之乾》："执辔四骊，王以为师，阴阳之明，载受东齐。"这和"南楚""北燕""西秦"等称谓是一样的道理。

东越

《史记·东越列传》："闽越王闽中故地，都东冶。"以后闽越分裂为
繇和东越两部分。东越指今浙江南部和福建北部。

毒屋

可能在今广西。

## F

汾

即汾河。在今山西中部。

溳

即溳水。《方言》郭璞注："溳水今在桂阳，音扶；涌水今在南郡华容
县也。"桂阳郡系汉高帝置。治所在今湖南郴州，相当于今湖南东南以
及广东北部韶关、英德一带。

## G

关

《方言》中指函谷关，在今河南灵宝函谷关镇王垛村。"关东"指函
谷关或今潼关以东地区。"关东西"指以函谷关为中心的东西两侧，大致
包括关西的全部地区和关东的周、郑、韩。《方言》中"自关东西""自关
而东西""关西关东""关之东西"所代表的地区与"关东西"一致。"关
西"指函谷关或今潼关以西地区。

桂林

即桂林郡。秦置。治所在今广西桂平西南。

# H

海

《方言》中的"海"指渤海,总是与"岱"并提,"岱"指泰山,"海、岱"指今山东渤海至泰山之间的地带。

韩

《战国策·韩策》:"韩北有巩、洛、成皋之固,西有宜阳、常坂之塞,东有宛、穰、洧水,南有陉山,地方千里。"今河南西北部皆韩国故地。韩都屡迁,公元前375年,韩哀侯灭郑,迁都新郑(今河南新郑)。《方言》中既有韩又有郑,为了不使韩、郑在地域上重合,我们把原属于郑的地区划出,《方言》中的韩代表战国时韩的西部领土。

河

即黄河。在《方言》中与河并举的水名有"济""汾"等。与河有关的地名则有"河阴""河内之北""自河以北"等。

河内

泛指时指今山西、河北及河南境内的黄河以北地区,也可专指今河南境内的黄河以北地区。春秋战国时期,以黄河以北为河内,黄河以南为河外。《史记·货殖列传》:"昔唐人都河东,殷人都河内,周人都河南。"张守节正义:"古帝王之都,多在河东、河北,故呼河北为河内,河南为河外。"

河阴

《方言》郭璞注:"今冯翊郃阳河东龙门是其处也。""河阴"即今山西河津西北的禹门口。

衡

指衡山郡。汉置。辖境相当于今河南信阳、安徽霍山县、怀宁以西,南至长江,北至淮河。

湖

五湖的简称,参"五湖"条。

淮

即淮水。古四渎之一。源出河南南阳桐柏山,东流入安徽境,最后注入江苏、安徽之间的洪泽湖。

黄石

可能在今广西。

# J

济

即济水。古四渎之一。今称济河,发源于今河南济源,流经河南、山东入渤海。现代黄河下游的河道就是原来济水的河道。今河南济源因济水的发源地而得名,古代济阴、济阳,现代山东济南、济宁、济阳,都从济水得名。

冀

《方言》中的"冀"有时表示古九州之一的冀州,有时表示汉代的冀县。这里表示冀州。《尔雅·释地》:"两河间曰冀州。"《吕氏春秋·有始》:"两河之间为冀州,晋也。"两河即西河和东河,指今陕西、山西间的黄河以及当时流经现在河南北部、河北东部的古黄河。冀州大致相当于今山西、河北两省的中部和南部。

江

即长江。

江、淮

指长江和淮河之间的地区。

江、沔

"沔"即沔水。古代汉水的通称。《方言》中没有"江、汉"这一名称,所以"江、沔"即一般所说的江、汉,这是楚国也是楚方言的中心地区。

江、湘

"湘"即湘江。指长江中游到湘水一带的地区,属于《方言》中的"南楚"。"江湘交会""江湘之会"专指洞庭湖周围比较狭小的地区。

江、沅

指从长江中游到沅江一带的地区。大致相当于西汉的武陵郡和南郡的西南部,即今湖南西部,也可能包括贵州东部和湖北西南部的部分地区。

晋

西周初年周成王封其弟叔虞于唐(今山西翼城西)。唐有晋水,以后叔虞的儿子燮称晋侯。晋始封之时领土很小,后来日益强大,疆域宽广,其始封之地在今山西西南。公元前4世纪中叶,韩、赵、魏三家分晋,晋国不复存在。韩、赵、魏都大大扩张了各自的土地。因此,后来的韩、赵、魏并不等于原先晋国的区域。《方言》中凡是提到晋时,一般都指以今山西西南为中心的比较狭小的地区,即汉代河东郡及周围的地区。

晋之旧都

《方言》郭璞注:"晋旧都,今太原晋阳县也。"晋阳在今山西太原南。我们认为,晋之旧都应指晋初所封的唐,即今山西翼城西。

荆

即荆州。《尔雅·释地》:"汉南曰荆州。"《吕氏春秋·有始》:"南方为荆州,楚也。"《方言》中荆州大体上包括湖北、湖南两省。

荆州

参上"荆"条。

九嶷

即九嶷山。《方言》郭璞注:"九嶷,山名。今在零陵营道县。"在今湖南宁远南。九嶷在《方言》中位于南楚的最南边,与南越地区接界。

# K

## 会稽

即会稽郡。置于秦始皇二十五年（前222），包括原吴、越之地。治所在吴县（今江苏苏州吴中区），西汉时范围有所扩大，相当于今茅山以东的苏南、浙江大部及福建全省。

## 洭

即洭水。今为广东西北部的湟江、连江两水。

# L

## 澧

即澧水。源出湖南西北与湖北鹤峰交界处。《尚书·禹贡》：“岷山导江，东别为沱，又东至于澧。”“沅、澧之间”当属南楚，在汉代的武陵郡内，今湘西一带。

## 凉

即凉州。西汉置。辖境相当于今甘肃、宁夏和青海湟水流域。

## 梁

《方言》中的“梁”，有时指古九州之一的梁州，有时指汉代的郡国。当“梁”与“益”“雍”并举时，指梁州，是秦岭以南、金沙江以北的地区，主要包括今四川、陕南一带。当“梁”与“宋”“楚”等地名并举时，指汉代的郡国。汉高帝五年（前202）改砀郡为梁国。治所在睢阳（今河南商丘南），即原来宋国的国都所在地。

## 洌水

又作“列水”。即今朝鲜的大同江。

## 灵、桂

一作“零、桂”。是零陵、桂阳两郡的并称。皆汉置，属荆州。约当今湖南南部及广东一部分。两郡邻接，古代常并称。

陇

即陇县。西汉置。治所在今甘肃张家川回族自治县。

鲁

周代诸侯国，建都曲阜（今山东曲阜）。《史记·货殖列传》："泰山之阳则鲁，其阴则齐。"《方言》中的鲁与春秋时的鲁，疆域大体一致，即以曲阜为中心的泰山以南今山东西南的汶、泗、沂、沭流域。

洛

即洛水。今洛河。在《方言》中与周的地域相当。

# N

南楚

古地区名。春秋战国时，楚国在中原南面，后世称南楚，为三楚之一。北起淮汉，南至江南，约包括今安徽中部、西南部，河南东南部，湖南、湖北东部及江西等地区。《方言》中"南楚之外"包括"南楚以南"，这一地区就是《史记·货殖列传》中所说的"九嶷、苍梧以南"，西汉初年这一地区属于南越王国，大致相当于今天的岭南一带。

# O

瓯

在今浙江温州一带。东瓯就是瓯，言"东"是为了别于"西瓯"。"瓯、吴之外鄙"大致相当于今福建北部及浙江南部的沿海地区。

# P

**沛**

即沛郡。西汉高帝改泗水郡置。治所在相县（今安徽濉溪西北）。辖今安徽的淮河以北、西肥水以东以及江苏西北、河南东部的小部分地区。

**邳**

即邳县。在西汉属东海郡，本春秋时薛地。在今江苏邳州西南。

**平原**

汉代的平原郡。辖境相当于今山东平原县、陵县、禹城、齐河、临邑、商河、惠民、阳信及河北吴桥等市、县地。

# Q

**齐**

指以临淄（今山东淄博临淄区）为中心的最早的齐国领土，大致相当于秦代的临淄、济北两郡，即今山东北部和河北东南部。

**淇**

即淇水。淇水在今河南北部，源出林州临淇镇，东北流经淇阳与淅河汇合，折东南流，经汤阴至淇县，入卫河。《方言》中淇与卫的地域相当。

**秦**

《汉书·地理志》："秦地于禹贡时跨雍、梁二州。"《方言》中的秦大致相当于战国时秦国的领土。以今地域来看，大致包括陕西、四川以及甘肃东部。

**秦、晋之故都**

《方言》郭璞注："秦旧都，今扶风雍县也。晋旧都，今太原晋阳县也。"雍县在今陕西宝鸡凤翔区南，晋阳在今山西太原南。我们认为，晋之故都应指晋初所封的唐,即今山西翼城西。《方言》中"秦、晋之故都"包括今陕西宝鸡凤翔区南及山西翼城西。

青

即青州。《尚书·禹贡》:"海、岱惟青州。"《吕氏春秋·有始》:"东方为青州,齐也。"青州与战国时齐国的疆域相当,即今山东北部和东部。

# R

汝

即汝水。就是今天河南境内的北汝河、南汝河、洪河。

# S

三辅

西汉时于京畿之地所设京兆尹、左冯翊、右扶风三个相当于郡的地区的合称。治所在京城长安。当包括在秦或关西之中,相当于今陕西关中地区。

山

《方言》中"山之东西"的"山"时指崤山。诸如山东,指崤山以东,作为一个地理区域的名称,最早始于战国时期,秦人称崤山、函谷关以东的地区为"山东"。"山之东西"指以函谷关为中心的东西两侧,大致包括关西的全部地区和关东的周、郑、韩一带。

召南

《方言》中的召南与《诗经》中所代表的地域相同,相当于河南三门峡陕州区到陕西西安一线以南的地区。

蜀、汉

蜀郡和汉中的并称。《战国策·秦策三》:"栈道千里,通于蜀汉。"蜀本古国名。公元前316年秦灭巴、蜀后，置巴郡和蜀郡。蜀郡的治所在成都（今四川成都）。西汉初年，从其北部析出广汉郡，武帝时又从南部析出犍为郡。《方言》中的蜀大致相当于以成都为中心的古代蜀国的范围，即四川盆地西部。汉中，即汉中郡。治所在南郑（今陕西汉中东）。《方言》中的汉大致相当于今陕西秦岭以南，留坝、勉县以东，乾祐河流域以西及湖北部分地区。

泗

即泗水。发源于今山东，在江苏境内入淮河。

嵩岳

指嵩山，在今河南登封北。《汉书·地理志》："颍川之崇高、阳城，皆郑分也。"崇高、阳城皆在岳山之南，因此"嵩岳之（以）南"属于郑。

宋

宋建于西周初年，都睢阳（今河南商丘西南）。战国初可能迁都彭城（今江苏徐州）。《史记·留侯世家》："武王封殷之后于宋。"这一带是殷的故地，人民也是殷人的后代。《汉书·地理志》："宋地……今之沛、梁、楚、山阴、济阴、东平及东郡之须昌、寿张，皆宋分也。周封微子于宋，今之睢阳也。"《方言》中的宋大致包括以今河南商丘为中心的河南东部以及山东西南、江苏西北和安徽北部的部分地区。

# T

唐

古邑名。《方言》郭璞注："唐，今在太原晋阳县。"臣瓒认为唐在"河东永安，去晋四百里"，即今山西翼城西，这是晋的中心地区。

陶

古邑名。指汉代的定陶，即今山东菏泽定陶区。陶原为曹国国都，春秋末属宋，战国时属齐。

# W

### 宛

本战国时楚邑,后属韩,秦昭襄王置县,秦以后历来都是南阳郡的治所。在今河南南阳。

### 卫

诸侯国名。建于西周之初,最初都朝歌(今河南淇县东北),文公迁楚丘(今河南滑县),成公迁帝丘(今河南濮阳西南)。《史记·鲁世家》:"收殷余民,封叔于卫。"卫国的所在是原殷王畿的地区,人民也主要是殷民的后裔。《汉书·地理志》:"卫地……今东郡及魏郡黎阳,河内之野王、朝歌,皆卫分也。"卫的地域在今河南北部以及河北南部、山东西部一带。

### 魏

魏国本是西周时的诸侯国。《汉书·地理志》:"魏国,亦姬姓也,在晋之南河曲。"即今山西芮城。晋献公灭魏后把这一地区封给了大夫毕万。毕万的后代魏文侯与赵、韩分晋国后定都安邑(今山西夏县西北禹王村)。公元前361年,魏迁都大梁(今河南开封)。《方言》中的魏指以大梁为中心的地区。

### 吴

吴建立于西周以前,国都在吴(今江苏苏州)。《方言》中吴大致包括今江苏的大部分地区和安徽、浙江的部分地区。

### 五国

指崤山以东的齐、楚、赵、韩、魏等五个诸侯国。

### 五湖

先秦史籍记载吴越地区有五湖,后人对此解释不一。从《国语·赵语》和《史记·河渠书》看来,五湖最初当指太湖,以后又泛指太湖流域一带所有湖泊。《方言》郭璞注:"五湖,今吴兴太湖也。"可知,五湖属于吴。

# X

**西楚**

从地理位置上看,《方言》中的"西楚"应当在汉代的南郡之内。《方言》中提到西楚共三次,与"梁益""秦"并举,而秦和梁益都在楚之西。周成王时封楚君熊绎于荆蛮,居丹阳(今湖北秭归东南)。西楚必然在郢都之西,而丹阳正好在郢都之西,介于郢与秦、梁益之间。故西楚当指丹阳,即今湖北西部地区。

**西瓯**

《方言》郭璞注:"西瓯,骆越别种也。"西瓯大致包括汉代郁林郡和苍梧郡,相当于今桂江流域和西江中游,即广西贵港一带。

**西秦**

《方言》郭璞注:"西秦,酒泉、敦煌、张掖是也。"酒泉,即酒泉郡。辖境相当于今甘肃河西走廊西部。敦煌,即敦煌郡。辖境相当于甘肃疏勒河以西及玉门关以东地区。张掖,即张掖郡。辖境相当于今甘肃张掖甘州区西北。

**西夏**

指今陕西东部,在《方言》中属秦晋方言区。

**湘**

即湘水。今湘江。源出广西,流入湖南。

**湘、潭**

即湘水和潭水。《方言》中的"湘、潭之原"指湘水和潭水的上游,即今湖南西南和广西北部一带。

**徐**

即徐州。《尔雅·释地》:"济东曰徐州。"《吕氏春秋·有始》:"泗上为徐州,鲁地。"《方言》中的徐州指今山东南部、安徽和江苏的北部地区。

# Y

### 燕

燕国建立于西周初年，以蓟（今北京西南）为国都。燕昭王时又以武阳（今河北易县南）为下都，战国末为秦所灭。西汉初年拥有故秦上谷、渔阳、右北平、辽西、辽东、广阳六郡，与战国时燕的领土大体相当。《方言》中的燕并不等于燕国，它只表示包括蓟在内的汉代广阳郡以及周围的部分地区。

### 兖

即兖州。《尚书·禹贡》："济、河惟兖州。"《尔雅·释地》："济、河间曰兖州。"包括今山东西部、河南北部以及河北东部的部分地区。

### 扬

即扬州。《尚书·禹贡》："淮、海惟扬州。"《尔雅·释地》："江南曰扬州。"《吕氏春秋·有始》："东南为扬州，越也。"扬州指淮河以南，东海、黄海以西，直达江南的东南地区。

### 扬州

参上"扬"条。

### 益

即益州郡。西汉置。是西南夷地区最后设置的郡，兼有西夷和南夷、滇部分地区。

### 野

即新野县。西汉初年始置，属南阳郡。在今河南南阳。

### 沂

即沂水。今称沂河，在山东境内。

### 郢

郢是重要的都邑，在今湖北江陵西北纪南城。公元前689年，楚文王自丹阳徙此。以后长期为楚都城，直到公元前278年楚顷襄王徙陈为止。

颍

即颍水。颍水发源于今河南登封西南,东南入淮河。颍在《方言》中大都与汝并举。汝颍流域主要在汉代的颍川、汝南两郡,在《方言》中属于北楚,与郑、韩接界。

雍

即雍州。《尔雅·释地》:"河西曰雍州。"《吕氏春秋·有始》:"西方为雍州,秦也。"《方言》中雍州大致在今陕西、甘肃一带。

涌

即涌水。此水为夏水支流,通长江,约在今湖北监利境内,已湮。《左传·庄公十八年》:"阎敖游涌而逸。"杨伯峻注:"据《水经·江水三》注及《方舆纪要》,即今湖北省监利县东南俗名乾港湖者。"

幽

即幽州。本古冀州地。《尔雅·释地》:"燕曰幽州。"《吕氏春秋·有始》:"北方为幽州,燕也。"幽州与战国时的燕国相当,大致在今河北北部及辽宁一带。

豫

即豫州。《尔雅·释地》:"河南曰豫州。"《吕氏春秋·有始》:"河、汉之间为豫州,周也。"《方言》中豫州主要指今河南除去黄河以北的地区。

沅、澧

即沅水和澧水。沅水即今湖南西部沅江。上游称清水江,源出贵州云雾山,自湖南黔城镇以下始名沅江。澧水源出湖南西北与湖北鹤峰交界处。《尚书·禹贡》:"岷山导江,东别为沱,又东至于澧。"

越

即古越国。建都会稽(今浙江绍兴),春秋时兴起,战国时灭于楚。《方言》中的越大体上指今浙江。

# Z

**赵**

即古赵国。最初定都晋阳（今山西太原西南），公元前425年迁都中牟（今河南鹤壁西），公元前386年迁都邯郸（今河北邯郸）。《方言》中的赵指以邯郸为中心的战国赵地。主要包括今河北南部和山西东部一带。

**郑**

即古郑国。《汉书·郑世家》："宣王封庶弟友于郑。"郑立国于西周，最初封于棫林（今陕西扶风东北），西周末迁至东虢（今河南荥阳一带）和桧（今河南新密东南）之间。东周初年建都于新郑（今河南新郑），公元前357年为韩所灭。《汉书·地理志》："郑国，今河南之新郑，本高辛氏火正祝融之虚也。及成皋、荥阳、颍州之崇高、阳城，皆郑分也。"郑大致包括今河南中部一带。

**中夏**

即夏的中部，大概指今河南洛阳周围的地区。

**中土**

即中原，以别于边疆地区。

**周**

即东周时的首都洛阳及周围的狭小地区。《汉书·地理志》："周地……今之河南雒阳、谷成、平阴、偃师、巩、缑氏，是其分也。"

**周南**

徐广《史记注》引挚虞《畿服经》："古之周南，今之洛阳。"《方言》中的周南与《诗经》中所代表的地域相同，相当于今河南洛阳以南直达江汉的地区。

# 《方言》词语笔画索引

　　1.本索引以华学诚《扬雄方言校释汇证》（2006年版之修订本手稿）为底本进行繁简转换而成的三全本《方言》正文为准。

　　2.本索引所收录的词语，包括《方言》原文中的被释词和解释词，原则上不包括词组和分句形式。其他词语，如指示方域的地理名词、描述和解释语言中的"曰""为""或曰""谓之"等，皆不收录。解释语之前的时空限制词"凡""今"，以及解释语中的连词、代词、助词"故""而""若""其""也"等，亦概不收录。

　　3.本索引按笔画排列，同笔画按笔顺（横竖撇点折）排列，同形词语按篇条页码顺序排列。

　　4.本索引词语后数字表示其所在卷、条及页码。如"一12.111　306"表示词语"一"在《方言》卷十二的第111条，正文第306页。

## 七画

## 十画

| | | | | |
|---|---|---|---|---|
| 鲐 1.018 | 22 | 慎 1.010 | 12 |
| 解 12.015 | 270 | 慎 1.011 | 13 |
| 解 12.046 | 281 | 愵 10.038 | 244 |
| 解 12.047 | 282 | 愵 12.085 | 297 |
| 解 13.022 | 316 | 塞 6.058 | 166 |
| 解 13.061 | 329 | 塞塞 10.020 | 233 |
| 禀 6.029 | 152 | 窥 10.045 | 247 |
| 斟 5.026 | 126 | 甂 5.016 | 121 |
| 廓 1.024 | 28 | 褚 3.004 | 61 |
| 廓 9.007 | 207 | 裻 4.007 | 94 |
| 痴 10.030 | 238 | 裺 4.020 | 98 |
| 裔 12.009 | 267 | 裺筦 5.024 | 124 |
| 裔 12.106 | 304 | 裺囊 5.024 | 124 |
| 裔 13.001 | 307 | 裯 4.014 | 96 |
| 裔 13.002 | 307 | 裯襋 4.032 | 102 |
| 靖 1.011 | 13 | 被 4.021 | 98 |
| 数 3.036 | 79 | 裾 4.011 | 95 |
| 煎 7.016 | 177 | 福 13.095 | 341 |
| 煎 13.040 | 323 | 福禄 7.033 | 187 |
| 猷 3.023 | 74 | 褆 13.095 | 341 |
| 猷 13.056 | 328 | 谩 1.002 | 2 |
| 遡 12.019 | 271 | 谩 12.034 | 277 |
| 煓 13.008 | 310 | 谩台 1.015 | 19 |
| 煆 7.029 | 184 | 谪 3.033 | 78 |
| 满 6.037 | 156 | 谪 10.025 | 235 |
| 满 13.121 | 350 | 谬 3.014 | 69 |
| 愹 2.019 | 48 | 辟 3.046 | 83 |

## 十五画

## 十七画

# 十九画

# 中华经典名著
# 全本全注全译丛书
## （已出书目）